Die Begrenzung der Anwendung des Deliktsstatuts durch die lex fori

Europäische Hochschulschriften
Publications Universitaires Européennes
European University Studies

Reihe II
Rechtswissenschaft

Série II Series II
Droit
Law

Bd./Vol. 3642

PETER LANG
Frankfurt am Main · Berlin · Bern · Bruxelles · New York · Oxford · Wien

Chih-Peng Hsieh

Die Begrenzung der Anwendung des Deliktsstatuts durch die lex fori

Eine rechtsvergleichende Studie

PETER LANG
Europäischer Verlag der Wissenschaften

Bibliografische Information Der Deutschen Bibliothek
Die Deutsche Bibliothek verzeichnet diese Publikation in der Deutschen Nationalbibliografie; detaillierte bibliografische Daten sind im Internet über <http://dnb.ddb.de> abrufbar.

Zugl.: Trier, Univ., Diss., 2002

D 385
ISSN 0531-7312
ISBN 3-631-50891-3

www.peterlang.de

Vorwort

Die vorliegende Arbeit wurde im Wintersemester 2002/2003 vom Fachbereich Rechtswissenschaft der Universität Trier als Dissertation angenommen. Gesetzgebung, Rechtsprechung und Literatur konnten für die vorliegende Arbeit bis einschließlich Mai 2001 berücksichtigt werden.

Mein besonderer Dank gilt meinem verehrten Doktorvater, Herrn Prof. Dr. Bernd von Hoffmann. Seine wertvollen Hinweise, seine ständige Ansprech- und Hilfsbereitschaft sowie die wissenschaftliche Freiheit, die er mir gewährt hat, haben wesentlich zum Gelingen der Arbeit beigetragen.

Herrn Prof. Dr. Dres. h. c. Rolf Birk danke ich für die Übernahme und die zügige Erstellung des Zweitgutachtens.

Es ist mir eine Freude, die Arbeit meinen Eltern widmen zu können, die mich stets ermutigt, nie jedoch gedrängt haben.

Hsieh, Chih-Peng
Trier, im Dezember 2002

Inhaltsverzeichnis

Einleitung

Im internationalen Deliktsrecht hat die Privilegierung der lex fori vornehmlich den Sinn, der Anwendung des ausländischen Rechts, auf das die Deliktskollisionsnormen des Forumstaats verweisen, Einhalt zu gebieten, wenn sich im Einzelfall herausstellt, dass die Anwendung ausländischen Deliktsrechts zu unerträglichen Ergebnissen führen würde.

Es gibt jedoch keine weltweit gleiche Behandlung internationaler unerlaubter Handlungen. Selbst wenn man sich auf den westlichen Kulturkreis beschränkt, findet man zahlreiche Ordnungen, die der lex fori mehr oder weniger Bedeutung einräumen (z. B. England, Deutschland, Schweiz, Rumänien, Quebec). Die vorliegende Arbeit dient deshalb dem Versuch, einen kritischen Überblick über die Regelungsmodelle der Privilegierung der lex fori in den nationalen Kodifikationen des internationalen Deliktsrechts zu geben. Aber diese Arbeit erhebt nicht den Anspruch, alle eine kollisionsdeliktsrechtliche Vorbehaltsklausel enthaltende Kodifikationen in der ganzen Welt erfasst zu haben. Eine detaillierte Konfrontation mit den Theorien der Lehre im jeweiligen Kodifikationsstaat ist – im Hinblick auf den Umfang der Arbeit – nur sehr zurückhaltend vorgenommen worden. Vergleiche und Gegenüberstellungen sind lediglich dort vorgenommen worden, wo die Regelungsmodelle von der deutschen Deliktskollisionsnorm abweichen.

Durch die von Art.38 EGBGB (alte Fassung) angeordnete Bevorzugung deutscher Täter, dass für sie nämlich nur in den Grenzen des deutschen Rechts vorgegangen werden kann, entstehen allerdings zahlreiche Probleme. Die praktische Anwendung dieser Norm ist nicht so einfach, wie dies auf den ersten Blick zu sein scheint. Auch der Gesetzgeber war wohl bei der Schaffung dieser Norm der Auffassung, dass es verhältnismäßig einfach sei, einen dem ausländischen Recht unterliegenden Anspruch gegebenenfalls auf des Maß des deutschen Rechts zurückzuführen. Dies ist insoweit verständlich, als gerade die internationalprivatrechtliche Behandlung der Delikte zu der damaligen Zeit nicht in solchem Umfang Schwierigkeiten mit sich brachte, als dies heute der Fall ist. Durch die heutige Vielfalt der Tatbestände lässt sich aber nicht immer in der gebotenen Klarheit eine Betrachtung nach deutschem Recht durchzuführen. Zu diesem Problem will diese Arbeit auch einen Beitrag liefern.

Wengler schreibt in seiner Abhandlung über Rechtsgleichheiten und Vielheit: „Die Tatsache, dass fast alle Staaten irgendwo in ihrem Kollisionsrecht unparitätische Element besitzen, und die Tatsache, dass alle mit Hilfe des ordre public ihrer lex fori einen erweiterten Anwendungsbereich vor ihren Gerichten verschaffen, zeigt, dass offenbar eine allgemeine Rechtüberzeugung von der Zulässigkeit solchen Vorgehens besteht". Dies erlangt insbesondere beim internationalen Deliktsrecht große Bedeutung, weil beispielweise Art.38 EGBGB (alte Fassung) allgemein als spezialgesetzliche Ausprägung des ordre public für manche deutsche international-deliktsrechtliche Autoren missbilligenswert und überflüssig erscheint[1]. Daher ist es ein weiterer Ziel dieser Arbeit, die Privilegierung der lex fori im internationalen Deliktsrecht theoretisch und rechtpolitisch zu rechtfertigen.

Bevor die Rechtfertigung der Privilegierung der lex fori erörtern wird, soll zuerst einmal die Wirksamkeit der Privilegierung der lex fori näher untersucht werden. Dazu soll auch überprüft werden, ob beispielweise Art.38 EGBGB (alte Fassung) bzw. Art.40 Abs. 3 EGBGB gegen Art.3 GG oder gegen Art.7 EWG-Vertrag (Art.12 EGV) verstößt und ob sie völkerrechtwidrig sind.

Schließlich wird zu versuchen sein, die Kodifikationstendenz der Privilegierung der lex fori herauszukristallisieren. Dazu ist es notwendig, die Regelungsmodelle der kollisionsdeliktsrechtlichen Vorbehaltsklausel und die Formen des jeweiligen kollisionsrechtlichen Verweisungsregelungsmodells zu induzieren; und dadurch die zwischen beiden bestehenden Zusammenhänge zu finden. Durch einen induktiven Überblick über die neuen kollisionsdeliktsrechtlichen Kodifikationen könnte man die Kodifikationstendenz der Privilegierung der lex fori gewinnen.

Zu diesem Zweck wird in einem Einganstei1 zunächst auf die Regelungsmodelle der Privilegierung der lex fori mit einer vergleichenden Darstellung einzugehen sein (Erster Teil). Im Anschluss (Zweiter Teil) wird der Bereich der Wirksamkeit der Privilegierung der lex fori zu untersuchen sein, in welchem sich die Kritik beispielsweise mit den deutschen Kollisionsdeliktsnormen – Art.38 EGBGB (alte Fassung) bzw. Art.40 Abs. 3 EGBGB – befasst hat. Die Versuche, die Privilegierung der lex fori theoretisch und rechtpolitisch zu rechtfertigen, werden im dritten Teil gegeben. In einem Schlussteil soll dann die Kodifikationstendenz der Privilegierung der lex fori unter dem Aspekt der Entwicklung der kollisionsrechtlichen Deliktsstatuts herausgefunden werden.

---

1 Ferid, IPR 3. völlig neubearbeitete Aufl. 1986, § 6-182f.; Kropholler, JZ 83, S. 906; Ruhr, Der Einfluss der Vorbehaltsklausel auf die Deliktsobligationen, Diss. Bonn 1930, S. 36.

Erster Teil: Regelungsmodelle

§ 1. Inländerschutzklausel

I. Deutschland (alt): Art.38 EGBGB von 25. 7. 1986 (früher: Art.12 EGBGB)

Am 1. 6. 1999 ist das Gesetz zum Internationalen Privatrecht für außervertragliche Schuldverhältnisse und Sachen in Kraft getreten (BGBl I, 1026). Damit wird Art.38 EGBGB von 25. 7. 1986 durch den neuen Art.40 Abs. 3 EGBGB ersetzt[2]. Angesicht der Ähnlichkeit beider Bestimmungen (alter Art.38 und neuer Art.40 Abs.3) und dem sogenannten „Intertemporales Recht" ist es noch nötig, eine ausführliche Darstellung über den alten Art.38 EGBGB zu geben.

A. Entstehungsgeschichte

Art.38 EGBGB (alte Fassung) lautet: „Aus einer im Ausland begangenen unerlaubten Handlung können gegen einen Deutschen nicht weitergehende Ansprüche gelten gemacht werden, als nach den deutschen Gesetzen begründet sind."

Die Vorschrift sagt über die Taten von Ausländen sowie über die Inlandstaten Deutscher gar nichts und auch nicht, welchem Recht die Ansprüche gegen Deutsche wegen ihrer im Ausland begangenen Taten grundsätzlich entnommen werden sollen[3], wenn deren Höchstmaß das deutsche Recht darstellt. Der Wortlaut lässt deutlich erkennen, dass es sich nicht um ein selbständiges Erzeugnis handelt, und man möchte gerne erfahren, auf welchem Fundament der Art.38 EGBGB ruht. Die Kenntnis des historischen Ursprungs des Artikels wird dieses Vorhaben erleichtern.

1. Frühstadium vor Gesetzgebungsverfahren

Die Fassung des Art.38 EGBGB aus dem Ende des 19. Jahrhunderts ist das Ergebnis einer langen Reihe von Entwürfen, sowohl auf privater wie auf offizieller Basis. Noch bevor Gebhard, der Redaktor des Kollisionsrechts, in seinen Vorar-

2 Für Einzelheiten siehe unten Erster Teil. § 2.

3 Es soll nicht Aufgabe der Darstellung des folgenden Abschnitts sein, dieser Frage nachzugehen.

beiten für den Vorentwurf zur Formulierung eines Gesetzentwurfs gelangt war, lag als erster Vorschlag der umfängliche und um Vollständigkeit bemühte Entwurf von Mommsen vor[4]. Die Ansicht - „die Substitution der lex loci durch das gemeinsame Heimatrecht“[5] - schien nicht unbedenklich, und Gebhard hielt sie nicht für reif genug für die Einpassung in die Kodifikation und lehnte sie deshalb ab. Die von Mommsen befürwortete Aufgliederung des Deliktsstatuts floss auch nicht in die weitere Gesetzgebungsarbeit ein[6].

2. Gebhard'sche Vorentwürfe

Das Gesetzgebungsverfahren des internationalen Deliktsrechts setzt mit dem ersten Entwurf Gebhards (Art.13) aus dem Jahre 1881 ein[7] und die Formulierung im zweiten von Gebhard fertiggestellten Entwurf von 1887 (Art.12) wurde noch gestrafft[8]. Im Hinblick auf die Harmonie mit den Anwendungsnormen der §§ 3-6 RStGB, die damals am Territorialitätsgrundsatz orientiert waren, war schon beim ersten Beginn der Arbeit an der Kodifikation von Gebhard die Entscheidung für die Tatortregel gefallen[9].

Die beim ersten Vorentwurf vorgesehene Zurückdrängung von Privatstrafen nach ausländischem Recht war sinnvoll, weil sich für eine Rechtsanwendung im Sinne des internationalen Entscheidungseinklanges nur Deliktsrecht ohne Sühne-

4 Mommsen, Wie ist in dem bürgerlichen Gesetzbuch für Deutschland das Verhältnis des inländischen Rechts zum ausländischen zu normieren?, Archiv für die zivilistische Praxis 61 (1878), S. 176f., Entwurf § 7.

5 Vgl. Niemeyer, Zur Vorgeschichte des Internationalen Privatrechts im Deutschen Bürgerlichen Gesetzbuch (1915), S. 158.

6 Vgl. Hohloch, Das Deliktsstatut, Grundlagen und Grundlinien des internationalen Deliktsrechts, S. 48.

7 § 13 (1) " Forderungen aus unerlaubten Handlungen werden nach dem Rechte des Ortes beurteilt, an welchem die unerlaubte Handlung begangen ist." (2) " Die Zuerkennung einer nach ausländischem Rechte verwirkten Privatstrafe ist nur statthaft, wenn und soweit das inländische Recht eine solche als Folge der unerlaubten Handlung anerkennt." Siehe bei Hartwieg - Korkisch, Die geheimen Materialien zur Kodifikation des deutschen Internationalen Privatrechts, S. 63.

8 § 12 (1) "Schuldverhältnisse aus unerlaubter Handlung werden nach den Gesetzen des Ortes beurteilt, an welchem die unerlaubte Handlung begangen worden ist." (2) "Auf eine bei Anwendung eines ausländischen Gesetzes sich ergebende Privatstrafe darf nicht erkannt werden." Siehe bei Hartwieg - Korkisch, Die geheimen Materialen zur Kodifikation des deutschen Internationalen Privatrechts, S. 69.

9 Dazu vgl. Niemeyer, Zur Vorgeschichte des Internationalen Privatrecht im Deutschen Bürgerlichen Gesetzbuch, S. 158; Hohloch, Das Deliktsstatut (1984), S. 48.

und Straffunktionen eignen kann[10]. Im ersten Vorentwurf wurde deshalb die nach ausländischen Recht begründeten Privatstrafen nur dann anerkannt, soweit nach inländischem Recht solche begründet würden. Aber im zweiten Vorentwurf wurden generell ausländische Privatstrafen ausgeschlossen, nachdem sich herausgestellt hatte, dass in dem zu schaffenden BGB Privatstrafen keinen Platz finden würden.

3. Erste und zweite Redaktionskommission

Als zum 1. Entwurf eines BGB (1887) in Form einer Beilage auch die Vorschläge zum IPR herausgegeben wurden, wurde diese bezügliche Vorschrift (§6 der vorläufigen und endgültigen Fassung) in der Beratung der „Ersten Kommission" im Absatz eins (Grundregel) lediglich redaktionell verändert; aber der zweite Absatz wurde, abgesehen von seiner geringen praktischen Bedeutung, mit der Begründung, das Verbot der Verurteilung zu einer Privatstrafe ergebe sich bereits aus dem ordre public, gänzlich gestrichen[11].

Die zweite Kommission schloss das IPR unter der Überschrift „Sechstes Buch: Anwendung ausländischer Gesetze" von vornherein in der BGB-Entwurf, der dann als „Bundesratsvorlage" gedient hat, ein und für das internationale Deliktsrecht (§ 2243 in der vorläufigen Fassung, § 2367 der endgültigen Fassung) hielt sie an dem eindeutigen Bekenntnis zur Geltung der lex loci delicti fest[12]. Auch um die Ablehnung eines speziellen ordre-public-Vorbehalts im internationalen Deliktsrecht deutlich zu machen, hatte die zweiten Kommission den Antrag verworfen, der die Begehungsortregel mit der Maßgabe einschränken wollte, sofern sich nicht aus dem deutschen Gesetz ein anderes ergibt[13]. Nach Ansicht der Mehrheit der zweiten Kommission war der allgemeine ordre-public-Vorbehalt ausreichend, um in Einzelfällen nicht akzeptables ausländisches Deliktsrecht auszuschließen[14].

Aber die erste entscheidende Veränderung wurde noch von der zweiten Kommission bewirkt, die als zweiten Absatz einfügte: „Soweit ein deutsches Ge-

---

10 Vgl. Bröcker, Möglichkeiten der differenzierten Regelbildung in internationalen Deliktsrecht, S.235.

11 Niemeyer, Zur Vorgeschichte des Internationalen Privatrechts im Deutschen Bürgerlichen Gesetzbuch (1915), S. 156f.; Hartwieg - Korkisch, Die geheimen Materialien zur Kodifikation des deutschen Internationalen Privatrechts, S. 90 ff.

12 Vgl. Bröcker, Möglichkeiten der differenzierten Regelbildung in internationalen Deliktsrecht, S. 235.

13 Dazu vgl. Bröcker, Möglichkeiten der differenzierten Regelbildung in internationalen Deliktsrecht, S. 236.

14 Achilles-Gebhard-Spahn, Protokolle der Kommission für die zweite Lesung des Entwurfs des BGB, Band VI (1899), S. 42f..

setz sich auf eine im Auslande begangene unerlaubte Handlung erstreckt, findet das deutsche Gesetz Anwendung“ (§ 2367). Es wird erstmals eine lex-fori-Abweichung vom Grundsatz der Geltung des Begehungsortrechts ausgesprochen. Damit sollte aber nur ausgedrückt werden, „dass die deutschen Gesetz auch auf die außerhalb ihres Bereiches vorgenommenen unerlaubten Handlungen Anwendung finden, wenn sie dies wollen“[15]. Bröcker hat dazu auch mit Recht ausgeführt, dass Absatz II der zuvor genannten Vorschrift nur bedeute, dass „der Kompetenzwille inländischer materieller Deliktsnormen Vorrang vor einer allgemeinen Rechtsanwendungsregel haben“[16] müsse.

4. Bundesrat

Über die Tätigkeit des Bundesrats sowie seines Justizausschusses haben sich nur wenig Materialien finden lassen. Man ist insofern weitgehend auf Vermutungen und Schlussfolgerungen angewiesen.

Durch die Arbeiten von Hartwieg und Korkisch[17] hat man erfahren, dass die endgültige Fassung des internationalen Deliktrechts nicht auf den Bundesrat zurückgeht. Urheber war vielmehr eine Spezialkommission (IPR-Kommission), die zur Vorbereitung der preußischen Stellungnahme im Bundesrat gebildet worden war[18]. Entgegen den zuvor erwähnten Besetzungsvorschlägen wurde damit kein Vertreter der Zweiten Gesetzgebungskommission - insbesondere der Fachreferent Gebhard, der sich sei 1874 immer wieder mit einschlägigen Fragen befasste hatte - zu dieser Kommission hinzugezogen. Sie bestand aus Vertreten des Reichsjustizsamtes, des Auswärtigen Amtes, des preußischen Justizministeriums sowie der Hansestädte. Darüber ist noch ausführlich zu berichten.

In diesem Stadium meiner Untersuchung ist die Stellungnahme von den Hansestädten zuerst erwähnenswert. Diese kritisierten zunächst die Fassung des § 2367 Abs. 2 von der Bundesratsvorlage, in dem dahingestellt bleibe, inwieweit im Ausland begangene unerlaubte Handlungen nach deutschen Gesetzen beurteilt werden müssten. Der Richter werde also nach wie vor nach dem Sinn jeder einzelnen Gesetzesbestimmung zu entscheiden haben, ob sie die von ihr anerkannten Ansprüche auch an Handlungen knüpfe, die im Ausland begangen wur-

15 Achilles-Gebhard-Spahn, Protokolle der Kommission für die zweite Lesung des Entwurfs des BGB, Band VI (1899), S. 42f.

16 Bröcker, Möglichkeiten der differenzierten Regelbildung in internationalen Deliktsrecht, S. 236.

17 Hartwieg - Korkisch, Die geheimen Materialien zur Kodifikation des deutschen Internationalen Privatrechts.

18 Für Einzelheiten siehe weiter.

den[19]. Diese Stellungnahme erscheint nicht unbedenklich. Sie sieht von einer derartigen Vorschrift überhaupt ab[20]. Über das internationale Deliktsrecht behaupteten die Hansestädte: „Eine allgemeine Regel, wie im Auslande begangene unerlaubte Handlungen zu beurteilen, werde sich bei der Verschiedenheit der Fälle kaum aufstellen lassen. Werde schon die wichtigste Frage, auf welche Fälle die deutschen Gesetze unmittelbar Anwendung fänden, unentschieden gelassen, so könne von einer allgemeinen Entscheidung der dann noch verbleibenden Fragen umso eher abgesehen werden. Es empfehle sich jedoch, ausdrücklich auszusprechen, dass der deutsche Richter Ansprüche niemals in weiterem Umfange anzuerkennen habe als das deutsche Recht sie zulasse“ [21]. Als Text einer einschlägigen Bestimmung wird demgemäss vorgeschlagen: „Das Schuldverhältnis aus unerlaubten Handlungen wird nach deutschen Gesetzen beurteilt, sobald die Handlung im Inland begangen worden ist. Ist die Handlung im Auslande begangen, so können Ansprüche auf keinen Fall in weiterem Unfange geltend gemacht werden, als die deutschen Gesetze solche anerkennen“ [22].

In den Beratungen der IPR-Kommission stützte sich auch das Auswärtige Amt ganz wesentlich auf diese Vorschläge der Hansestädte[23]. Es stellte demgemäss in der „Konferenz über das internationale Privatrecht“ vom 27. 11. 1895 zum Deliktsstatut den Antrag auf folgende Fassung des § 2367: „Das Schuldverhältnis aus unerlaubten Handlungen wird nach deutschen Gesetzen beurteilt, sobald die Handlung im Inland begangen ist. Soweit ein deutsches Gesetz sich auf eine im Auslande begangene unerlaubte Handlung erstreckt, findet das deutsche Recht Anwendung. Aus einer im Auslande begangenen unerlaubten Handlung können Ansprüche gegen Reichsangehörige auf keinen Fall in weiterem Umfange geltend gemacht werden als die deutschen Gesetze solche anerkennen“. Im Hintergrund des Absatzes 2 stand das Bestreben, eine rechtliche Regelung zur Anwendung deutschen Rechts bei Handlungen deutscher Beamter im Auslande zu bekommen[24].

19 Vgl. Hartwieg - Korkisch, Die geheimen Materialien zur Kodifikation des deutschen Internationalen Privatrechts, S. 273.

20 Vgl. oben Erster Teil. § 1. I. A. 3.(erste und zweite Redaktionskommission) und Hohloch, Das Deliktsstatut, S. 49 F.N. 229.

21 Hartwieg - Korkisch, Die geheimen Materialien zur Kodifikation des deutschen Internationalen Privatrechts, S. 273.

22 Hartwieg - Korkisch, Die geheimen Materialien zur Kodifikation des deutschen Internationalen Privatrechts, S. 297 ff.

23 Vgl. Hartwieg - Korkisch, Die geheimen Materialien zur Kodifikation des deutschen Internationalen Privatrechts, S. 42 ff., besonders S. 50-51.

24 Z. B. Unterschlagung von Nachlasssachen durch Konsulatsbeamte; Einfluss hatte ebenfalls die Reichssprechung des RG zum Markenschutz (RGZ 18,28). Dazu siehe

Das Preußische Justizministerium hielt dagegen den Absatz 3 des Antrages des Auswärtigen Amtes für überflüssig, da die ordre-public-Norm des § 2389 eine genügende Handhabe biete[25].

Die kurze Debatte in der IPR-Kommission ergab schließlich die Einigung, den § 2367 zu streichen und nur Absatz 3 des Antrags des Auswärtigen Amtes in den Entwurf aufzunehmen. In der zweiten Lesung am 6. 12. 1895 wurde die Vorschrift aufgrund eines Antrages des Reichsjustizsamtes und des preußischen Justizministeriums nur noch redaktionell geändert und endgültig formuliert[26].

5. *Reichstag*

Der dem Reichstag zugeleitete „Entwurf eines Einführungsgesetzes zum Bürgerlichen Gesetzbuch" nummerierte die Bestimmung des internationalen Deliktsstatuts als Artikel 11. In der späteren Sitzung des Reichstages vom 1. 7. 1896 wurde die Vorschrift dann als Artikel 12 angenommen[27]. Eine inhaltliche Veränderung wurde in dieser Etappe überhaupt nicht vorgenommen.

6. *Neue Kodifikation*

Nach Art.1 Nr.5 des Gesetzes zur Neuregelung des Internationalen Privatrechts von 25. 7. 1986 (BGBl I. 1142) wird Art.12 als Art.38 angenommen, und erhält die Überschrift „Unerlaubte Handlung". Damit wird der ursprüngliche Art.12 EGBGB inhaltlich unverändert als Art.38 EGBGB kodifiziert[28].

7. *Zwischenergebnis*

Die „Verstümmelung" [29] des internationalen Deliktsrechts durch den Bundesrat bewirkte, dass die endgültige Fassung, die zum Gesetz wurde, nichts mehr mit den gesamten Vorarbeiten zu tun hat. Von Schelling nennt dieses Ergebnis einen Kompromiss zwischen lex fori und lex loci delicti commissi[30]. Ruhr hat mit

---

Hartwieg - Korkisch, Die geheimen Materialien zur Kodifikation des deutschen Internationalen Privatrechts, S. 357 ff..

25 Hartwieg - Korkisch, Die geheimen Materialien zur Kodifikation des deutschen Internationalen Privatrechts, S. 357 ff..

26 Hartwieg - Korkisch, Die geheimen Materialien zur Kodifikation des deutschen Internationalen Privatrechts, S. 365,380.

27 Vgl. Hohloch, Das Deliktsstatut, S. 51, Fn. 229.

28 Vgl. Staudinger/v. Hoffmann 1998, RzNr. 1 zu Art.38 EGBGB.

29 Der Begriff geht zurück auf Hartwieg, Die geheimen Materialien zur Kodifikation des deutschen Internationalen Privatrechts 1881-1896, Tübingen 1973.

30 Von Schelling, Unerlaubte Handlungen, Rabels Z. 3 (1929), S. 855.

Recht ausgeführt, dass also die Möglichkeit offen bleibt, auf im Ausland begangene unerlaubte Handlungen in Ausnahmefällen deutsches Recht primär anzuwenden[31].

B. Normzweck

Das internationale Deliktsrecht war nicht gesetzlich geregelt (heute im Art.40 ff. EGBGB). Art.38 EGBGB (alte Fassung) enthielt nur eine spezielle Vorbehaltsklausel gegenüber der Anwendung ausländischen Deliktsrechts. Deswegen bedarf der Normzweck von Art.38 EGBGB (alte Fassung) einer kurzen Untersuchung.

1. Eine Schutzklausel (Maximalklausel)

Was bezweckt diese Vorschrift eigentlich? Sie will den deutschen Staatsangehörigen, der vor einem deutschen Gericht wegen eines im Ausland verübten Deliktes schuldig erklärt wird, vor einer Verurteilung schützen, die vom deutschen Recht als zu hart empfunden wird[32]. Eine strengere Haftung nach dem ausländischen Recht würde somit das deutsche Gerechtigkeitsgefühl verletzen. Dieser Schutz wird dadurch erreicht, dass man die Forderung des Verletzten kumulativ zwei Rechten, nämlich der lex loci delicti commissi und lex fori, unterstellt, da es um den Schutz eines Verpflichteten geht, wird ein Gesetz - hier das deutsche - als Maximalklausel benutzt.

Der Tatbestand ist also unter die Bestimmungen beider Rechtsordnungen, der lex loci delicti commissi und des deutschen Rechts, zu subsumieren und dann sind die Ergebnisse zu vergleichen. Dabei bedeuten die deutschen Vorschriften[33] das Maximum und bleiben die Rechtsfolgen nach der lex loci delicti commissi hinter diesem Maximum zurück. So ist nur das fremde Recht anzuwenden, wenn die Ansprüche nach ausländischem Recht hinter denen aus deutschem Recht zurückbleiben, während im umgekehrten Falle die Rechtsfolgen der lex loci delicti commissi auf den Stand des deutschen Rechts zurückzuführen sind.

Aber es ist doch verfehlt, das Wesen des Artikel 38 EGBGB (alte Fassung) einfach als Maximalklausel bzw. Kumulationsnorm zu kennzeichnen, wird doch

31 Ruhr, Der Einfluss der Vorbehaltsklausel auf die Deliktsobligationen, S.37; Kropholler, RabelsZ 33 (1969) 602, 603f; Staudinger/v. Hoffmann 1998, RzNr. 4 zu Art.38 EGBGB.

32 Von Bar, IPR II. S. 493 nennt dies "Privilegium Germanicum".

33 Über die "deutsche Vorschriften" siehe unten Erster Teil. § 1. I. D. 1. (Grenze des Begriffs "deutsche Gesetze").

der rechtspolitische Zweck des ordre public gerade durch die gesetztechnische Methode der Kumulation erreicht[34].

2. Eine vollkommene Kollisionsnorm?

Ein geschriebenes Deliktskollisionsrecht fehlt im alten EGBGB (bis 21. 5. 1999). Artikel 38 EGBGB (alte Fassung) enthält nur eine spezielle Vorbehaltsklausel mit Sperrwirkung für die Inanspruchnahme deutscher Täter, nicht aber eine Kollisionsnorm für die Anknüpfung der unerlaubten Handlung. Die Vorbehaltsklausel ist eine Interpretationsregel[35] und grundsätzlich keine Verweisungsnorm, denn sie sagt nur, dass bestimmte ausländische Rechtssätze keine Anwendung finden können, sie sagt aber nicht, welches Recht nun den Tatbestand regeln soll. Dabei entsteht die Frage, ob Artikel 38 EGBGB (alte Fassung) eine vollkommene Kollisionsnorm ist?

In der schweizerischen Rechtsprechung wird die Auffassung vertreten, dass das Eingreifen der Vorbehaltsklausel sich zwangläufig zugunsten der Anwendung des eigenen Rechts auswirkt und dass die Vorbehaltsklausel daher als eine auf die lex fori verweisende Kollisionsnorm betrachtet werden könne[36]. Diese Ansicht erscheint nicht unbedenklich, weil Vorbehalt des eigenen Rechts nur bedeutet, dass ausländisches Recht nicht unvereinbar mit dem eigenen Recht sein dürfe, nicht aber eigenes Recht anzuwenden.

Artikel 38 EGBGB (alte Fassung) setzt auch nicht fest, dass für unerlaubte Handlung primär das Recht des Deliktsorts entscheiden solle; er sagt nur, dass aus einer im Ausland begangenen unerlaubten Handlung gegen einen Deutschen nicht weitergehende Ansprüche geltend gemacht werden können als nach den deutschen Rechten begründet wäre. Aber damit ist mittelbar gesagt, dass ein Deutscher, der im Ausland eine unerlaubte Handlung begangen hat, grundsätzlich nach ausländischen Rechten zu behandeln ist[37]. Dies ist der Grundsatz, von dem Artikel 38 EGBGB (alte Fassung) eine Ausnahme macht, ohne den Grundsatz hat Artikel 38 EGBGB (alte Fassung) keinen Sinn.

Die Antwort dieser Frage mag auf die Gesetzgebungsgeschichte zurückzuführen sein[38]. In den Entwürfen zum BGB (Gebhards Vorentwürfe); im Ersten

34 Dazu vgl. Lüderitz, Kumulation und Grundsatz des schwächeren Rechts im IPR, (1957) S. 12.

35 Vgl. Marti, Der Vorbehalt des eigenen Rechts im IPR der Schweiz, S. 68ff..

36 Vgl. Marti, Der Vorbehalt des eigenen Rechts im IPR der Schweiz, S. 69.

37 Vgl. Schmidt, Der Ort der unerlaubten Handlung im IPR, S. 175; Ruhr, Der Einfluss der Vorbehaltsklausel auf die Deliktsobligationen, S. 36.

38 Zur Ausführung der Gesetzgebungsgeschichte siehe oben Erster Teil. § 1. I. A. (Entstehungsgeschichte).

Entwurf von 1888 noch ohne Zusatz (§ 6) und in der 2. Lesung (§ 2243) mit einer Klausel zugunsten deutscher Gesetze, die sich auf eine im Ausland begangene unerlaubte Handlung erstrecken, war der Grundsatz der lex loci ausdrücklich enthalten. Wenn der Bundesrat diese ganze, ihm als § 2367 vorgelegte Bestimmung strich und statt dessen die als Artikel 12 EGBGB Gesetz gewordene Fassung dem Reichstag unterbreitete, kann nach dem gesamten Ablauf der Entstehungsgeschichte nicht gesagt werden, dass der Gesetzgeber den Grundsatz der lex loci verworfen habe[39].

Gerade von Seiten des Auswärtigen Amtes, auf dessen Vorschlag Artikel 12 EGBGB zurückgeht, ist vor allem aus politischen Gründen immer wieder vorgebracht worden, dass das in Fluss befindliche IPR nicht gesetzlich festgelegt werden solle. Die IPR-Kommission erklärte noch, dass die Maßgeblichkeit der lex loci delicti commissi als selbstverständlich zu betrachten sei. Insoweit bezog sie sich auf die Tatsache, dass Wissenschaft und Rechtsprechung schon zur Zeit der Entstehung des Gesetzes sich für die Geltung der lex loci delicti commissi entschieden hatten. So ist es als sicher anzunehmen, dass die Änderung durch den Bundesrat nicht auf einer sachlich abweichenden Meinung basierte, sondern nur darauf , dass der Bundesrat sich nicht festlegen wollte, solange nicht überall die Gegenseitigkeit gesichert war[40].

Wenn der Gesetzgeber also im internationalen Deliktsrecht nur einen Sonderfall, und zwar durch eine Inländerschutzklausel, normiert hat, so hat er die Lücke hinsichtlich der Grundregel bestehen lassen. Damit ist die Bestimmung des primär geltenden Rechts der Wissenschaft überlassen worden[41]. Obwohl sich aus dem Wortlaut des Artikel 38 EGBGB (alte Fassung) keine geschriebene Verweisungsregel für die unerlaubte Handlung ergibt, ist als Zwischenergebnis festzuhalten, dass durch wissenschaftliche Ergänzungen Artikel 38 EGBGB (alte Fassung) als eine potentiell vollkommene Kollisionsnorm angesehen werden sollte.

3. Eine Anspruchsgrundlage?

Leistet der deutsche Täter in Deutschland aus Rechtunkenntnis mehr als wozu er nach Artikel 38 EGBGB (alte Fassung) vom deutschen Richter verurteilt werden würde, so fragt es sich, ob er den Überschuss kondensieren kann. Es herrscht

39 Vgl. Binder, Zur Auflockerung des Deliktsstatuts, Rabels Z 20 (1955), S. 406.
40 Vgl. Binder, Zur Auflockerung des Deliktsstatuts, Rabels Z 20 (1955), S. 407.
41 Damit wollte der Gesetzgeber Raum für Staatsverträge und eine Weiterentwicklung des IPR lassen. Dazu vgl. auch Zitelmann, IPR 2. Bd. (1912), S. 543.

volle Harmonie in den Ansichten der deutschen Autoren[42], dass der Täter, der nach dem Recht des Begehungsortes schon geleistet hat, sei es freiwillig, und zwar mehr, als was das deutsche Recht fordern würde, diese Mehrleistung nicht auf Grund von Artikel 38 EGBGB (alte Fassung) zurückverlangen kann. Der Täter hat immerhin eine auslandsrechtliche Pflicht erfüllt, die freilich in Deutschland nicht Rechtspflicht war (sogenannte hinkende Rechtspflicht). Die Erfüllung derartiger Pflichten wird oft auch in Deutschland durch den Anstand geboten sein (§ 814 BGB).

Im Ergebnis kann also festgehalten werden, dass es nach Art.38 EGBGB (alte Fassung) wohl eine Maximalklausel zum Schutz des deutschen Täter gibt, nicht aber eine aktive Anspruchsgrundlage zum Schutz des deutschen Täters.

C. Tatbestandsvoraussetzungen

1. Auslandstat

Artikel 38 EGBGB (alte Fassung) setzt zunächst eine im Ausland begangene unerlaubte Handlung voraus. Das heißt „dem Verletzten müsste grundsätzlich wegen eines ausländischen Handlungs- oder Erfolgsorts ausländisches Recht zur Seite stehen“[43]. Jeder gegen einen Deutschen gerichtete Deliktsanspruch wird durch das deutsche Recht begrenzt. Was unter Ausland (z. B. exterritoriales Gebiet, Hoheitsgewässer) zu verstehen ist, bestimmt sich nach deutschen Recht[44].

Eine Ausdehnung des Art.38 EGBGB (alte Fassung) auf Inlandstaten, bei denen ausländisches Deliktsrecht aufgrund anderer Anknüpfungsregeln gilt, ist grundsätzlich abzulehnen[45]. Der Anwendungsbereich „systemwidriger Exklusivnormen“ (wie Art.38 EGBGB von 25. 7. 1986) sollte sich einer Erweiterung ihres gesetzlichen Anwendungsbereiches und damit einer Analogie entziehen[46]. Ist die Tat im Inland begangen worden, so gilt in der Regel das deutsche Recht

---

42 Dafür z. B. Habicht, IPR nach dem EG zum BGB, S. 97; Wolff, IPR 3. Aufl. 1954, S. 167; und Delachaux, Die Anknüpfung der Obligationen aus Delikt und Quasidelikt im internationalen Privatrecht, S. 69.

43 Soergel/ Lüderitz, 12. Aufl. RzNr. 109 zu Art.38.

44 Dazu vgl. Frankenstein, IPR II, S. 377; München-Kommentar/Kreuzer, 3. Aufl. 1998, RzNr. 313 zu Art.38 EGBGB; Staudinger/v. Hoffmann 1998, RzNr. 250 zu Art.38 EGBGB.

45 Vgl. Staudinger/v. Hoffmann 1998, RzNr. 250 zu Art.38 EGBGB.

46 Vgl. Staudinger/v. Hoffmann 1998, RzNr. 250 zu Art.38 EGBGB; Kropholler, RabelsZ 33 (1969) 601, 650.

als Recht des Deliktstorts[47]. Artikel 38 EGBGB (alte Fassung) könnte nur bei im Ausland begangenen unerlaubten Handlungen von Bedeutung sein.

2. Ansprüche aus unerlaubter Handlung

Was unter „unerlaubter Handlung" („Delikt") im Sinne des Kollisionsrechts zu verstehen ist, ist eine Frage der Qualifikation. Ob eine im Ausland begangenen Tat als unerlaubte Handlung anzusehen ist, entscheidet bei deutschen Gerichtsstand das deutsche internationale Privatrecht[48]. Danach ist der kollisionsrechtliche Begriff der unerlaubten Handlung umfassender als im deutschen materiellen Recht zu verstehen[49].

Unerlaubte Handlung ist ein „technischer" Begriff des deutschen Rechts[50]. Sein Inhalt ergibt sich zunächst aus §§ 823 bis 853 BGB, die unter der Überschrift „Unerlaubte Handlungen" zusammengefasst sind. Er geht weiter als die genannten Vorschriften und umfasst auch zahlreiche Einzelbestimmungen anderer Gesetze[51].

Artikel 38 EGBGB (alte Fassung) ist daher dort anwendbar, wo ein geltendgemachter Anspruch nach deutschem Kollisionsrecht als deliktisch einzuordnen wäre, z. B. Ansprüche aus Quasidelikten, Ansprüche aus Gefährdungshaftung[52] oder Ersatzpflichten für rechtmäßige Schädigungen[53]. Rechtpolitisch ist es bedenklich, die Anwendungsbereich des Artikel 38 EGBGB (alte Fassung) auf deliktsähnliche Ansprüche (z. B. Haftung der deutschen Gründer einer ausländische AG) auszuweiten[54]. Eine analoge Anwendung des Artikel 38 EGBGB (alte Fassung) ist mit der strikten Auslegung dieser Vorschrift, die sich aus dessen Charakter als Exklusivnorm ergibt, nicht vereinbar.

---

47 In der Literatur und Praxis wird grundlegend die Tatortregel zu dem internationalen Deliktrecht angenommen.

48 Frankenstein, IPR II, S. 377; München/Kreuzer, 3. Aufl. 1998, RzNr. 21 zu Art.38 EGBGB; Staudinger/v. Hoffmann 1998, RzNr. 251 zu Art.38 EGBGB.

49 Dazu vgl. München/Kreuzer, 3. Aufl. 1998, RzNr. 21 zu Art.38 EGBGB; Staudinger/v. Hoffmann 1998, RzNr. 251 zu Art.38 EGBGB.

50 Der Begriff geht zurück auf Frankenstein.

51 Vgl. Frankenstein, IPR II, S. 377.

52 München/Kreuzer, 3. Aufl. 1998, RzNr. 314 zu Art.38 EGBGB.

53 Wolff, IPR, 3. Aufl. 1954, S. 168.

54 OLG Düsseldorf 8. 12. 1975, IPRspr. 1975 Nr. 8 = RIW 1976, 452, 453; Palandt/Heldrich, 58 Aufl. 1999, RzNr 28 zu Artikel 38 EGBGB; dagegen München/Kreuzer, 3. Aufl. 1998, RzNr 314 zu Artikel 38 EGBGB; Staudinger/v. Hoffmann 1998, RzNr 251 zu Artikel 38 EGBGB.

3. Geschützter Personenkreis

Die letzte Voraussetzung des Artikel 38 EGBGB (alte Fassung) ist schließlich, dass der Anspruch sich gegen einen Inländer richtet. Wer gehört nun zum Kreis der geschützten Personen? Entscheidend ist nicht die Tätereigenschaft, sondern die Inanspruchnahme[55]. Unzweifelhaft werden alle natürlichen Personen mit deutscher Staatsangehörigkeit sowie jeder Deutsche im Sinne des Artikel 116 Abs.1 GG von der Bestimmung erfasst[56].

Wenn wir die Übereinstimmung des Artikel 38 EGBGB (alte Fassung) mit dem Diskriminierungsverbot des EWG-Vertrags zu erreichen suchen[57], ist die Beschränkung des Artikel 38 EGBGB (alte Fassung) auf „Deutsche“ zu eng. Vielmehr ist der Anwendungsbereich dieser Vorschrift zwangläufig auf die Staatsangehörigen eines anderen EU-Staates mit Lebensmittelpunkt in Deutschland zu erstrecken. Das heißt, dass der Bürger aus einem anderen EU-Staat, der seinen Lebensmittelpunkt im Inland hat, sich auf Artikel 38 EGBGB (alte Fassung) berufen kann, wenn er vor einem deutschen Gericht von einem Geschädigten aus einen Drittstaat in Anspruch genommen wird[58]. Dies schafft allerdings eine neue unbefriedigende Diskriminierung gegenüber den Angehörigen von Drittstaaten. Um ein Verstoß gegen das Diskriminierungsverbot des EWG-Vertrags zu vermeiden, schließe ich mich dieser Auffassung an, stelle mir aber die Frage, ob dies ehrlicherweise eine gerechte Lösung der Diskriminierung ist, weil „der Richter ein Unrecht nicht durch ein neues Unrecht wieder gut machten darf“[59]. Nun hat der deutsche Gesetzgeber in dem neuen Gesetz zum Internationalen Privatrecht für außenvertragliche Schuldverhältnisse und Sachen von 21. 5. 1999 eine spezielle Vorbehaltklausel im Artikel 40 Abs. 3 Nr.1 und 2 gesetzt, indem der geschützte Personenkreis sich nicht mehr nur auf deutsche Täter be-

---

55 Frankenstein, IPR II S. 378; Habicht, IPR nach dem Entführungsgesetze zum Bürgerlichen Gesetzbuche, S. 96; München/Kreuzer, 3. Aufl. 1998, RzNr 310 zu Artikel 38 EGBGB.

56 München/Kreuzer, 3. Aufl. 1998, RzNr 310 zu Artikel 38 EGBGB; Staudinger/v. Hoffmann 1998, RzNr 247a zu Artikel 38 EGBGB; Erman/Arndt, 7. Aufl. RzNr 7 zu Art. 12 EGBGB; Soergel/Lüderitz, 12. Aufl. RzNr. 120 zu Art.38 EGBGB.

57 Ergebnis des zweiter Teils. § 2. ist, dass Artikel 38 EGBGB (alte Fassung) gegen Artikel 7 Abs. 1 EWGV verstößt.

58 Dazu Staudinger/v. Hoffmann 1998, RzNr 247a zu Artikel 38 EGBGB; Nissen, NJW 1968, S. 2172; Sack, GRUR Int. 1988, S. 331; Wengler, Rechtgleichheit und Vielheit der Rechte, in:100 Jahre Deutsches Rechtsleben, FS für den Deutschen Juristentag, 1960, S. 239, 298 FN 121; von Bar, IPR I RzNr 172; vgl. auch IPG (Hamburg) 1970 Nr. 6.

59 Niederer, Einführung in die allgemeinen Lehren des internationalen Privatrechts, 2. Auf. Zürich 1956, S. 295/296.

schränkt. Dadurch hat der deutsche Gesetzgeber treffend das Problem über das Diskriminierungsverbot des EWG-Vertrags gelöst.

Neben den natürlichen Personen deutscher Staatsangehörigkeit gehören auch juristische Personen und nichtrechtsfähige Personenvereinigungen oder Vermögensmassen zu diesem Kreis. Wird die Klage aus unerlaubter Handlung gegen die Erben oder den Testamentsvollstrecker erhoben, z. B. weil der Täter infolge seiner Handlung tödliche Verletzungen erlitten hat, so muss auch Artikel 38 EGBGB (alte Fassung) einen Schutz gewähren. Der Grund hierfür liegt darin, dass der Kläger nicht dadurch profitieren darf, dass der Verletzte gestorben ist.[60].

Über den erforderlichen Zeitpunkt des Besitzes deutscher Staatsangehörigkeit sind die Meinungen geteilt. Der überwiegende Teil der Literatur und Rechtsprechung vertritt die Auffassung, dass der Schuldner zur Zeit der Geltendmachung des Anspruchs, also im Prozess zur Zeit der letzten mündlichen Verhandlung[61], deutscher Staatsangehöriger sein muss[62], weil Artikel 38 EGBGB (alte Fassung) hier nicht das deutsche Heimatrecht für anwendbar erklärt, sondern lediglich zum Schutze von Deutschen die Haftung beschränkt. Wesentlich abweichend ist dagegen die Auffassung v. Hoffmanns[63], dass aufgrund des Grundsatzes der Unwandelbarkeit des Deliktsstatuts für die Staatsangehörigkeit der Zeitpunkt der Tatbegehung maßgebend ist. Die Berücksichtigung eines nachträglichen Wechsels des Staatsangehörigkeit stehe deshalb im Widerspruch zu dem Grundsatz, dass zur Tatzeit das maßgebliche Deliktsstatut feststehen müsse.

Zu diesem Problem ist m.E. folgendes zu sagen. Bevor man entscheidet, wann der Schuldner die deutsche Staatsangehörigkeit besitzen muss, erscheint es notwendig, zunächst den Zweck des Artikel 38 EGBGB (alte Fassung) zu berücksichtigen. Der Gesetzgeber will den deutschen Staatsangehörigen, der vor einem deutschen Gericht wegen eines im Ausland verübten Deliktes schuldig erklärt wird, vor einer Verurteilung schützen, die vom deutschen Recht als zu hart empfunden wird. Diese Privilegierung ist nur dann gerechtfertigt, wenn das

---

60 Dazu auch Birk, Schadensersatz und sonstige Restitutionsformen im internationalen Privatrecht, S. 272.

61 Auch Revisionsgericht, München/Kreuzer, 3. Aufl. 1998, RzNr. 312 zu Artikel 38 EGBGB.

62 LG Hechingen 22. 11. 1962, IPRspr 1962-63 Nr. 37; Wolff, IPR 167; Frankenstein, IPR II S. 378; Erman/Arndt, 7. Aufl. RzNr. 7 zu Art. 12 EGBGB; Soergel/Lüderitz, 12. Aufl. RzNr 115 zu Art.38 EGBGB; Birk, Schadensersatz und sonstige Restitutionsformen im internationalen Privatrecht, S. 272; Habicht, IPR nach dem Entführungsgesetze zum Bürgerlichen Gesetzbuche, S.96; Ruhr, Der Einfluss der Vorbehaltsklausel auf die Deliktsobligationen, S. 41.

63 Staudinger/v. Hoffmann 1998, RzNr. 247a zu Art.38 EGBGB.

anzuwendende Recht vorhersehbar und die Entscheidung zu berechnen ist[64]. Wenn Artikel 38 EGBGB (alte Fassung) auch gälte, wenn ein Ausländer, der eine unerlaubte Handlung begangen hat, nachträglich Deutscher wird, wäre diese Bedingung nicht mehr gegeben. Ferner um mit dem Diskriminierungsverbot des EWG-Vertrags zu harmonieren, erstreckt sich der Anwendungsbereich des Artikel 38 EGBGB (alte Fassung) unvermeidlich auch auf Angehörige eines anderen EU-Staates, solange sie ihren Lebensmittelpunkt im Deutschland haben. In diesem Fall muss auch der Lebensmittelpunkt feststehen, so dass der entscheidende Zeitpunkt für die Feststellung des Lebensmittelpunkt des Beklagten nicht die Zeit der letzten mündlichen Verhandlung, sondern die Zeit der Tatbegehung ist. Aus diesen Gründen ist der Auffassung zuzustimmen, dass die Berücksichtigung eines nachträglichen Wechsels der Staatsangehörigkeit (oder des Lebensmittelpunkts) des Beklagten unzulässig ist.

D. Probleme bei der Anwendung des Art.38 EGBGB (alte Fassung)

Die Anwendung des Art.38 EGBGB ist nicht ganz einfach, weil im einzelnen manches unklar ist. Durch folgende Untersuchung versuchen wir, die Probleme hervorzuheben und die Lösungen zu finden.

1. Grenzen des Begriffs „deutsche Gesetze"

a) Auffassungen im Schrifttum

Hat ein Deutscher im Ausland eine unerlaubte Handlung begangen, schützt ihn Art.38 EGBGB (alte Fassung) unmittelbar, wenn er von Verletzten vor einem deutschen Gericht verklagt wird. Das deutsche Recht bildet dann die Höchstgrenze der Ansprüche aus dem ausländischen Deliktsstatut. Bezieht sich der Begriff „deutsche Gesetze" nur auf das Gebiet der unerlaubten Handlung, oder sollte der Tatbestand im Lichte der gesamten deutschen Rechtsordnung beurteilt werden? Hier gehen die Meinungen auseinander. Unangefochten ist jedenfalls, dass die deutschen Normen auf jeden Schadenersatzanspruch angewandt werden, den sie als deliktisch oder quasideliktisch qualifizieren.

In der Literatur wird überwiegend angenommen, dass das deutsche Recht mit seinem ganzen Normenbestand, aus dem sich für den Sachverhalt Ansprüche ergeben könnten, als Höchstgrenze wirkt[65]. Dabei sind alle Bestimmungen des

---

64 Ausführliche Darstellung siehe unten Dritter Teil. § 5. I.

65 Soegel/Lüderitz, 12. Aufl. RzNr. 114 zu Art.38 EGBGB; München/Kreuzer, 3. Aufl. 1998, RzNr 315 zu Artikel 38 EGBGB; Schack, VersR 1984, S. 422; Erman/Hoh-

deutschen Rechts - nicht nur die deliktrechtlichen Vorschriften - heranzuziehen. Aus dem Zusammenhang des Wortlauts der Vorschrift könnte man auch entnehmen, dass nur die deutschen Deliktsnormen gemeint sein können, da von den „deutschen Gesetzen“ nur im Zusammenhang mit den unerlaubten Handlungen die Rede ist. Diese einengende Ansicht vertreten in Deutschland jedoch nur Zitelmann und Zekoll[66]. Sie meinen, dass nach Gesetzeswortlaut unter „deutschen Gesetzen“ nur die Vorschriften - §§ 823 bis 853 BGB - zu verstehen sind. M. E. ist Zitelmann und Zekoll nicht zuzustimmen, weil eine beschränkende Auslegung des Art.38 EGBGB (alte Fassung) sich entgegen der damit verfolgten Zielsetzung - nämlich Exklusivnorm zum Schutz gegen ungünstigeres ausländisches Deliktsrecht - auswirken würde[67]. Nach Gesetzesziel und Gesetzeswortlaut sind unter „deutsche Gesetze“ nicht nur die Vorschriften über unerlaubte Handlungen zu verstehen, sondern alle Bestimmungen, die an den in Frage stehenden Sachverhalt eine Leistungspflicht des deutschen Beklagten knüpfen können. Ist der deutsche Beklagte nach deutschem Recht aus einem anderen Rechtstitel (z. B. Vertrag, ungerechtfertige Bereicherung) verpflichtet, dem Anspruch zu genügen, so fehlt jeder Grund, den Deutschen seiner Verpflichtung zu entziehen[68].

b) Standpunkt der Rechtsprechung

In einer Entscheidung aus dem Jahre 1927 wird festgestellt[69], dass der Ausdruck „deutsche Gesetze“ nicht nur die Normen über unerlaubte Handlungen, sondern sämtliche Bestimmungen des deutschen Rechts umfasst. Durch diese weite Auslegung hat die deutsche Rechtsprechung dabei mitgeholfen, dass in der Praxis die Verpflichtungsgrenze des Art.38 EGBGB (alte Fassung) nicht allzu häufig eingreift.

c) Richtige Vergleichung beider Gesetze (deutsche und ausländische Gesetze)

Art.38 EGBGB (alte Fassung) zwingt den deutschen Richter dazu, zuerst festzustellen, ob die lex loci delicti überhaupt einen Anspruch gewährt, und wenn ja, diesen mit den deutschen Vorschriften zu vergleichen. Verneint der Richter eine

---

loch, 9. Aufl. 1993, RzNr. 54 zu Art.38 EGBGB; Frankstein, IPR II, S. 379; Graf von Westphalen, RIW/AWD 1981, S. 141.

66 Zitelmann, IPR II, S. 506; Zekoll, US-amerikanisches Produkthaftpflichtrecht vor deutschen Gerichten, S. 27.

67 Dazu auch Lüderitz, Kumulation und Grundsatz des schwächeren Rechts im IPR, S. 22.

68 Vgl. Frankstein, IPR II, S. 379.

69 RGZ 118, 143.

Haftungsfolge nach deutschem Deliktsrecht, so ist damit andererseits der nach ausländischem Recht begründete Anspruch noch nicht endgültig ausgeschaltet, nämlich wenn sich dieser nach anderen als deliktsrechtlichen deutschen Vorschriften aufrechterhalten lässt. Soweit der nach ausländischem Recht begründete Anspruch gegeben ist, ist die Gesamtheit der deutschen Rechtnorm zum Vergleich heranzuziehen.

Die vom deutschen Recht geforderte Vergleichung beider Rechte bezieht sich auf alle Einzelheiten des Einspruchs. Die rechtstechnisch andere Konstruktion des ausländischen Rechts lässt sich in vielen Fällen gar nicht mit der des deutschen Rechts vergleichen, da Vergleichen immer voraussetzt, dass es sich um Vergleichbares handelt. Wenn dies nicht immer möglich ist, dann tritt das Problem auf, ob ein etwaiger dem ausländischen Recht unterliegender Anspruch, der eine andere Ausgestaltung erfahren hat als im deutschen Recht, infolge Art.38 EGBGB (alte Fassung) nicht geltend gemacht werden kann. Daher ist für den nach Art.38 EGBGB (alte Fassung) vorzunehmenden Vergleich nicht die Gesamtheit der deutschen Gesetze auf die tatsächliche ausländische Situation des konkreten Falles anzuwenden, um festzustellen, welche Ansprüche bestehen. Vielmehr ist der Sachverhalt samt den am Tatort bestehenden besonderen Rechten nur unter diejenigen deutschen Normen zu subsumieren, die einen Ersatzanspruch begründen[70].

Bei der Beurteilung des Sachverhalts nach deutschem Recht ist jeder in Betracht kommende Anspruch getrennt hinsichtlich Voraussetzungen, und Folgen, sogar Entstehung und Inhalt (z. B. Zahlung einer Geldsumme, einer Rente und Schmelzengeld usw.) umfassend zu prüfen. Auch alle rechtshindernden und -vernichtenden und hemmenden Einwendungen bzw. Einreden (z. B. Deliktsfähigkeit, Mitverschulden, Verjährung) sind zu berücksichtigen. So kann z. B. ein auf ausländischem Recht begründender Deliktsanspruch noch geltend gemacht werden, wenn er zwar nach deutschem Deliktsrecht verjährt ist, aber daneben ein nach der lex fori unverjährter Anspruch aus Vertrag oder ungerechtfertigter Bereicherung besteht[71].

Die Frage, ob der ausländische Deliktsanspruch „weiter geht", als der nach deutschem Recht begründete, lässt sich nicht immer leicht beantworten. Weder der von Kreuzer gemachte Vorschlag, „funktionsäquivalente Vergleichung"[72], noch die von Birk vorgeschlagene „quantitative Vergleichung"[73], ist in der Pra-

70 Dazu die Ausführungen bei, Binder, Zur Auflockerung des Deliktsstatuts, in: RabelsZ 1955, S. 408.

71 Vgl. Frankenstein, IPR II, S. 380; Habicht, IPR, S. 97; München/Kreuzer, 3. Aufl. 1998, RzNr. 315 zu Art.38 EGBGB.

72 München/Kreuzer, 3. Aufl. 1998, RzNr. 312 zu Art.38 EGBGB.

73 Birk, Schadensersatz und sonstige Restitutionsformen im IPR, S. 256.

xis einleuchtend. Ob die auf verschiedenen Rechtskonstruktionen beruhenden Ansprüche funktionsäquivalent sind, oder ob die Verschiedenheit in den Schadensersatzmodalitäten (z. B. Rente oder Kapitalabfindung) sich quantitativ niederschlagen kann, ist eine Frage, die nicht einfach mit ja oder nein beantwortet werden kann. Dies ist gerade eine unvermeidliche Schwierigkeit bei der Anwendung des Art.38 EGBGB (alte Fassung).

2. *Verhältnis zum Günstigkeitsprinzip beim Distanzdelikt*

a) Problemstellung

Das deutsche Deliktsstatut schützt nicht nur das Deliktsopfer, sondern enthält in Art.38 EGBGB (alte Fassung) darüber hinaus eine Schützvorschrift zugunsten des deutschen Täters. In allen Fällen, in denen der Täter Deutscher ist, sowie der Handlungs- und Erfolgsort auseinanderfallen, entsteht infolgedessen das Problem, wie die beiden Günstigkeitsprinzipien des internationalen Deliktsrechts, jenes zugunsten des Geschädigten (Günstigkeitsprinzip beim Distanzdelikt)[74] und jenes zugunsten des Schädigers (Art.38 EGBGB a. F.), miteinander zu vereinbaren sind.

b) Standpunkt der Rechtsprechung

Das OLG Köln[75] hat in einem Fall, in dem die Kläger italienische Staatsangehörigkeit besaßen, auf den Schadensersatzanspruch wegen in Deutschland von einem deutschen Redakteur zusammen mit einem deutschen Fotografen veröffentlichten Zeitungsberichten gemäß Art.38 EGBGB (alte Fassung) das deutsche Recht angewandt.

Das Gericht gab der Schutzvorschrift zugunsten der deutschen Beklagten den Vorrang und erläuterte, dass es infolgedessen nicht mehr darauf beruhen könne, ob das deutsche Recht des Handlungsortes oder das italienische Recht des Erfolgsortes für die Kläger günstiger sei. Schließt man sich der Auffassung des OLG Köln an, so bedeutet der durch Art.38 EGBGB (alte Fassung) gewährte Schutz des deutschen Schädigers eine Begrenzung des Günstigkeitsprinzips zum Schutz des Deliktsopfers. Das Grundsatz der Anwendbarkeit des Rechts, das für den Geschädigten günstiger ist, wird durch Art.38 EGBGB entkräftet[76].

---

74 Das Günstigkeitsprinzip ist von der deutschen Rechtsprechung stets grundsätzlich bejaht worden. Vgl. Staudinger/v. Hoffmann 1998, RzNr. 119 zu Art.38 EGBGB.

75 OLG Köln, IPRspr. 1973, Nr.63.

76 Vgl. Mühl, Die Lehre von "besseren" und "günstigeren" Recht im IPR, S. 156.

c) Auffassungen im Schrifttum

Die Rechtfertigung dieses Vorrangs kann nur darin gesehen werden, dass die Inländerschutzklausel zugunsten des deutschen Schädigers stärkeres Gewicht hat als das deliktsrechtliche Günstigkeitsprinzip zugunsten des Geschädigten. Dafür findet man im deutschen Schrifttum die Begründung, dass die Begünstigung des Geschädigten beim Distanzdelikt grundsätzlich nicht Zweck der alternativen Anknüpfung (das Recht des Handlungsorts oder Erfolgsorts), sondern unbeabsichtigte Nebenfolge der Berücksichtigung des doppelten Zwecks des Deliktsrechts - Verhaltenssteuerung und Rechtsgüterschutz sei[77]. Außerdem werde das Günstigkeitsprinzip mit der größeren Schutzwürdigkeit des Deliktsopfers im Vergleich zum Täter legitimiert[78], aber diese Sympathie habe nur in Fällen erheblichen Tatverschuldens (z. B. bei Vorsatztaten) ihre Legitimation. Im Ergebnis wird allerdings das Günstigkeitsprinzip, soweit ein Deutscher Schädiger ist, durch Art.38 EGBGB (alte Fassung) zurückgehalten[79].

d) Stellungnahme und Kritik

Zu diesem Problem ist m. E. folgendes zu sagen. Es ist zuzugeben, dass das Argument der größeren Sympathie für Deliktsopfer als für Täter beim Distanzdelikt ohne zusätzliche Voraussetzungen nicht für eine ausreichende Begründung gehalten werden dürfte. Dass die Begünstigung des Geschädigten eine unbeabsichtigte Nebenfolge der Berücksichtigung des doppelten Zwecks des Deliktsrechts ist, lässt sich nicht leugnen. Fraglich bleibt aber, ob eine echte Wirkungskonkurrenz zwischen Günstigkeitsprinzip und Inländerschützklausel beim internationalen Deliktsrecht existiert.

Zu trennen ist zwischen der Ermittlung des Deliktsstatuts und der Anwendungsbeschränkung durch Art. 38 EGBGB (alte Fassung). Die Ermittlung des Deliktsstatuts folgt dem Günstigkeitsprinzip. Welches Recht dem Geschädigten günstiger ist, ist durch vergleichende Prüfung der in Betracht kommenden Rechtsordnungen unter Bezug auf den zu entscheidenden Einzelfall zu ermitteln, ohne dass hierbei schon Art.38 EGBGB (alte Fassung) einbezogen darf[80]. Zu recht wird daher hervorgehoben, dass es keine Wirkungskonkurrenz zwischen Günstigkeitsprinzip und Inländerschutzklausel gibt. Ersteres bezieht sich

77 Dazu vgl. Staudinger/v. Hoffmann 1998, RzNr. 120 zu Art.38 EGBGB.
78 Vgl. Kegel, IPR 7. Aufl. S. 535 f.
79 Vgl. Staudinger/v. Hoffmann 1998, RzNr. 120 zu Art.38 EGBGB.
80 Dazu vgl. Erman/Hohloch, 2. Band 9. Aufl. 1993, RzNr. 20 zu Art.38 EGBGB.

nur auf die Ermittlung des Deliktsstatuts; letztere dagegen auf die Begrenzung der Anwendung des Deliktsstatuts.

3. Gegenstände der Beschränkung des Art.38 EGBGB (alte Fassung)

a) Die Anwendung von Art.38 EGBGB (alte Fassung) über § 328 I Nr. 4 ZPO im Urteilsanerkennungsverfahren

Die Frage, ob die Beschränkung des Art.38 EGBGB (alte Fassung) für § 328 I Nr.4 ZPO im Urteilsanerkennungsverfahren auch relevant werden kann, wenn nicht die Anwendung ausländischen Rechts, sondern die Anerkennung eines ausländischen Urteils ansteht, ist strittig. Die Ausführung über diese Frage wird unten in „Dritter Teil. § 2." (Verhältnis zu § 328 I Nr.4 ZPO) weiter erläutert, da sie von der Erörterung in „Dritter Teil. § 2." eingeschlossen wird.

b) Unterhaltsansprüche

Eine der Tatbestandsvoraussetzungen des Art.38 EGBGB (alte Fassung) sind Ansprüche aus unerlaubter Handlung. Die Beschränkung des Art.38 EGBGB (alte Fassung) ist nur dort anwendbar, wo ein geltendgemachter Anspruch nach deutschem Kollisionsrecht als deliktsrechtlich einzuordnen ist[81]. Gegenüber nicht-deliktischen Ansprüchen aufgrund ausländischen Rechts (z. B. Ansprüche aus Vertrag, Bereicherung, Geschäftsführung ohne Auftrag usw.) greift Art.38 EGBGB (alte Fassung) dann nicht ein, wenn diese weiter gehen als die entsprechenden Ansprüche nach deutschem Recht[82].

Es besteht heute weitgehend Einigkeit darüber, dass nicht nur Deliktsansprüche beschränkt werden, sondern auch Unterhaltsansprüche ausländischen Rechts - nämlich dann, wenn von ihnen als Vorfrage die Deliktshaftung abhängt[83]. Das ist bedeutsam gegenüber dem italienischen Recht mit seinem weiten Kreis der Unterhaltsberechtigten[84]. Diese Auffassung ist unseres Erachtens richtig, weil der Deutsche aus dem Delikt im Ergebnis nicht stärker haften soll als nach deutschem Recht. Das ist gerade das gesetzgeberische Ziel des Art.38 EGBGB (alte Fassung). So muss z. B. der deutsche Schädiger nach italienischem Tatortrecht

81 Dazu siehe oben Erster Teil. § 1. I. C. 2.

82 Vgl. München/Kreuzer, 3. Aufl. 1998, RzNr. 314 zu Art.38 EGBGB.

83 BGH FamRZ 1966, 28,29,30 = VersR 1966, 283; BGH 27,4,1976 = VersR 1976, 925; Niesen, NJW 1968, 2171 Fn. 9; München/Kreuzer, 3. Aufl. 1998, RzNr. 314 zu Art.38 EGBGB; Soegel/Lüderitz, 12. Auf. 1996, RzNr. 111 zur Art.38; Staudinger/v. Hoffmann 1998, RzNr. 251 zu Art.38 EGBGB.

84 Vgl. Art.433 Nr. 4-6 cc.

auch den unterhaltsberechtigten Geschwistern des Opfers Schadensersatz leisten; da entsprechende Ansprüche nach deutschem Recht nicht bestehen, sind sie gemäß Art.38 EGBGB (alte Fassung) abzuweisen.

c) Beweislast

Die Beweisfragen bereiten dem Gericht und den Parteien schon zahlreiche Schwierigkeiten im internen Recht. Bei Sachverhalten mit Auslandberührung kommt noch das Problem hinzu, ob die zum Kreis des Beweises zu rechnenden Fragen sich gleichfalls nach der lex causae richten oder ob allein die lex fori entscheiden soll. Einige Fragen sollen im folgenden etwas näher beleuchtet werden.

aa) Beweislaststatut

Bevor man erwägt, ob die Beweislast Gegenstand von der Beschränkung des Art.38 EGBGB (alte Fassung) ist, ist es notwendig, dies von Frage über das Beweislaststatut im internationalen Deliktsrecht zu unterscheiden. Untersteht die Beweislast dem Deliktsstatut, bedarf es dann der Untersuchung, ob die Beschränkung des Art.38 EGBGB (alte Fassung) auch für die Beweislast gilt?

Heute gehen deutsches Schrifttum[85] und deutsche Rechtsprechung[86] überwiegend davon aus, dass das Deliktsstatut auch die Beweislast bezüglich der Voraussetzungen der Haftung und des Umfangs und der Höhe des Schadens bestimmt. Diese Ansicht wird damit begründet, dass die Beweislastregeln selbst Rechtsätze sind, weil sie immer dann zur Anwendung kommen, wenn die tatsächlichen Voraussetzungen des anzuwendenden Rechtssatzes unklar geblieben sind[87]. In diesem Sinne ist die Beweislast „nur das Kehrbild der materiellen Rechtsordnung“[88]. Die allgemeine Beweislastregel lautet, dass derjenige, der sich auf eine für ihn günstige Tatsache beruft, diese zu beweisen hat und bei deren Nichterweislichkeit die Abweisung seines Rechtsbegehrens zu tragen hat[89]. In Fällen mit Auslandsberührung ist die Beweislast deshalb dem durch die Kolli-

85 Birk, Schadensersatz und sonstige Restitutionsformen im IPR, S. 144; Kegel, IPR 7. Aufl. S. 811; Palandt/Heldrich, 58. Aufl. RzNr. 33 vor Art.3; München/Kreuzer, 3. Aufl. 1998, RzNr. 297 zu Art.38 EGBGB; Erman/Aendt, 7. Aufl. RzNr. 2 zu Art.12 EGBGB; Staudinger/v. Hoffmann 1998, RzNr. 202 zu Art.38 EGBGB.

86 RGZ 6, 412, 413; BGHZ 3, 342, 346; BGH 26, 11, 1964; BGHZ 42, 385, 388f.; OLG München 28, 4, 1972, IPRspr 1973 Nr. 14; IPG 1967-68 Nr. 11 (Hamburg); IPG 1967-68 Nr. 14 (Kiel).

87 Dazu vgl. Staudinger/v. Hoffmann 1998, RzNr. 202 zu Art.38 EGBGB und Birk, Schadensersatz und sonstige Restitutionsformen im IPR, S. 143.

88 Leonhard, Die Beweislast, 2. Aufl. 1926, S. 136.

89 Vgl. Staudinger-Kommentar/v. Hoffmann 1998, RzNr. 202 zu Art.38 EGBGB.

sionsnorm berufenen ausländischen Recht zu entnehmen, weil nur durch dieses ermittelt werden kann, welches Tatbestandsmerkmal im Einzelfall für eine Partei günstig oder ungünstig ist[90].

bb) Problemstellung

Art.38 EGBGB (alte Fassung) spricht vom „weitergehenden Anspruch", damit hat er an sich allein die materiell-rechtlichen Vorschriften der deutschen Rechtsordnung im Auge. Die Beweislast betrifft direkt weder den Tatbestand noch die Rechtsfolge des Rechtssatzes, deshalb tritt sie also nicht mit dem den Anspruch begründenden Rechtssatz in unmittelbare Beziehung. Daraus darf nicht geschlossen werden, dass die Beweislastfrage aus dem Anwendungsbereich des Art.38 EGBGB (alte Fassung) ausscheidet. Nun erhebt sich die Frage, ob das deutsche Recht maßgebend ist, wenn nach dem deutschen Recht mehr Tatsachen bewiesen werden müssen als nach dem ausländischen Recht. Das würde bedeuten, dass der Kläger infolge der Beschränkung des Art.38 EGBGB (alte Fassung) die schwierigere Beweislast trägt, umgekehrt der Beklagte bei einer Einrede hinsichtlich der Beweislast begünstigt ist.

cc) Standpunkt der Rechtsprechung

Dazu ließ das OLG Karlsruhe in seiner Entscheidung vom 12. 9. 1980 anklingen[91], dass die Beschränkung des Art.38 EGBGB (alte Fassung) auch für die Beweislast gilt. Leider ist eine Begründung hierfür in diesem Urteil nicht enthalten.

dd) Auffassungen im Schrifttum

In der deutschen Literatur hat nur Birk sich mit dieser Frage befasst[92]. Birk stellt dabei zunächst fest, dass die Beweislast von Art.38 EGBGB mitumfasst wird, d. h. dass die praktische Auswirkung der Beweislastfrage den Ausschlag geben muss[93]. Seiner Auffassung liegt der Gedanke zugrunde, dass die Beweislast nicht nur eine Anweisung an den Richter darstellt, wie er bei einem non liquet in der

90 Vgl. Birk, Schadensersatz und sonstige Restitutionsformen im IPR, S. 144; Staudinger/v. Hoffmann 1998, RzNr. 202 zu Art.38 EGBGB.

91 OLG Karlsruhe IPRspr 1980, Nr. 30 = VersR 1981, 379.

92 Birk, Schadensersatz und sonstige Restitutionsformen im internationalen Privatrecht, S. 141 ff..

93 Vgl. Birk, Schadensersatz und sonstige Restitutionsformen im internationalen Privatrecht, S. 147.

Tatfrage zu unterscheiden hat, sondern auch der von ihr günstig berührten Partei ein direktes Recht gewährt, was sich dann zeigt, wenn die Klage zurückgewiesen wird[94].

ee) Stellungnahme und Kritik

Birk begründet seine Auffassung nicht. Sein Argument ist höchstens, dass die Beweislastverteilung im deutschen Recht als materiellrechtliche Frage qualifiziert wird, und dass die Beweislast indirekt auf die Begründung des Anspruches Einfluss hat. Ich komme nunmehr zur Entwicklung meiner eigenen Ansicht. Die Beweislastregel bürdet dem Kläger auf, die tatsächlichen Voraussetzungen seines geltend gemachten Anspruches zu beweisen. Was zu beweisen ist, bestimmt die lex causae. Die lex causae sagt also, welche Anspruchsvoraussetzungen gegeben und bewiesen sein müssen. Griffe die Beschränkung des Art.38 EGBGB (alte Fassung) auch im Fall der Beweislast ein, dann obläge dem Kläger, zusätzlich noch tatsächliche Voraussetzungen zu beweisen, die nach dem entsprechenden deutschen Recht gegeben sein müssten. Der Rechtssatz der lex causae würde dadurch verändert. Das bedeutete gleichsam, dass das deutsche Gericht durch die Anwendung des Art.38 EGBGB (alte Fassung) in ausländisches materielles Recht eingriffe. Das ist nicht das Ziel des Art.38 EGBGB (alte Fassung).

Weiter hervorzuheben ist, dass bei der Auslegung des Begriffs „deutsche Gesetze“ in der Rechtsprechung sowie in den Stellungnahmen der Literatur einheitlich angenommen worden ist, dass der Tatbestand über die Grenzen des deutschen Deliktsrechts hinaus im Lichte der gesamten deutschen Rechtsordnung beurteilt werden soll[95]. Gälte die Beschränkung des Art.38 EGBGB (alte Fassung) auch für die Beweislast, würde die Aufgabe des Richters erschwert, die vom Kläger geltend gemachten Anspruchsvoraussetzungen von den entsprechenden deutschen Normen zu unterscheiden, wenn ein solcher von Kläger geltend gemachter deliktsrechtlicher Anspruch nicht nach deutschem Deliktsrecht besteht.

Ferner muss man bedanken, dass Art.38 EGBGB (alte Fassung) nur „weitergehende Ansprüche“ beschränkt. Ob das ausländische Deliktsrecht weiter geht als deutsches Recht, entscheidet sich erst unter der Bedingung, dass der von dem Kläger geltend gemachte Anspruch begründet wird, d. h. dass alle Anspruchsvoraussetzungen von Kläger bewiesen worden sind. Falls die Beschränkung des Art.38 EGBGB (alte Fassung) für die Beweislast gelte, würde dies dazu führen,

94 Vgl. Birk, Schadensersatz und sonstige Restitutionsformen im internationalen Privatrecht, S. 147.

95 Dazu siehe oben Erster Teil. § 1. I. D. 1. (Grenze des Begriffs "deutsche Gesetze").

dass ein weiter als deutsches Recht gehender ausländischer Anspruch im internationalen Deliktsrecht nie entstünde, weil der Kläger die nach deutschem Recht entstehenden zusätzlichen Anspruchsvoraussetzungen nicht beweisen könnte und der von dem Kläger geltend gemachte Anspruch von deutschen Gerichten zurückgewiesen würde. Daraus kann man den Schluss ziehen, dass die Beschränkung des Art.38 EGBGB (alte Fassung) auf die Beweislast keine Anwendung findet.

d) Gesetzliche Vermutung

aa) Statut der gesetzlichen Vermutung

Eine gesetzliche Vermutung ist eine gesetzliche Bestimmung, nach der aus dem Vorliegen eines bestimmten Umstandes auf einen bestimmten anderen Umstand geschlossen werden soll[96]. Im Prozess werden gesetzliche Vermutungen als Rechtssätze und Beweislastregeln angesehen, weil bei Ungewissheit über den vermuteten Tatumstand der Richter die Vermutung anwendet, falls die tatsächliche Voraussetzungen der Vermutung bewiesen worden ist, und eine damit für den Kläger günstigere Entscheidung trifft[97]. Die Vermutung macht den Beweis der vermuteten Tatsache überflüssig und erleichtert dadurch die Beweislast.

Solche Erkenntnisse sind bei der internationalprivatrechtlichen Behandlung relevant. Trifft die gesetzliche Vermutung in Gestalt eines Rechtssatzes in Erscheinung, so entsteht die Frage bei kollisionsrechtlichen Fällen, ob derartige Rechtssätze der lex fori oder der lex causae zu entnehmen sind. Dazu wird im Schrifttum die Ansicht vertreten, dass die gesetzlichen Vermutungen sich nach der lex causae richten[98], weil nur die lex causae bestimmen kann, welche Tatsachen vermutet werden sollen.

Ein Hauptbeispiel der gesetzlichen Vermutung ist die Geschäftsherrenhaftung. Hier entstehen beim Zusammentreffen von Art.1384 C.c. mit § 831 BGB einige Probleme. Art.1384 C.c. enthält eine unwiderlegbare gesetzliche Vermu-

---

96 Rosenberg, Beweislast, 5. Aufl. 1965, S. 203 sagt: Gesetzliche Tatsachenvermutungen sind "solche Rechtsätze, die das Vorliegen einer als Tatbestandsmerkmal einer Rechtswirkung erforderten Tatsache aus einem tatbestandsfremden Umstand erschließen"; Leonhard, Die Beweislast, 2. Aufl. 1926, S. 232 sagt: "Vermutungen sind gesetzliche Regeln, wonach beim Beweise einer Tatsache eine andere vorläufig als bewiesen gilt."; vgl. Köbler, Juristisches Wörterbuch, 6 . Aufl. S. 395.

97 Für Einzelheiten und Nachweisen siehe Birk, Schadensersatz und sonstige Restitutionsformen im internationalen Privatrecht, S. 149-153.

98 Von Bar, Theorie und Praxis, Bd. II, S.384; Birk, Schadensersatz und sonstige Restitutionsformen im internationalen Privatrecht, S. 151.

tung für das Verschulden des Geschäftsherrn hinsichtlich solcher Delikte, die durch Personen begangen werden, für die er einzustehen hat. Nach § 831 Abs.1 S. 2 BGB hat der Geschäftsherr jedoch die Exkulpationsmöglichkeit. Wie ist jetzt die Rechtslage, wenn ein deutscher Geschäftsherr für eine Handlung in Anspruch genommen wird, die sein Gehilfe in Frankreich begangen hat[99]. Im Schrifttum überwiegt die Meinung, dass die Haftung des Geschäftsherrn gleichfalls nach dem Deliktsstatut zu beurteilen ist[100], das heißt nach dem Recht des Ortes, an dem die Tat des Gehilfen begangen worden ist, in unserem Beispiel also nach französischem Recht.

bb) Problemstellung

Zu beantworten ist die Frage, ob Art. 38 EGBGB (alte Fassung) auch für die gesetzliche Vermutung gilt, das heißt, ob der deutsche Geschäftsherr auf Grund des Art.38 EGBGB (alte Fassung) trotzdem den Exkulpationsbeweis führen kann.

cc) Auffassungen im Schrifttum

Birk hat sich eingehend mit dieser Frage befasst[101]. Er vertritt die Ansicht, dass Art.38 EGBGB (alte Fassung) eine Berufung des beklagten Geschäftsherrn auf § 831 Abs.1 Satz 2 BGB ermöglichen dürfte, auch wenn es im Deliktsstatut keine entsprechende Möglichkeit des Geschäftsherrn gibt. Begründet wird dies vermutlich damit, dass die gesetzliche Vermutung dem von ihr Begünstigten kein Recht verleiht, aber die durch sie hervorgerufene Begünstigung lediglich als ein Rechtsreflex aufzufassen ist, und dass die Verantwortlichkeit des beklagten Geschäftsherrn in diesem Fall letztlich davon abhängt.

dd) Stellungnahme und Kritik

Birks Argument, dass zu dem Ergebnis führt, dass die Beschränkung des Art.38 EGBGB (alte Fassung) auch für gesetzliche Vermutung gilt, ist nicht unbedenklich. Aus zwei Gründen lehne ich den von Birk aufgestellten Grundsatz ab. Der

---

99 Vgl. Birk, Schadensersatz und sonstige Restitutionsformen im internationalen Privatrecht, S. 152.

100 BGH 8.1.1981, BGHZ 80, 1 = IPRspr 1981 Nr. 24; Palandt/Heldrich, 58. Aufl. 1999, RzNr. 22 zu Art.38 EGBGB; Birk, Schadensersatz und sonstige Restitutionsformen im internationalen Privatrecht, S. 152; Staudinger/v. Hoffmann 1998, RzNr. 223 zu Art.38 EGBGB.

101 Birk, Schadensersatz und sonstige Restitutionsformen im internationalen Privatrecht, S. 149-153.

Erste ist, dass sich, wenn die gesetzlichen Vermutungen ihren Grund in einem Rechtssatz finden, der Exkulpationsbeweis dann auch auf diesen Rechtsatz bezieht, weil die gesetzliche Vermutung dadurch widerlegt werden kann. Falls in unserem Beispiel der Geschäftsherr auf Grund des Art.38 EGBGB (alte Fassung) den Exkulpationsbeweis führen könnte, würde dies dazu führen, dass Art.38 EGBGB (alte Fassung) eine Veränderung ausländischen materiellen Rechts brächte. Wie bei der Beweislast dargelegt, ist dies nicht das Ziel des Art.38 EGBGB (alte Fassung). Der weitere Grund besteht darin, dass nur die lex causae bestimmen kann, welche Tatsachen vermutet werden sollen. Und daher auch nur sie bestimmen kann, ob und wie eine gesetzliche Vermutung widerlegt werden kann, nicht aber die lex fori. Im Ergebnis kann also festgehalten werden, dass die Beschränkung des Art.38 EGBGB (alte Fassung) für die gesetzliche Vermutung nicht gelten sollte.

e) Anscheinsbeweis

aa) Statut des Anscheinsbeweises

Anscheinsbeweis (prima-facie-Beweis) ist „der Beweis einer bestimmten Ursache, eines bestimmten Ablaufes oder eines bestimmten Erfolges aus einer feststehenden Tatsache mit Hilfe der allgemeinen Lebenserfahrung (z.B. Fahren eines Autos gegen einen Baum deutet auf Fahrlässigkeit des Fahrers). Die beweisbelastete Partei muss nur die feststehende Tatsache (z.B. Fahren des Autos an den Baum) darlegen (Beweiserleichterung), die Gegenpartei kann dagegen Tatsachen beweisen, aus denen sich die ernstliche Möglichkeit eines anderen Zusammenhanges ergibt.“[102]

Der Frage, wie man den Anscheinsbeweis qualifizieren soll, kommt im Bereich des internationalen Deliktsrecht große Bedeutung zu. Leider sind die Stellungnahmen der deutschen Literatur nicht übereinstimmend. Ein Teil der Literatur und Praxis vertritt die Auffassung, dass der Anscheinsbeweis zum Bereich der Beweiswürdigung gehöre, und nicht zu dem Bereich der Beweislastproblematik[103]. Es handelt sich hierbei um die Berücksichtigung von Erfahrungssätzen, die keine Rechtssätze sind und auf die Beweislast keinen Einfluss ausüben. Daher soll der Anscheinsbeweis der lex fori unterstehen. Demgegenüber wird der Anscheinsbeweis von anderen Vertretern im deutschen Schrifttum als eine

---

102 Köbler, Juristisches Wörterbuch, 6. Aufl. S. 17.

103 IPG 1980-81 Nr. 8 (Göttingen); Soerger/Kegel, 11. Aufl. RzNr. 646 vor Art.7; Birk, Schadensersatz und sonstige Restitutionsformen im internationalen Privatrecht, S. 153-158; München/Kreuzer, 3. Aufl. 1998, RzNr. 297 zu Art.38 EGBGB.

Umkehrung eines Teils der Beweislast angesehen[104]. Begründet wird dies damit, dass er einen engen Zusammenhang mit der dem materiellen Recht zuzurechnenden Verteilung der Beweislast hat. Und folglich soll der Anscheinsbeweis dem Deliktsrecht unterstehen.

Wie man den Anscheinsbeweis qualifiziert, ist allerdings eine nicht einfach zu beantwortende Frage. Auszugehen ist wohl davon, dass es von beiden einander gegenüberstehenden Qualifizierungen des Anscheinsbeweises Ausnahmen gibt, weil die anzuwendende Rechtsordnung daraus nicht immer nur eine tatsächliche Vermutung, sondern eventuell auch eine Rechtsvermutung ableiten kann, was im Hinblick auf die in den meisten Rechten systematisch nicht geklärte Rechtlage bezüglich der Vermutungen und der Beweislast aber nicht feststellbar ist[105]. So bleibt m.E. diese Frage offen und die Beschäftigung mit ihr ist auch nicht Aufgabe dieser Arbeit.

bb) Problemstellung

Die Untersuchung richtet sich nun auf die Frage, ob die Beschränkung des Art.38 EGBGB (alte Fassung) für den Anscheinsbeweis gilt. Fraglich kann hier sein, ob das deutsche Recht den Ausschlag gibt, wenn bei der Berufung des Klägers auf ausländische beweiserleichternde „Schlüsse“[106] die festzustellende Tatsache, die vom Kläger dargelegt werden müsste, geringere als nach deutschem Recht ergibt, oder solche ausländischen beweiserleichternden Schlüsse vom deutschen Recht gar nicht erkannt werden.

cc) Stellungnahme und Kritik

Meines Wissens wurde diese Frage in der deutschen Literatur noch nie ausdrücklich gestellt. Diese Frage kann nur differenziert beantwortet werden. Falls der Anscheinsbeweis als eine Frage der Beweiswürdigung angesehen würde und auf die Beweislast keinen Einfluss ausübte, wäre die Frage irrelevant, weil dann der Anscheinsbeweis der lex fori unterläge und mit dem Deliktsstatut nichts zu tun hätte.

---

104 Dazu IPG 1974 Nr. 7 (Köln); IPG 1978 Nr. 16 (Hamburg); Greger, Praxis und Dogmatik des Anscheinsbeweis, in VersR 1980, 1091 ff., 1104; Staudinger/v. Hoffmann 1998, RzNr. 203 zu Art.38 EGBGB.

105 Vgl. Birk, Schadensersatz und sonstige Restitutionsformen im internationalen Privatrecht, S. 157-158.

106 Diese Bezeichnung stammt von Birk, Schadensersatz und sonstige Restitutionsformen im internationalen Privatrecht, S. 155.

Falls der Anscheinsbeweis für eine teilweise Umkehrung der Beweislast gehalten würde, wäre diese Frage aber eine Überlegung wert. In diesem Falle würden ebenso unbefriedigende Ergebnisse erzielt, wie sie bereits oben für die Beweislast dargelegt wurden[107], wenn die Beschränkung des Art.38 EGBGB (alte Fassung) für den ausländischen Anscheinsbeweis gälte, da für den Anscheinsbeweis insofern die gleichen Schwierigkeiten auftreten wie für die Beweislast. Es ist mitunter schwer, bis unmöglich, verschiedene Beweissysteme zu vergleichen, die verschieden strukturiert sind und weitreichende Unterschiede aufweisen. Ist der ausländische Anscheinsbeweis dem deutschen Recht fremd, wird dem deutschen Richter auch keine Überzeugung aufgezwungen. Dem Ergebnis kann dann gegebenenfalls Art. 6 EGBGB entgegengehalten werden. Daraus ergibt sich, dass der Anscheinsbeweis nicht unter Art.38 EGBGB (alte Fassung) fällt, und auch kein Bedarf dafür besteht.

4. Anknüpfung an lex loci oder sonstige Anknüpfung?

a) Problemstellung

Art.38 EGBGB (Alte Fassung) mag den Grundsatz der lex loci delicti stillschweigend voraussetzen, aber damit ist noch nicht festgelegt, für welche Fälle die Schutzklausel von Art.38 EGBGB gelten soll. Bei der Erörterung des Anwendungsbereichs des Art.38 EGBGB (alte Fassung) soll deshalb noch der Frage nachgegangen werden, ob die Vorbehaltsklausel des Art.38 EGBGB (alte Fassung) nicht eingreift, wenn das Deliktsstatut mittels anderer Anknüpfungsmomente ermittelt wird. Es handelt sich hier darum, ob die Anwendbarkeit des Art.38 EGBGB (alte Fassung) bei einer Auflockerung des Deliktsstatuts eingeschränkt wird. Kropholler hat darauf aufmerksam gemacht, dass Art.38 EGBGB (alte Fassung) sichtlich nur auf den Fall zugeschnitten ist, dass ausländisches Recht als lex loci zur Anwendung kommt[108]. Die Schutzklausel des Art.38 EGBGB (alte Fassung) greife also nicht ein, wenn ausländisches Recht nicht als lex loci delicti zur Anwendung komme. Über diese Frage gibt es im deutschen Schrifttum keine ausführliche Untersuchung. Daraus ergibt sich nicht, dass diese Ansicht nicht unbedenklich ist.

---

107 Dazu siehe oben Erster Teil. § 1. I. D. 3. c. (Beweislast).

108 Kropholler, Ein Anknüpfungssystem für das Deliktsstatut, in: RabelsZ 33 (1969), S. 616.

b) Zulässigkeit der Abweichung vom Tatortrecht

Zu prüfen ist zunächst, ob ein Abgehen vom Tatortrecht de lege lata grundsätzlich zulässig ist. Aus dem Wortlaut des Art.38 EGBGB (alte Fassung) ist dafür nichts zu entnehmen, das Gesetz äußert sich nicht darüber. Das mag auf die Entstehungsgeschichte des Art.38 EGBGB zurückzuführen sein.

Die historische Entwicklung des Art.38 EGBGB (alte Fassung, früher: Art.12) zeigt, dass die Tatortregel keinen Ausschließlichkeitscharakter besitzt, sondern durchaus auch eine andere Anknüpfung zulässt[109]. In den beiden Vorentwürfen der Zweiten Kommission findet sich neben dem Tatortprinzip in dem Satz „Soweit sich ein deutsches Gesetz auf eine im Ausland begangene unerlaubte Handlung erstreckt, findet das deutsche Gesetz Anwendung“ schon ein deutlicher Hinweis darauf, dass die Anknüpfung an den Tatort nicht allumfassend gelten sollte[110]. Beachtet man die Entstehungsgeschichte des Art.38 EGBGB (alte Fassung, früher: Art.12), dann wird deutlich, dass der Gesetzgeber durchaus auch Raum für besondere Anknüpfungen in besonderen Fällen lassen und auch die Möglichkeit weiterer Rechtsfortbildung nicht ausschließen wollte, wenn er auch von der Grundregel der lex loci delicti ausging. Dies war ein Grund dafür, Art.38 EGBGB (alte Fassung, früher: Art.12) nur als Inländerschutzklausel zu normieren[111]. Die deutsche Rechtsprechung hat sich auch in der Folgezeit nicht daran gehindert gesehen, andere Anknüpfungen im Deliktsrecht zuzulassen[112]. Daraus könnte man den Schluss ziehen, dass eine Auflockerung der Tatortregel de lege lata grundsätzlich zulässig ist.

c) Erörterung einzelner Auflockerungen des Deliktsstatuts

Es soll nicht Aufgabe der Darstellung des folgenden Abschnitts sein, einzelne Anknüpfungsmomente für die Auflockerung des Deliktsstatuts zu begründen. Zu prüfen ist nur, ob Art.38 EGBGB (alte Fassung) eingreift oder nicht, wenn das

109 Mummenhoff, NJW 1975, S. 477; im Ergebnis ebenso Wengler, IPR Bd. I. S. 454; Kropholler, RabelsZ 33 (1969) S. 611 ff.; Lukoschek, Das anwendbare Deliktsrecht bei Flugzeugunglücken, S. 64; Staudinger/v. Hoffmann 1998, RzNr. 4 zu Art.38 EGBGB.

110 Zu den Vorentwürfen der Zweiten Kommission siehe oben Erster Teil. § 1. I. A. 3. (Erste und zweite Redaktionskommission).

111 Mummenhoff, NJW 1975, S. 477; im Ergebnis ebenso Wengler, IPR Bd.I. S. 454; Kropholler, RabelsZ 33 (1969) S. 613; Lukoschek, Das anwendbare Deliktsrecht bei Flugzeugunglücken, S. 64.

112 Z.B. RGZ 140, 25, das auf Wettbewerbshandlungen im Ausland inländisches Recht anwendet mit dem ausdrücklichen Hinweis, dass kein inländischer Tatort gegeben sei; BGHZ 40, 391 = IPRspr 1977, Nr. 106.

Deliktsstatut mittels anderer Anknüpfungsmomente ermittelt wird. Dafür ist entscheidend, ob die Voraussetzungen der Schutzklausel des Art.38 EGBGB (alte Fassung) erfüllt werden.

aa) Vereinbarung über das anzuwendende Recht

aaa) Auflockerung des Deliktsstatuts

Eine erste Auflockerungsregel besagt, dass eine Vereinbarung der Parteien über das anzuwendende Recht, sei sie vor oder nach Begehung der unerlaubten Handlung ausdrücklich oder stillschweigend zustande gekommen, grundsätzlich zu beachten ist. Eine derartige Rechtswahl erreicht die Vereinfachung der Schadensregulierung eines Auslandsunfalls ebenso wie eines Produkthaftungsfalls oder anderer denkbarer Deliktsfälle[113]. Deutsche Rechtsprechung[114] und Schrifttum[115] bejahen heute nahezu einhellig die Zulässigkeit einer Rechtwahlvereinbarung. Das deutsche Recht befindet sich dabei in Übereinstimmung mit einigen ausländischen Regelungen zum Internationalen Privatrecht[116].

bbb) Stellungnahme und Kritik

Soweit es den Parteien gestattet ist, das Deliktsstatut zu vereinbaren, können sie auch ausdrücklich oder konkludent Art.38 RGBGB (alte Fassung) abbedingen[117]. Eine Vereinbarung über das anzuwendende Recht kann als Verzicht auf den Schutz des Art.38 EGBGB (alte Fassung) angenommen werden; ein deut-

---

113 Vgl. Hohloch, Rechtswahl im internationalen Deliktsrecht, NZV 1988, S. 162.

114 Z.B. BGHZ 98, 263, 274 = NJW 1987, 592, 594; BGH NJW-RR 1988, 534 = IPRax 1988, 306; BGH NJW 1981, 1606 = IPRax 1982, 13 = BGHZ 80, 199; BGHZ 42, 385, 389 = NJW 1965, 489; BGH NJW 1974, 410; OLG Hamburg VersR 1961, 822, 823; OLG Köln IPRspr. 1954-55 Nr. 35; LG Aachen VersR 1974, 1092; LG Hamburg IPRspr. 1973 Nr. 18; a.A. OLG Karlsruhe NJW 1964, 55.

115 So im Ergebnis, mit Unterschieden in Einzelheiten; z.B. Staudinger/v. Hoffmann 1998, RzNr. 253 zu Art.38 EGBGB; Soerger/Lüderirz, 12. Aufl. 1996, RzNr. 110 zu Art.38 EGBGB; Birk, Schadensersatz und sonstige Restitutionsformen im internationalen Privatrecht, S. 271; Hohloch, Rechtswahl im internationalen Deliktrecht, NZV 1988, S. 162f.; Kropholler, Ein Anknüpfungssystem für das Deliktsstatut, Rabels Z 33 (1969), 601, 639; Seetzen, Zur Entwicklung des internationalen Deliktsrechts, VersR 1970, S. 6; Arman/Arndt, 7. Aufl. RzNr. 11 zu Art.12 EGBGB; München/Kreuzer, 3. Aufl. 1998, RzNr. 297 zu Art.38 EGBGB.

116 Siehe § 35 IPR-Gesetz Österreich; Art.132 IPRG Schweiz, das ausdrücklich nur die nachträgliche Rechtswahl erwähnt.

117 Dazu München/Kreuzer, 3. Aufl. 1998, RzNr. 305 zu Art.38 EGBGB.

scher Beklagter kann grundsätzlich auf den Schutz durch Art. 38 EGBGB (alte Fassung) verzichten[118]. Es ist deshalb unnötig, die Schutzklausel des Art.38 EGBGB (alte Fassung) eingreifen zu lassen, wenn die Parteien die Anwendbarkeit ausländischen Rechts auf einen Deliktssachverhalt vereinbart haben.

Eine andere Lehrmeinung, nach der die für das Deliktsstatut allgemein geltenden Einschränkungen (hier Art.38 EGBGB a. F.) auch für das parteiautonom erwählte Statut gelten, ist diejenige des bekannten deutschen Rechtslehrers Gehard Hohloch[119]. Er nimmt an, dass die Rechtswahlvereinbarung, als kollisionsrechtlicher Verweisungsvertrag, lediglich die Ebene der Rechtsanwendung berührt. In einer wirksamen Wahl deutschen Rechts liege nicht notwendig ein Verzicht auf Schadensersatzansprüche, die nach dem objektiv anwendbar gewesenen ausländischen Deliktsstatut entstanden sind, da Art.38 EGBGB (alte Fassung) vom Gericht kraft Amtes zur Anwendung zu bringen ist.

M. E. ist Hohloch nicht zuzustimmen, wenn er die Rechtswahlvereinbarung nur als kollisionsrechtlichen Verweisungsvertrag wertet. Richtig daran ist, dass eine Vereinbarung über das anzuwendende Recht nicht nur eine Verweisung auf das Deliktsstatut bedeutet, sondern auch eine Verweisung auf das materielle Recht, dem das Deliktsstatut einen Deliktssachverhalt unterstellt. Die Meinung aber, Art.38 EGBGB (alte Fassung) sei dennoch von Amts wegen anzuwenden, ist nicht zutreffend, weil das von Amts wegen anzuwendende Recht für die begünstigte Partei nicht unverzichtbar ist. Die Gefahr der Unberechenbarkeit für den Schädiger besteht bei einer Rechtswahlvereinbarung nicht mehr. Ein Eingriff der Schutzklausel von Art.38 EGBGB (alte Fassung) ist nicht nur unnötig, sondern auch ungerechtfertig, wenn die Parteien die Anwendung ausländischen Rechts vereinbart haben.

bb) Gemeinsame Staatsangehörigkeiten der Parteien

aaa) Auflockerung des Deliktsstatuts

Ob allein die gemeinsame Staatsangehörigkeit der Parteien im internationalen Deliktsrecht die Durchbrechung der Tatortregel rechtfertigt, ist umstritten. In Deutschland besteht die RanwVO vom 7. 12. 1942[120], die diese Ausnahme aus-

118 Vgl. Staudinger/v. Hoffmann 1998, RzNr. 253 zu Art.38 EGBGB; Soerger/Lüderirz, 12. Aufl. RzNr. 110 zu Art.38 EGBGB; andere Meinung: Birk, Schadensersatz und sonstige Restitutionsformen im internationalen Privatrecht, S. 271.

119 Vgl. Hohloch, Rechtswahl im internationalen Deliktsrecht, NZV 1988, S. 166.

120 Die RanwVO vom 7. 12. 1942 wird schon aufgehoben durch das Gesetz zum Internationalen Privatrecht für außervertragliche Schuldverhältnisse und Sachen vom 21. 5. 1999.

drücklich statuiert. Nach § 1 Abs.1 der RanwVO vom 7. 12. 1942 galt deutsches Recht für außervertragliche Schadensersatzansprüche wegen einer Handlung oder Unterlassung, die ein deutsche Staatsangehöriger außerhalb des Reichsgebiets begangen hat, soweit ein deutscher Staatsangehöriger geschädigt worden ist. Die Lehre von der Anknüpfung allein an das gemeinsame Heimatrecht der Parteien wird heute mehrheitlich verworfen[121], zum Teil sieht man aber auch die gemeinsame Staatsangehörigkeit als ausreichend an[122].

bbb) Auswirkung der gemeinsamen Staatsangehörigkeiten

Der Anknüpfung an die gemeinsame Staatsangehörigkeit kann aber dort Raum gegeben werden, wo eine lex loci delicti commissi nicht ermittelt werden kann und zwei gleiche Staatsangehörige aufeinandertreffen. Dies ist etwa im See- und Luftrecht der Fall, wenn der Begehungsort der Tat sich in oder über staatsfreien Gebieten befindet. Das gemeinsame Heimatrecht kommt nur dort zum Zuge, weil es mit dem Sachverhalt eine nähere Verbindung als die lex fori aufweist und es keine lex loci delicti gibt[123].

ccc) Stellungnahme und Kritik

Soweit eine gemeinsame Angehörigkeit der Parteien als Auflockerung des Deliktsstatuts angenommen wird, kann die Schutzklausel des Art.38 EGBGB (alte Fassung) auch nicht eingreifen. Die gemeinsame Angehörigkeit der Beteiligten ist entweder Deutschland oder ein ausländischer Staat. Besitzen beide Beteiligten die deutsche Staatsangehörigkeit, findet nach der oben festgestellten Anknüpfungsregel deutsches Recht auf das internationale Delikt Anwendung. Die Schutzklausel des Art.38 EGBGB (alte Fassung) erübrigt sich dann, weil sie eine

---

121 München/Kreuzer, 3. Aufl. 1998, RzNr. 81 zu Art.38 EGBGB; Soerger/Lüderirz, 12. Aufl. 1996, RzNr. 30 zu Art.38 EGBGB, Arman/Arndt, 7. Aufl. Anh.1 zu Art.12 EGBGB RzNr. 1; Raape, IPR 5. Aufl. S. 574; Ferid, IPR 3. Aufl. S. 6-156; Bröcker, Möglichkeiten der differenzierten Regelbildung im internationalen Deliktsrecht, S. 66f; Kropholler, Ein Anknüpfungssystem für das Deliktsstatut, Rabels Z 33 (1969); S. 601, 617; Binder, Zur Auflockerung des Deliktsstatuts, RabelsZ 20 (1955), S. 401, 462; Hohloch, JuS 1980, S. 18, 23; Staudinger/v. Hoffmann 1998, RzNr. 129 zu Art.38 EGBGB.

122 Peuster, VersR 1977, S.795,797; Palandt/Heldrich, 58. Aufl. 1999, Art.38 Anh. I. Anm. 3b (für Deutsche; anders für Ausländer: Art.38 Anm. 2); vgl. den Mommsenschen Gesetzesvorschlag (§ 7 Abs. 2, abgedruckt bei Hartwieg/Korkisch, Die geheimen Materialien zur Kodifikation des deutschen IPR 1881-1895, 1973, S. 59).

123 Eingehend dazu Delachaux, Die Anknüpfung der Obligationen aus Delikt und Quasidelikt im internationalen Privatrecht, 1979, 182-195.

Anwendung ausländischer Gesetze voraussetzt. Treffen dagegen zwei ausländische Staatsangehörige einer Nationalität aufeinander, wird ihr gemeinsames Heimatrecht Deliktsstatut. Art.38 EGBGB (alte Fassung) ist dann nicht einschlägig, weil er nur Deutsche (in engere Sinne) schützt.

cc) Gemeinsamer gewöhnlicher Aufenthalt

aaa) Auflockerung des Deliktsstatuts

Aufenthaltsrecht anstelle des Tatortrechts findet dann Anwendung, wenn die Wohnsitze der Deliktsbeteiligten im selben Rechtgebiet liegen. Halten sich die Deliktsbeteiligten in dem gleichen Staat gewöhnlich auf, so befürwortet ein Teil der Literatur[124] schon de lege lata die generelle Anwendung des dort geltenden Deliktsrechts auch auf Delikte, die außerhalb des gemeinsamen Wohnsitzstaates begangen werden.

Die Anwendung des Rechts des gemeinsamen gewöhnlichen Aufenthalts hat im Schrifttum teilweise Bedenken hervorgerufen, wenn die Parteien im Ausland nur zufällig aufeinandertreffen, oder wenn die Beteiligten verschiedenen Staaten angehören und der Tatort in einem Drittstaat liegt[125]. Dann sei das gemeinsame Aufenthaltsrecht ebenso unvorhersehbar wie die lex loci delicti oder es sei nicht das stärkste Anknüpfungsmoment für den Sachverhalt des internationalen Delikts.

Der gemeinsame gewöhnliche Aufenthalt der Beteiligten hat durch die Rechtsprechung, insbesondere bei den Verkehrsunfällen, an Bedeutung gewonnen. Allerdings wurde der gemeinsame gewöhnliche Aufenthalt als einziges Anknüpfungsmoment - ohne verstärkende Umstände - bisher als nicht ausreichend für eine Abweichung der Tatortregel angesehen[126].

Bei einer Vielzahl der Schadensfälle, insbesondere bei Verkehrsunfällen, erfolgt die Schadensregulierung letztlich zwischen dem Versicherer des Schädigers

---

124 Z.B. Holloch, JuS 1980, 18, 23f.; Kropholler, RabelsZ 33 (1969) 601, 624 f.; Mansel, ZVglRWiss 86 (1987), 1, 3f..

125 Z.B. Stoll, in: Festschrift für Kegel (1977) 113, 137; Mummenhoff, NJW 1975, 476, 479; vgl. auch Binder, RabelsZ 20 (1955) 401, 480 ff..

126 BGH 13 .3. 1984, BGHZ 90, 294, 300f = IPRspr 1984 Nr.29 = NJW 1984, 2032; BGH 8. 1. 1985, BGHZ 93, 214, 218 ff. = IPRspr 1985 Nr. 37 = NJW 1985, 1285; BGH 4. 7. 1989, BGHZ 108, 200 = VersR 1989, 948 = NJW 1989, 3095; so auch einige instanzgerichtliche Entscheidungen: KG 5. 5. 1980, IPRspr 1980 Nr. 37 = NJW 1981, 1162; LG Berlin 31. 1. 1979, IPRspr 1979 Nr. 21 = VersR 1979, 750; AG Ulm 19.9.1974 IPRspr 1974 Nr. 22 = RIW 1975, 109; AG Berlin-Charlottenburg 5. 8. 1980, IPRspr 1980 Nr. 38 = DAR 1981, 16; IPG 1973 Nr. 10 (Hamburg); IPG 1978 Nr. 12 (Göttingen).

und dem Geschädigten oder dessen Versicherer. Haben die Deliktbeteiligten ihren gewöhnlichen Aufenthalt im gleichen Rechtsgebiet, so sind sie normalerweise auch dort versichert. Die Schadensabwicklung kann in diesen Fällen in das Rechts- und Versicherungssystem des gemeinsamen Wohnsitzstaates eingefügt werden. Dann ist es angebracht, die Schadensfälle nach dem dort geltenden Recht zu beurteilen[127]. In solchen Fällen, in denen die Schadensabwicklung über Versicherungen geschieht, insbesondere Kfz-Unfällen, findet also die lex domicilii communis Anwendung[128].

bbb) Stellungnahme und Kritik

Nun erhebt sich die Frage, ob die Schutzklausel des Art.38 EGBGB (alte Fassung) eingreift, wenn das internationale Delikt einem gemeinsamen gewöhnlichen Aufenthaltsrecht unterliegt. Ein Eingriff aufgrund des Art.38 EGBGB (alte Fassung) kommt nicht in Betracht, falls die Deliktsbeteiligten nicht Deutsche sind oder wenn beide in Deutschland ihren gewöhnlichen Aufenthalt haben, weil Art.38 EGBGB (alte Fassung) die inanspruchgenommenen Deutschen und die Anwendbarkeit ausländischen Rechts voraussetzt.

Relevant kann diese Frage aber z. B. in dem Fall werden, dass bei einem Autounfall in Paris eine Deutsche mit ständigem Aufenthalt in Paris von einem sich auch in Paris gewöhnlich aufhaltenden Italiener vor einem deutschem Gericht in Anspruch genommen wird. Nach der von Praxis und Schrifttum befürworteten Auflockerungsregel unterliegt dieser Sachverhalt dem Recht am Ort des gemeinsamen gewöhnlichen Aufenthaltsrecht, nämlich französischem Recht, falls die beteiligten Fahrzeuge in Frankreich zugelassen und versichert sind. Die Frage, ob der deutsche Schädiger in diesem Fall gegen die im Vergleich zu deutschem Recht weitergehenden Ansprüche vor einem deutschen Gericht Art.38 EGBGB (alte Fassung) gelten machen kann, ist leider zu bejahen. Damit ist dem Kläger die Möglichkeit des „forum shopping" in die Hand gegeben. Er kann die Gerichte des Staates wählen, dessen Kollisionsrecht ihm ein Deliktsrecht zur Verfügung stellt, das seinen Ansprüchen günstiger ist. Dies sieht der deutsche Gesetzgeber gern.

---

127 BGHZ 93, 214, 217, 219 = NJW 1985, 1285, 1286 = LM Nr. 20 zu Art.12 EGBGB.

128 Dazu vgl. München-Kommentar-Kreuzer, 3. Aufl.1998, RzNr. 90 zu Art.38 EGBGB.

dd) Akzessorische Anknüpfung

aaa) Auflockerung des Deliktsstatuts

Der Grundsatz der akzessorischen Anknüpfung bedeutet, dass bei einem zum Zeitpunkt der unerlaubten Handlung bereits bestehenden rechtlichen oder tatsächlichen (bei der akzessorischen Anknüpfung im weiteren Sinne) Sonderverhältnis zwischen den Deliktsbeteiligten auch deliktische Ansprüche sich nach der Rechtsordnung bestimmen, der dieses Sonderverhältnis unterliegt[129]. Dieser weiteren Konzeption folgen der Referentenentwurf vom 15. 05. 1984[130] und Regierungsentwurf vom 24. 8. 1998[131] und sogar heutiges Gesetz zum Internationalen Privatrecht für außervertragliche Schuldverhältnisse und für Sachen vom 21. 5. 1999[132]. Nach Art.41 Abs. 2 RefE (bzw. Art.41 Abs. 2 RegE und Art.41 Abs. 2 EGBGB) kann sich eine für die Anknüpfung ausschlaggebende Verbindung vor allem aus einer „besonderen rechtlichen oder tatsächlichen Beziehung" der Beteiligten zum Zeitpunkt des rechtserheblichen Geschehens ergeben. Als „möglichen Anwendungsfall der allgemeinen Ausweichklausel" [133] hat Art.41 Abs. 2 RefE (bzw. Art.41 Abs. 2 RegE und Art.41 Abs. 2 EGBGB) die akzessorische Anknüpfung behandelt. Hingegen kommt nach der engeren Konzeption die Beziehung der Beteiligten nur dann in Betracht, wenn das Delikt mit der Verletzung eines zwischen den Parteien bestehenden vertraglichen oder gesetzlichen Rechtsverhältnisses konkurriert[134]. Die engere Konzeption der akzessorischen Anknüpfung liegt Art.133 Abs. 3 des schweizerischen IPR-Gesetzes[135] zugrunde. Gemäß Art.133 Abs. 3 des Schweizer IPR-Gesetzes ist das Akzessoritätsprinzip das sachlich stärkste Anknüpfungsmoment, das der allgemeinen Tatortregel und den Spezialtatbeständen vorgeht[136].

Ihre wesentliche Begründung findet die akzessorische Anknüpfung darin, dass ein einheitlicher Lebenssachverhalt möglichst nach einer Rechtsordnung beurteilt werden soll, um Divergenzen nicht aufeinander abgestimmter Rechts-

---

129 München-Kommentar-Kreuzer, 3. Aufl. 1998, RzNr. 65 zu Art.38 EGBGB, Staudinger-Kommentar/v. Hoffmann 1998, RzNr. 135 zu Art.38 EGBGB.

130 Der Text abgedruckt bei Kegel, IPR 7. Aufl. S. 536.

131 Der Text abgedruckt bei Staudinger/v. Hoffmann 1998, RzNr. 635 zu Art.38 EGBGB.

132 BGBl. I S. 1026.

133 Staudinger/v. Hoffmann 1998, RzNr. 136 zu Art.38 EGBGB.

134 Vgl. Staudinger/v. Hoffmann 1998, RzNr. 136 zu Art.38 EGBGB; Stoll, IPRax 1989, S. 91.

135 Bundesgesetz über das IPR (IPR-G) von 18. 12. 1987, BBl. 1988 I S. 5.

136 Dazu vgl. auch Stoll, IPRax 1989, S. 91.

ordnungen zu vermeiden. Dadurch wird die einheitliche Beurteilung aller Ansprüche aus einem Lebenssachverhalt nach einer Rechtsordnung ermöglicht[137].

bbb) Stellungnahme und Kritik

Vor dem Inkrafttreten des neuen Gesetzes zum Internationalen Privatrecht für außenvertragliche Schuldverhältnisse und für Sachen vom 21. 5. 1999 wird die akzessorische Anknüpfung des Deliktsstatuts schon von Schrifttum überwiegend grundsätzlich befürwortet[138], jedoch divergieren die Ansichten über Voraussetzungen und Schranken dieser Anknüpfung erheblich[139]. Dieser Rechtsgedanke hat sich aber in deutschen Rechtsprechung noch nicht durchgesetzt[140]. Es fehlen bislang höchstrichterliche Entscheidungen, die hierauf gegründet sind.

Bevor auf die Frage, ob die Schutzklausel des Art.38 EGBGB (alte Fassung) nicht eingreift, wenn deliktische Ansprüche dem nach dem Grundsatz akzessorischer Anknüpfung ermittelten Sonderstatut unterstehen, näher eingegangen werden kann, müssen einige Terminologien festgelegt werden. „Auflockerung des Deliktsstatuts" bedeutet, dass die Regelanknüpfung an den Tatort verdrängt wird durch eine noch engere Beziehung zu einem anderen Recht. Tatsächlich aufgelockert wird hier die Tatortregel, nicht das Deliktsstatut[141]. Gegenüber anderen Auflockerungsmomenten des Deliktsstatuts sollte „akzessorische Anknüpfung des Deliktsstatuts" nicht als eine Art von „Auflockerung des Deliktsstatuts" an gesehen werden, weil die Akzessorität der Anknüpfung nicht zur Auflockerung

137 Der Begründung akzessorischer Anknüpfung des Deliktsstatuts kann hier nicht näher nachgegangen werden; eingehend dazu P. Fischer, Die akzessorische Anknüpfung des Deliktsstatuts, Diss. Berlin, 1989, S.49 ff..

138 So im Grundsatz insbesondere: Deutsch, Internationales Unfallrecht, S. 217; Ferid, IPR § 6-180, 1; Firsching, F.S. für Zajtay (1982) S. 146 f.; Gonzenbach, Die akzessorische Anknüpfung, S. 1 ff.; P. Fischer, Die akzessorische Anknüpfung des Deliktsstatuts, Diss. Berlin, 1989, S. 271; Kropholler, RabelsZ 33 (1969) S. 601, 625 ff.; W. Lorenz, Vorschläge und Gutachten, S. 152 ff.; ders. IPRax 1985, S. 88; K. Müller, JZ 1986, S. 212, 216; Mummenhoff, NJW 1975, S.476, 480; Neuhaus, RabelsZ 16 (1951), S. 615, 655; Seetzen, VersR 1970, S.1, 6ff.; Palandt/Heldrich, 58. Aufl. 1999, Art.38 EGBGB Anm. 2b, ii.

139 Beispielweise weitere Konzeption und engere Konzeption.

140 Getrennte Anknüpfung von Delikts- und Vertragsansprüchen: BGH VersR 1961, 518; JR 1977, 19 Anm. Berg; KG IPRspr. 1954-55 Nr. 28; OLG Frankfurt IPRax, 1986, 373.

141 Der Begriff ist von Binder in seinem gleichnamigen, grundlegenden Aufsatz in RabelsZ 20 (1955) 401 ff. geprägt worden. Der Begriff ist aber nicht präzise gewählt. Dazu vgl. Staudinger/v. Hoffmann 1998, RzNr. 125 zu Art.38 EGBGB.

der Tatortregel führt, sondern zur Auflockerung des Deliktsstatuts[142]. Es geht hier also nicht um die Anknüpfung des Deliktsstatuts, sondern um die sinngerechte Abgrenzung des Statuts einer sonstigen Sonderbeziehung der Parteien auf Kosten des Deliktsstatuts. Angesicht dieser Bedeutung von Akzessorität der Anknüpfung soll sie m. E. als „Akzessorität des Deliktsstatuts" bezeichnet werden.

Im materiellen Recht bedeutet Akzessorität die Kommunikation von zweckidentischen Rechten und die einseitige Abhängigkeit eines Rechts von einem anderen[143]. Dabei hängt ein Nebenrecht von dem dazugehörigen Hauptrecht ab. Wenn man sie auf das internationale Privatrecht übertragt, bedeutet Akzessorität die Abhängigkeit eines Nebenstatuts von dem damit im Zusammenhang stehenden Hauptstatut. Damit folgt auf der internationalprivatrechtlichen Ebene aus der Akzessorität eines Statuts, dass nur die das Primärstatut betreffende Regel betrachtet werden muss, da die Akzessorität nur bei zweckidentischen Rechten ihre Berechtigung hat. Für das internationale Privatrecht bedeutet das, dass der Deliktsanspruch mittelbar durch das bestehende Rechtsverhältnis hervorgerufen werden soll[144].

Daraus könnte man den Schluss ziehen, dass in dem Fall der „Akzessorität des Deliktsstatuts" die Schutzklausel des Art.38 EGBGB (alte Fassung) keine Anwendung findet, weil der Sachverhalt nicht mehr dem Deliktsstatut unterliegt, sondern einem anderen „Akzessoritätsstatut". Das unerträgliche Ergebnis, das wegen des Ausschlusses der Anwendung der Schutzklausel des Art.38 EGBGB (alte Fassung) für den Deliktsanspruch herauskommt, ist mit Hilfe des ordre public zu korrigieren.

d) Zwischenergebnis

Stoll hat mit Recht in seinem Aufsatz[145] geäußert, dass Kropholler zu einem „anfechtbaren Schluss" komme, wenn er meint, dass die spezielle Vorbehaltsklausel des Art.12 EGBGB (frühere Fassung) nur bei der herkömmlichen Anknüpfung an das Recht des Tatortes zu beachten sei[146]. Dafür hat Kropholler

---

142 Manche Autoren nennen sie "Statutenkollision", z. B. Firsching, Das Prinzip des Akzessorität in deutschen internationalen Recht der unerlaubten Handlungen, in: Festschrift für Zajtay 1982, S. 147; Fischer, Die akzessorische Anknüpfung des Deliktsstatuts, S. 49.

143 Medicus, Die Akzessorität im Zivilrecht, JuS 1971, S. 497.

144 Vgl. Fischer, Die akzessorische Anknüpfung des Deliktsstatuts, S. 149.

145 Stoll, Anknüpfungsgrundsätze bei der Haftung für Straßenverkehrsunfälle und der Produktenhaftung nach der neueren Entwicklung des internationalen Deliktsrechts, in: FS für Kegel, S. 115.

146 Kropholler, Ein Anknüpfungssystem für das Deliktsrecht, RabelsZ 33 (1969), S. 650.

kein schlüssiges Argument vorgebracht, sondern nur in der Entthronung des Tatortprinzips zugleich einen willkommenen Weg gesehen, die rechtspolitisch verfehlte Inländerschutzklausel des Art.38 EGBGB (alte Fassung) zu umgehen.

Wenn auch die Ergebnisse zum Teil mit dem Schluss Krophollers übereinstimmen, so darf nicht verkannt werden, dass Art.38 EGBGB (alte Fassung) nur auf den Fall zugeschnitten ist, dass ausländisches Recht als lex loci delicti zur Anwendung kommt. Entscheidend sind, die Natur des Sachverhaltes und die Erfüllung der Voraussetzungen der Schutzklausel.

II. Zwischenbilanz

Art.12 EGBGB (frühere Fassung) enthält für die unerlaubte Handlung einen einseitigen Sonderschutz zugunsten deutscher Staatsangehöriger. Sie war ein Produkt vom Ende des ausgehenden neuenzehnten Jahrhunderts[147], das allzeit unter Kritik stand. Rechtspolitisch wurde sie - eine Inländerschutzklausel - als ungerechtfertigt und unbillig angesehen[148]. Bedauerlich ist, dass Art.12 (frühere Fassung) bei der Kodifikation des internationalen Privatrechts von 25. 7. 1986 in Deutschland unverändert als Art.38 EGBGB (alte Fassung) angenommen wird.

Art.38 EGBGB (alte Fassung) will dem deutschen Staatsangehörigen, der vor einem deutschem Gericht wegen eines im Ausland verübten Delikts für schuldig erklärt wird, vor einer Verurteilung schützen, die vom deutschen Recht als zu hart empfunden wird. Sie setzt zunächst eine im Ausland begangene unerlaubte Handlung voraus. Wegen ihres Charakters als systemwidrige Exklusivnorm kommt eine Ausdehnung auf Inlandstaten grundsätzlich nicht in Frage. Aber um sie mit dem Diskriminierungsverbot gemäß Art.7 Abs. 1 des EWG-Vertrags in Übereinstimmung zu bringen, ist ihr Anwendungsbereich zwangläufig auf Staatsangehörige eines anderen EU-Staates mit Lebensmittelpunkt in Deutschland zu erstrecken.

Wegen des undeutlichen Wortlauts ist der Anwendungsbereich des Art.38 EGBGB (alte Fassung) nicht unproblematisch. Beispielweise ist unklar wie weit der Begriff „deutsche Gesetze", die die Höchstgrenze der Ansprüche aus dem ausländischen Deliktsstatut bestimmen, zu verstehen ist. Eine einschränkende Auslegung von „deutsche Gesetze" würde sich entgegen der damit verfolgten Zielsetzung - Exklusivnorm zum Schutz gegen ungünstiges ausländisches De-

147 Dazu siehe oben Erster Teil. § 1. I. A. (Entstehungsgeschichte).

148 München/Kreuzer, 3. Aufl. 1998, RzNr. 306 zu Art.38 EGBGB; Binder, RabelZ 20 (1955), S. 401, 467; Ferid, IPR, § 6-182; Fisching, IPR, § 35. 2C. dd. S. 291; Kegel, IPR 7. Aufl., § 18. IV. 1e.

liktsrecht - auswirken. Daher sind darunter sämtliche Bestimmungen des deutschen Rechts zu verstehen, nicht nur die Normen über unerlaubte Handlung. Bei der Anwendung des Art.38 EGBGB (alte Fassung) ist darüber hinaus auch der Frage nachzugehen, ob der ausländische Deliktsanspruch „weiter geht", als der nach deutschem Recht begründete. Sie lässt sich nicht leicht beantworten. Auszugehen ist wohl davon, dass der Charakter und das Ziel des Art.38 EGBGB (alte Fassung) bei einem umfassenden Vergleich in Betracht gezogen werden sollte.

Es bedarf weiterer Klärung, ob der Anspruch aus unerlaubter Handlung einziger Gegenstand des Regelungsbereich von Art.38 EGBGB (alte Fassung) ist. Die deutsche international-privatrechtliche Praxis und Lehre tritt hier mehrheitlich dafür ein, dass nicht nur Deliktsansprüche beschränkt werden, sondern auch Unterhaltsansprüche ausländischen Rechts, wenn von ihnen als Vorfrage die Deliktshaftung abhängt[149]. Dagegen ist die Frage, ob Art.38 EGBGB (alte Fassung) auf Beweislast, gesetzliche Vermutung und Anscheinsbeweis auch Anwendung findet, selten von der deutschen international-privatrechtlichen Praxis und Lehre erwähnt worden. Daher kann nicht von einer überwiegenden Auffassung gesprochen werden. Aufgrund der Natur der Beweisfrage und des Charakters der Inländerschutzklausel sollte die Beschränkung des Art.38 EGBGB (alte Fassung) für die Beweislast und gesetzliche Vermutung sowie den Anscheinsbeweis nicht gelten[150].

Es bleibt schließlich zu erwägen, ob die Inländerschutzklausel eingreift, wenn das Deliktsstatut mittels anderer Anknüpfungsmomente ermittelt wird. Eine allgemein negative Auffassung, die Kropholler vertritt, ist nicht zutreffend. Entscheidend sein dürfte, ob die Voraussetzungen der Schutzklausel des Art.38 EGBGB (alte Fassung) bei der jeweiligen Auflockerung des Deliktsstatuts erfüllt werden[151].

---

149 Siehe Erster Teil. § 1. I. D. 3. b. (Unterhaltsansprüche).

150 Dazu ausführlich siehe oben, Erster Teil. § 1. I. D. 3. c; d; e.

151 Dazu siehe oben, Erster Teil. § 1. I. D. 4. (Anknüpfung an lex loci oder mittels anderer Anknüpfung?).

§ 2. Konkretisierung des ordre public

I. Deutschland (neu): Art.40 Abs. 3 des Gesetzes zum Internationalen Privatrecht für außervertragliche Schuldverhältnisse und für Sachen vom 21. 5. 1999

Art.40 Abs.3: Ansprüche, die dem Recht eines anderen Staates unterliegen, können nicht gelten gemacht werden, soweit sie

1. wesentlich weiter gehen als zur angemessenen Entschädigung des Verletzten erforderlich,
2. offensichtlich anderen Zwecken als einer angemessenen Entschädigung des Verletzten dienen oder
3. haftungsrechtlichen Regelungen eines für die Bundesrepublik Deutschland verbindlichen Übereinkommens widersprechen.

A. Rechtslage vor dem Erlass des Gesetzes zum Internationalen Privatrecht für außenvertragliche Schuldverhältnisse und für Sachen vom 21. 5. 1999[152]

B. Entstehungsgeschichte

1. Vorschläge des Deutschen Rats für IPR (1983)

Mit dem Gesetz zum Internationalen Privatrecht für außervertragliche Schuldverhältnisse und Sachen vom 21. 5. 1999 ist das internationale Deliktsrecht zum ersten Mal in der (west-) deutschen Geschichte kodifiziert[153]. Die Entstehungsgesichte dieses Gesetzes geht zurück bis zum Jahre 1972. Damals enthielt der Vorentwurf eines EWG-Übereinkommen über das auf vertragliche und außervertragliche Schuldverhältnisse anwendbare Recht auch Kollisionsnormen für das Deliktsrecht. Mit Rücksicht auf den damaligen Stand der Überlegungen zur Neuregelung des internationalen Personen-, Familien-, Erb- und Schuldvertragsrechts hat das Bundesjustizministerium Ende 1980 den Deutschen Rat für Internationales Privatrecht gebeten, einen Gesetzentwurf zum internationalen Delikts- und Bereicherungsrecht, zum internationalen Recht der Geschäftsführung ohne Auftrag und zum internationalen Sachenrecht zu erarbeiten. Zum außervertraglichen Schuldrecht hat die II. Kommission des Deutschen Rates auf Grund zahl-

152 Dazu ausführlich siehe oben, Erster Teil. § 1.

153 Vgl. Spickhoff, Die Rechtkodifikation des Internationalen Privatrechts: Außervertragliches Schuld- und Sachenrecht, NJW 1999, S. 2209; ders., Die Tatortregel im neuen Deliktskollisionsrecht, IPRax 2000, S. 1.

reicher Einzelgutachten einen vollständig neuen Vorschlag erarbeitet und Ende 1982 vorgelegt. Er ist zusammen mit den Gutachten als „Vorschläge und Gutachten zur Reform des deutschen internationalen Privatrechts der außervertraglichen Schuldverhältnisse, vorgelegt im Auftrag der II. Kommission des Deutschen Rates für Internationales Privatrecht von v. Caemmere", Ende 1983 veröffentlicht worden[154].

Diese Vorschläge bemühten sich, nur den durch das Richterrecht geprägten Rechtszustand in Gesetzesform zu bringen und in Einzelpunkten sehr vorsichtig fortzuentwickeln. So verzichtete der Entwurf weitgehend auf Detailregelungen. Er enthielt keine Bestimmung über den sachlichen Anwendungsbereich des Deliktsstatuts. Auch wurde darauf verzichtet, für einzelne Deliktstypen – wie Produkthaftung, Umwelthaftung, Persönlichkeitsverletzungen – das Deliktsstatut zu konkretisieren. Nur für Wettbewerbsverstöße wurde eine Sonderregelung entworfen und bei Eingriffen in Immaterialgüterrechte eine Auflockerung ausgeschlossen[155]. Schließlich war vorgesehen, Art.12 EGBGB (frühre Fassung) - Art.38 EGBGB (alte Fassung) -, zu streichen.

2. Referentenentwurf 1984 (RefE 1984)

Bereits im Jahre 1984 wurde im Bundesjustizministerium der Referentenentwurf eines Gesetzes zur Ergänzung des Internationalen Privatrechts erarbeitet, welcher auch eine Kodifikation des Internationalen Deliktsrecht enthielt. Grundlage des RefE 1984 war ein Entwurf der 2. Kommission (Schuldrechtskommission) des Deutschen Rates für Internationales Privatrecht. RefE 1984 hielt sich inhaltlich voll an die Empfehlungen des Schuldrechtskommission des Deutschen Rates; indes wurde er in die Artikelfolge des EGBGB eingegliedert und der Gesetzestext in eine andere sprachliche Form gebracht[156]. Der RefE 1984 wurde vom Justizministerium selbst nicht veröffentlicht, aber bald erschienen in Zeitschriften und Gesamtdarstellungen Abdrucke[157].

154 Vgl. Wagner, Der Regierungsentwurf eines Gesetzes zum Internationalen Privatrecht für außervertragliche Schuldverhältnisse und für Sachen, IPRax 1998, 430.

155 Vgl. v. Hoffmann, Internationales Haftungsrecht im Referentenentwurf des Bundesjustizministeriums vom 1. 12. 1993, IPRax 1996. S. 1.

156 Vgl. Staudinger/v. Hoffmann 1998, RzNr. 5 zu Art.38 EGBGB; v. Hoffmann, Internationales Haftungsrecht im Referentenentwurf des Bundesjustizministeriums vom 1. 12. 1993, IPRax 1996, S. 1.

157 In: Spickhoff, Zur Reform des deutschen internationalen Deliktsrechts, VersR 1985, 124; Basedow, Die Neuregelung des Internationalen Privat- und Prozessrechts, NJW 1986, 2972; Ferid, IPR, 3. Aufl. (1986), § 6-205; München/Kreuzer, 3. Aufl. 1998, RzNr. 6 vor Art.38 EGBGB; Staudinger/v. Hoffmann 1998, RzNr. 6 zu Art.38 EGBGB.

Wie in den Vorschlägen des Deutschen Rates (1983) enthielt der RefE 1984 für das internationale Deliktsrecht keine Vorbehaltsklausel. Der RefE 1984 ist nie als Regierungsentwurf vom Kabinett verabschiedet worden, aber die Rechtsprechung zog ihn gelegentlich heran[158].

3. Referentenentwurf 1993 (RefE 1993)

Die gesetzgeberische Reform des deutschen IPR ist durch das Gesetz vom 25. 7. 1986 nicht abgeschlossen. Der RefE 1984 ist nicht als Regierungsentwurf vom Kabinett verabschiedet worden. Indes hat das Justizministerium sowohl mit den Landesjustizverwaltungen als auch mit interessierten Wirtschaftskreisen den Vorentwurf diskutiert. Nach Abschluss dieser Konsultationen ist der Referentenentwurf vom 1. 12. 1993 entstanden. Dieser hält sich im wesentlichen an die bereits vom Deutschen Rat für IPR vorgezeichnete Linie, bringt aber teilweise Abweichungen. So wird das Ubiquitätsprinzip aufrechterhalten; anwendbar ist aber nicht das dem Geschädigten günstigere Recht: Hat der Geschädigte keine Wahl zwischen Handlungs- und Erfolgsortrecht getroffen, so kommt das Recht des Handlundsorts zur Anwendung (Art.40 Abs. 1 S. 1 RefE 1993)[159].

Der wichtige Fortschritt für das internationale Deliktsrecht im RefE 1993 ist, das Art.38 EGBGB (alte Fassung) gestrichen wird. Im Gegensatz zum Entwurf 1984 sieht der RefE 1993 aber keine ersatzlose Streichung vor, vielmehr führt er in Art.40 Abs. 3 eine besondere Vorbehaltsklausel ein[160]. Danach ist der Ersatzpflichtige nicht zu Leistungen nach fremdem Recht verpflichtet, soweit sie den eingetretenen Schaden wesentlich überschreiten oder offensichtlich anderen Zwecken als einer angemessenen Entschädigung des Verletzten dienen.

4. Regierungsentwurf 1998 (RegE 1998)

Nach Auswertung des Stellungnahmen zum RefE 1993 wurde ein Regierungsentwurf ausgearbeitet, den das Kabinett am 24. August 1998, d.h. kurz vor dem Ende des Legislaturperiode, gebilligt hat. Inhaltlich orientiert er sich weitestge-

---

158 Vgl. Vgl. Staudinger/v. Hoffmann 1998, RzNr. 5 zu Art.38 EGBGB; v. Hoffmann, Internationales Haftungsrecht im Referentenentwurf des Bundesjustizministeriums vom 1. 12. 1993, IPRax 1996, S. 2.

159 Ausführlich siehe v. Hoffmann, Internationales Haftungsrecht im Referentenentwurf des Bundesjustizministeriums vom 1. 12. 1993, IPRax 1996, S. 3 ff..

160 Art.40 Abs. 3 RefE 1993 lautet: Der Ersatzpflichtige ist nicht zu Leistungen nach fremdem Recht verpflichtet, soweit sie den eingetretenen Schaden wesentlich überschreiten oder offensichtlich anderen Zwecken als einer angemessenen Entschädigung des Verletzten dienen.

hend am RefE 1993. In einigen Punkten erweist sich der RegE als inhaltlich klarer gefasst. Dies gilt insbesondere für die Formulierung der Tatortregel einschließlich des nunmehr eingeschränkten Günstigkeitsprinzips in Art.40 Abs. 1 RegE sowie die Vorbehaltsklausel in Art.40 Abs. 3 RegE[161].

Der bisherigen IPR-Kodifikation folgend, immer nur einen Kernbestand kollisionsrechtlicher Grundsätze festzulegen, sieht der RegE im Einklang mit dem RefE keine besonderen Anknüpfungsbestimmungen etwa für spezielle Deliktstypen wie beispielsweise Produkthaftung, Persönlichkeitsverletzungen oder Kraftfahrzeug-, Schiffs- und Flugzeugzusammenstöße vor. Vielmehr schlägt er im Ausgangspunkt eine deliktsrechtliche Generalklausel (Art.40 Abs. 1 RegE) und eine vorrangige Sonderanknüpfung an den gemeinsamen gewöhnlichen Aufenthalt der Beteiligten in demselben Staat (Art.40 Abs.2 RegE) vor. Die Verordnung vom 7. Dezember 1942 über die Rechtsanwendung bei Schädigung deutscher Staatsangehöriger außerhalb des Reichsgebiets soll aufgehoben werden. Eine Ausweichklausel (Art.41 RegE) und die Möglichkeit einer Rechtswahlvereinbarung (Art.42 RegE) sollen mit dafür sorgen, dass auch besondere Sachverhalte zufriedenstellend gelöst werden.

Art.38 EGBGB (alte Fassung) wird durch den Art.40 Abs.3 Nr. 1 und 2 RegE ersetzt. Art.40 Abs. 3 Nr. 3 RegE enthält einen zusätzlichen Vorbehalt zugunsten haftungsrechtlicher Regelungen in Übereinkommen, die für die Bundesrepublik Deutschland in Kraft getreten sind. Nach Art.40 Abs. 4 RegE kann der Verletzte seinen Anspruch unmittelbar gegen einen Versicherer des Ersatzpflichtigen gelten machen, wenn das auf die unerlaubte Handlung anzuwendende Recht oder das Recht, dem der Versicherungsvertrag unterliegt, dies vorsieht.

5. *Das Gesetz zum Internationalen Privatrecht für außervertragliche Schuldverhältnisse und Sachen*

Der RegE stieß am 6. 11. 1998 im Bundesrat auf positive Resonanz. Dies kommt darin zum Ausdruck, dass der Bundesrat nur fünf Prüfbitten geäußert hat[162]. Eine Einzige davon veranlasst der Regierung zu einer Änderung des RegE. Nach der deliktsrechtlichen Vorschrift in Art.40 Abs. 3 RegE können Ansprüche nicht geltend gemacht werden, soweit sie „wesentlich weiter gehen als zum Ersatz des Schadens erforderlich". Insoweit bat der Bundesrat um Prüfung, ob Ansprüche auf Ersatz des immateriellen Schaden im Gesetzestext nicht ausdrücklich erwähnt werden sollten. Obwohl sich jedenfalls aus der Begründung des RegE er-

161 Ein Abdruck des RegE findet sich im Anhang zu Staudinger/v. Haffmann 1998, RzNr. 635 zu Art.38 EGBGB.

162 Br-Drucks. 759/98 (Beschluss); BT-Drucks. 14/343, S. 20 f.

gab, dass derartige Ansprüche mit erfasst sein sollen[163], griff die Bundesregierung diesen Gedanken in ihrer Gegenäußerung auf und legte in Anlehnung an Art.40 Abs. 3 Nr. 2 RegE und § 847 BGB einen Formulierungsvorschlag vor. Danach können nach Art.40 Abs. 3 Nr. 1 RegE Ansprüche nicht geltend gemacht werden, „soweit sie wesentlich weiter gehen als zur angemessenen Entschädigung des Verletzten erforderlich“.

Der Entwurf wurde in erster Lesung am 24. 2. 1999 beraten und an den Rechtsausschuss überwiesen. In Hinblick auf die fortschreitende Internationalisierung hat der Rechtsausschuss des Bundestages den lückenfüllenden RegE am 24. 3. 1999 begrüßt und dem Bundestag einstimmig empfohlen, dem RegE mit der von der Bundesregierung vorgeschlagenen präziseren Formulierung des Art.40 Abs. 3 Nr. 1 RegE zuzustimmen. Der Bundestag folgte dieser Empfehlung tags darauf und verabschiedete den Entwurf in dieser Form ohne Aussprache in zweiter und dritter Lesung. Am 1. 6. wird das Gesetz zum Internationalen Privatrecht für außervertragliche Schuldverhältnisse und für Sachen in Kraft treten[164]

C. Tatbestandsvoraussetzungen

I Allgemeine Tatbestandsvoraussetzung

a) Ansprüche aus unerlaubter Handlung[165]

b) Sachverhaltsunterstehung eines ausländischen Deliktsstatuts

Art.38 EGBGB (alte Fassung) kommt nur zur Anwendung, wenn die zum Ersatz verpflichtende Tat im Ausland begangen wurde[166]. Der Gesetzgeber des alten Internationalen Deliktsrechts hat dabei als Anknüpfungsnorm nur die Tatortregel vor Augen gehabt. Und Art.38 EGBGB (alte Fassung) schützt nur in Anspruch genommene Deutsche. Demgemäss ist Art.38 EGBGB (alte Fassung) nur gegenüber ausländischem Tatortrecht anzuwenden[167].

---

163 BT-Drucks. 14/343, S. 22.

164 Vgl. Wagner, Zum Inkrafttreten des Gesetzes zum Internationalen Privatrecht für außervertragliche Schuldverhältnisse und für Sachen, IPRax 1999, S. 210 ff..

165 Diese Tatbestandsvoraussetzung hat auch Art.38 EGBGB (alte Fassung); daher siehe oben, Erster Teil. § 1. C. 2. (Ansprüche aus unerlaubter Handlung).

166 Dazu siehe oben, Erster Teil. § 1. C. 1. (Auslandstat).

167 Vgl. München/Kreuzer, 3. Aufl. 1998, RzNr. 313 zu Art.38 EGBGB; Kropholler, RabelsZ 33 (1969), 601, 650.

Nun enthält das neue Gesetz eine vorrangige Sonderanknüpfung an den gemeinsamen gewöhnlichen Aufenthalt der Beteiligten in demselben Staat in Art.40 Abs.2 EGBGB, eine Ausweichklausel in Art.41 EGBGB und die Möglichkeit einer Rechtswahlvereinbarung in Art.42 EGBGB. Außerdem beschränkt sich der geschützte Personkreis nach Art.40 Abs.3 EGBGB nicht auf Deutsche. Anders als der alte Art.38 EGBGB (alte Fassung) setzt Art.40 Abs. 3 EGBGB eine im Ausland begangene unerlaubte Handlung deshalb nicht mehr voraus. Vielmehr setzt Art.40 Abs. 3 EGBGB voraus, dass der internationale deliktsrechtliche Sachverhalt dem Recht eines anderen Staates untersteht. Ob der Sachverhalt dem Recht eines ausländischen Rechts untersteht, entscheidet bei deutschem Gerichtsstand das deutsche internationale Privatrecht.

2. Einzelne Voraussetzung

a) Besondere Voraussetzungen aus Art.40 Abs. 3 Nr. 1 und 2 EGBGB

Gemäß Art.40 Abs. 3 Nr. 1 und 2 EGBGB dürfen Ansprüche nach fremden Recht nicht wesentlich weiter gehen als zur angemessenen Entschädigung des Verletzten erforderlich, und sie dürfen nicht offensichtlich anderen Zweck als einer angemessenen Entschädigung des Verletzten dienen. Im Gegensatz zum schweizerischen IPRG, der in Art.135 Abs. 2 eine spezielle Vorbehaltsklausel eingeführt hat, welche für die Bereiche der Produkthaftung sowie der Wettbewerbsbehinderung eine Begrenzung der Schadenshöhe nach schweizerischem Recht vorsieht, enthält Art.40 Abs. 3 EGBGB eine „allgemeine Vorbehaltsklausel“ - im Gegensatz zur typisierten Vorbehaltsklausel -. Von der „allgemeinen Vorbehaltsklausel“, die sich nicht auf einzelne Deliktstypen beschränkt, sollte „psychologisch“[168] nur äußert zurückhaltend Gebrauch gemacht werden. Die einschränkende Formulierung „wesentlich“ bzw. „offensichtlich“ macht dabei deutlich, dass es nicht um eine enge Begrenzung auf das deutsche Schadensersatzrecht geht, dass vielmehr wie bei Art.6 EGBGB nur gravierende Widersprüche zu den Grundvorstellungen des deutschen Rechts zur Heranziehung des Absatzes führen sollen[169]. Auf diese Weise soll mehrfacher Schadensersatz sowie Strafschadensersatz ausgeschlossen werden[170].

---

168 Von Hoffmann, Internationales Haftungsrecht im Referentenentwurf des Bundesjustizministeriums vom 1. 12. 1993, IPRax 1996, S. 8.

169 Vgl. Wagner, Regierungsentwurf eines Gesetzes zum Internationalen Privatrecht, IPRax 1998, S. 433.

170 BT-Drucks 14/343, S. 12; auch Spickhoff, Die Rechtkodifikation des Internationalen Privatrechts, NJW 1999, 2213.

b) Besondere Voraussetzungen aus Art.40 Abs. 3 Nr. 3 EGBGB

Gegenüber dem Art.40 Abs. 3 Nr. 1 und 2 EGBGB, der schon den Art.38 EGBGB (alte Fassung) ersetzt[171], enthält Art.40 Abs. 3 Nr. 3 EGBGB einen zusätzlichen Vorbehalt zugunsten haftungsrechtlichrer Regelungen in Übereinkommen, die für die Bundesrepublik Deutschland in Kraft getreten sind. Bedeutung hat dies etwa, wenn die unerlaubte Handlung in einem Staat begangen wird, der einen haftungsrechtlichen völkerrechtlichen Vertrag im Gegensatz zur Bundesrepublik Deutschland nicht ratifiziert hat. In solchen Fällen wird die staatsvertragliche Regelung auch aus deutscher Sicht im Regelfall nicht anwendbar sein.

Durch diese Neuregelung setzen sich beispielsweise Haftungsbeschränkungen aufgrund von seeschifffahrtsrechtlichen Übereinkommen[172] oder Haftungskanalisierungen in atomrechtlichen Übereinkommen[173] gegenüber einem ausländischen Recht durch, das die unbegrenzte Inanspruchnahme des Ersatzpflichtigen vorsieht. Dabei soll Art.40 Abs. 3 Nr. 3 EGBGB immer nur vergleichbare Sachverhalte erfassen, so dass z.B. eine im konkreten Fall an und für sich berufene ausländische seerechtliche Haftungsnorm nicht durch eine luftrechtliche Haftungsregelung eines für Deutschland verbindlichen Übereinkommens für unbeachtlich erklärt werden kann. Und als Bestandteil der Anknüpfungsregel für unerlaubte Handlungen dient Art. 40 Abs. 3 Nr. 3 EGBGB nur der Einschränkung von Ansprüchen aus unerlaubter Handlung[174].

D. Probleme bei der Anwendung des Art.40 Abs. 3 EGBGB

Anderes als das altes deutsches internationales Deliktsrecht, das wegen Fehlen einer gesetzlichen Verweisungsregelung bei der Anwendung des Art.38 EGBGB

171 Dazu vgl. Wagner, Regierungsentwurf eines Gesetzes zum Internationalen Privatrecht, IPRax 1998, S. 432.

172 Z. B. Art. V des Übereinkommens vom 29. 11. 1969 über die zivilrechtliche Haftung für Ölverschmutzungsschäden. Die durch Höchstsummen begrenzte Gefährdungshaftung nach dieser Vorschrift gilt ausschließlich für Ölverschmitzungsschäden, die im Hoheitsgebiet eines Vertragsstaats (Art. II) durch Seefahrzeuge der Vertragsstaaten verursacht werden (München/Kreuzer, 3. Aufl. 1998, Art.38 EGBGB RzNr. 175).

173 Z.B. Art.6 des Übereinkommen vom 29. 7. 1960 über die Haftung gegenüber Dritten auf dem Gebiet der Kernenergie. Nach Art.2 der Übereinkommen gilt diese Haftungsregelung nur im Verhältnis zu Vertragsstaaten.

174 Vgl. Wagner, Regierungsentwurf eines Gesetzes zum Internationalen Privatrecht, IPRax 1998, S. 433, Fn. 61.

(alte Fassung) viele Probleme hervorbringt[175], ist nunmehr das neue Internationale Deliktsrecht in den Art.40-42 EGBGB geregelt. Daher bestehen nicht mehr die Anwendungsprobleme wie die bei der Anwendung des Art.38 EGBGB (alte Fassung), aber Art.40 Abs. 3 ist auch nicht problemlos. Durch folgende Untersuchung versuchen wir, die Probleme hervorzuheben und Lösungen zu finden.

1. „wesentlich weiter gehen als zur angemessenen Entschädigung des Verletzten erforderlich"

Ob die ausländischen Deliktsansprüche wesentlich weiter gehen als zur angemessenen Entschädigung des Verletzen erforderlich, entscheidet sich bei deutschem Gerichtsstand nach deutschem Gesetz. Aber diese Frage, gleich wie die bei der Anwendung des Art.38 EGBGB (alte Fassung) entsteht, ob der ausländische Anspruch „weiter geht", als der nach deutschem Recht begründete, lässt sich nicht leicht beantworten. Diese unvermeidliche Schwierigkeit[176] der Gesetzvergleichung mit dem ausländischen Gesetz bei der Anwendung des Art.38 EGBGB (alte Fassung) bleibt auch bei der Anwendung des Art.40 Abs. 3 Nr. 1 EGBGB. Es kann aber hier einmal festgestellt werden, dass die einschränkende Formulierung „wesentlich" dabei deutlich macht, dass es sich nicht um eine enge Begrenzung auf das deutsche Schadensersatzrecht handelt, vielmehr nur „gravierende Widersprüche zu den Grundvorstellungen des deutschen Rechts"[177] zur Heranziehung dieser Vorbehaltsklausel führen sollen.

2. Die Begrenzung auf die Entschädigung des Verletzten

Hinsichtlich der konkreten Formulierung der Vorbehaltsklausel in Art.40 Abs. 3 Nr. 1 und 2. besteht ein Bedenken, das die Begrenzung auf die Entschädigung des Verletzten gilt. Der Kreis der Ersatzberechtigten wird im Falle des Todes oder der Invalidität des Verletzten häufig auf Dritte erweitert, wobei der Kreis der ersatzberechtigten Dritten in verschiedenen Rechten unterschiedlich gezogen wird. So gibt es in manchen ausländischen Rechten auch Unterhaltensansprüche von Geschwistern, Stiefkindern oder Lebensgefährten des Verletzten. Nach Art.38 EGBGB (alte Fassung) ist der Kreis der Ersatzberechtigten, wenn der Schädiger Deutscher ist, nach deutschem Recht zu bestimmen[178]. Dies ist aber

175 Dazu siehe oben, Erster Teil. § 1. I. D.(Probleme bei der Anwendung des Art.38 EGBGB, a. F.)

176 Dazu siehe ausführlich oben, Erster Teil. § 1. I. D. 1. c).

177 Wagner, Regierungsentwurf eines Gesetzes zum Internationalen Privatrecht, IPRax 1998, S. 433.

178 Dazu siehe oben, Erster Teil. § 1. I. D. 3. b).

nicht die Intention des Art.40 Abs. 3 EGBGB. Daher dürfte Art.40 Abs. 3 EGBGB bei den bezüglichen Fällen in der Feststellung des Kreises der Ersatzberechtigten zukünftig nicht eingreifen[179], sondern nur in die Höhe und Art des Anspruchs.

3. Inlandsbezug bei der Anwendung des Art.40 Abs. 3 EGBGB

Während nach Art.38 EGBGB (alte Fassung) die deutsche Staatsangehörigkeit des Schädigers Voraussetzung für das Eingreifen des Art.38 EGBGB (alte Fassung) ist, beinhaltet Art.40 Abs. 3 EGBGB aber in Übereinstimmung mit Art.6 EGBGB kein Erfordernis eines Inlandsbezuges. Es sind Fallgestaltungen denkbar, bei denen die Anwendung der Vorschrift fraglich erscheint: Ein US-Amerikaner wird durch ein fehlerhaftes Produkt eines US-Herstellers verletzt. Nach Eintritt der Haftung verlegt der Hersteller seinen Sitz nacht Deutschland[180]. Deutsche Gerichte sind international zuständig, möglicherweise befindet sich in den USA auch gar kein Vermögen des Schädigers, so dass eine Klage in Deutschland angezeigt ist. Fraglich ist, ob deutsche Gerichte in diesem Fall, bei dem alle materiellen Voraussetzungen gegeben sind, Art.40 Abs. 3 EGBGB anzuwenden haben.

Im wesentlichen handelt es sich bei Art.40 Abs. 3 EGBGB eben um nicht mehr als „eine ausschnittweise Konkretisierung von Art.6 EGBGB"[181], dessen Auslegung und Dogmatik mithin auch Art.40 Abs. 3 EGBGB prägt. Ebenso wie im Falle des Art.6 EGBGB wird man auch im Rahmen von Art.40 Abs. 3 EGBGB einen Inlandsbezug verlangen müssen, der hier und dort nicht ausdrücklich geregelt ist. In unserem Fall sollte Art.40 Abs. 3 EGBGB nicht eingreifen, da kein hinreichender Inlandsbezug des Schädigers oder der Tat besteht.

II. Zwischenbilanz

Der wichtigste Fortschritt bei der neuen Kodifikation des deutschen Internationalen Deliktsrechts ist, dass Art.38 EGBGB (alte Fassung), der nicht nur ein

---

179 Vgl. v Hoffmann, Internationales Haftungsrecht im Referentenentwurf des Bundesjustizministeriums vom 1. 12. 1993, IPRax 1996, S. 8; Staudinger/v. Haffmann 1998, RzNr. 249a zu Art.38 EGBGB.

180 Vgl. v. Hoffmann, Internationales Haftungsrecht im Referentenentwurf des Bundesjustizministeriums vom 1. 12. 1993, IPRax 1996, S. 8; Staudinger/v. Haffmann 1998, RzNr. 249a zu Art.38 EGBGB.

181 Spickhoff, Die Rechtkodifikation des Internationalen Privatrechts, NJW 1999, 2213. Im Ergebnis auch v. Hoffmann.

„Schandfleck" des EGBGB[182] ist, sondern auch ein Verstoß gegen das europarechtliche Diskriminierungsverbot[183] darstellt, gestrichen wird. Im Gegensatz zum Entwurf von 1984 sieht das neue Gesetz aber keine ersatzlose Streichung vor; vielmehr führt es in Art.40 Abs. 3 eine besondere Vorbehaltsklausel ein. Gemäß Art.40 Abs. 3 Nr. 1 und 2 ist der Ersatzpflichtige nicht zu Leistungen nach fremdem Recht verpflichtet, soweit sie den eingetretenen Schaden wesentlich überschreiten oder offensichtlich anderen Zwecken als einer angemessenen Entschädigung des Verletzten dienen. Demgegenüber schränkt der im Referentenentwurf 1993 noch nicht vorgesehene Art.40 Abs. 3 Nr. 3 die Anwendbarkeit ausländischen Rechts zum Schutz des Ersatzpflichtigen schon dann ein, wenn es nicht mit den haftungsrechtlichen Bestimmungen derjenigen multilateralen völkerrechtlichen Verträge übereinstimmt, die für die Bundesrepublik Deutschland in Kraft getreten sind. Die Einführung einer speziellen Vorbehaltsklausel gegenüber der Anwendung ausländischen Deliktsrechts als Ersatz für Art.38 EGBGB (alte Fassung) dürfte der Intervention inländischer Wirtschaftskreise zuzuschreiben sein. Und die Begründung beruft sich darauf, dass ein Bedürfnis nach Haftungsbeschränkung besteht.

Allerdings verdient die Ersetzung von Art.38 EGBGB (alte Fassung) durch eine besondere Vorbehaltsklausel – Art.40 Abs. 3 EGBGB – Beifall. Besonders in dem Fall, dass die Beteiligten bei grenzüberschreitenden Delikten, die vom Ausland ausgehen und zu einer Verletzung eines deutschen Staatsangehörigen im Inland führen, nicht für das deutsche Recht optieren oder der Kläger sich nicht rechtzeitig für das deutsche Recht entschieden hat, hat die Ablösung des Art.38 EGBGB (alte Fassung) durch Art.40 Abs. 3 EGBGB, der nicht auf die Staatsangehörigkeit des Anspruchsgegners abstellt ist, weitreichende Folgen. Die Gerichte werden dann nämlich in verstärktem Maße zu prüfen haben, ob der geltend gemachte Anspruch nach dem Recht am ausländischem Recht im Hinblick auf Art.38 EGBGB (alte Fassung) schon dann unterlassen wird, wenn das deutsche Recht keinen Anspruch gewährt.

Nach dem Scheitern des Vorentwurfs eines EWG-Übereinkommens über das auf vertragliche und außervertragliche Schuldverhältnisse anwendbare Recht aus dem Jahre 1972[184], welches die außervertraglichen Schuldverhältnisse angeht[185], gab es auf EG- bzw. EU-Ebene lange Zeit keine Verhandelungen mehr über ein besonderes Übereinkommen zur Anknüpfung außervertraglicher Schuldverhältnisse. Unter österreichischer Präsidentschaft hat sich die Europäische Union in

182 v. Hoffmann, Internationales Haftungsrecht im Referentenentwurf des Bundesjustizministeriums vom 1. 12. 1993, IPRax 1996, S. 7.

183 Dazu ausführlich siehe unten, Zweiter Teil. § 2..

184 Text: RabelsZ 38 (1974), S. 211.

185 Dazu BT-Drucks. 10/504, S. 28.

der zweiten Hälfte des Jahres 1998 dieses Fragenkreises wieder angenommen[186]. In kurzer Zukunft ist ein europäisches gemeinsames Internationales Deliktsrecht zu erwarten. Immerhin hat der deutsche Gesetzgeber mit der jetzt in Kraft getretenen Regelung des Internationalen Deliktsrechts eigenes Profil gezeigt, das auch auf der Ebene der EU nicht unbeachtet bleiben dürfte. Daher ist es fraglich, ob dem jetzt kodifizierten deutschen Internationalen Deliktsrecht eine seiner langen Entstehung entsprechende Lebensdauer beschieden sein wird[187].

§ 3. Kumulierte Anwendung von lex fori und lex loci delicti

I. England (alt): „double actionability rule"

„actionable if committed in England"
„not justifiable by the law of the place, where it was done"

A. Rechtslage vor der „double actionability rule"

1. Beginn des internationalen Deliktsrechts im England

Die frühen englischen Entscheidungen zum Internationalen Deliktsrecht zeigen, dass die common-law-Gerichte noch ganz von der Vorstellung beeinflusst waren, dass sie nur ihr eigenes Recht anwenden konnten[188].

2. Die „justification-Doktrin"

Als erster einschlägiger Fall, in dem auch die lex loci delicti in gewissen Umfang berücksichtigt wurde, gilt Blad's case von 1673[189]. Ein Däne, der in Island Vorratslager englischer Händler weggenommen hatte, wurde in England auf Schadensersatz wegen trespass und trover verklagt, woraufhin er vor dem Privy Council die Einstellung dieses Verfahren begehrte. Er machte geltend, sein Vorgehen gegenüber den Klägern sei eine Sanktion dafür, dass die Kläger in isländischen Gewässern unter Verstoß gegen Fischrechte, die ihm der König von Dänemark verliehen habe, gefischt hätten und stelle deshalb einen der englischen

186 Dazu Jayme, IPRax 1998, 140.
187 Vgl. Spickhoff, Die Rechtkodifikation des Internationalen Privatrechts, NJW 1999, 2215.
188 Vgl. v. Winterfeld, Das englische Deliktsstatut in seiner geschichtlichen Entwicklung, 1971, S. 15; Hohloch, Das Deliktsstatut, 1984, S. 61-62.
189 Blad's case (1672), 2 Swans. 603, 36 Eng. Rep. 991.

ordentlichen Gerichtsbarkeit nicht unterworfenen ausländischen Hoheitsakt dar[190].

Lord Nottingham ging davon aus, dass es sich nicht um eine Beschlagnahme, sondern um eine private Maßnahme des Beklagten handelte. Seine Erklärungen begründeten die „justification-Doktrin": „that it was no injury to the Dane to let the suit go on, for whatever was law in Denmark, would be law in England in this case, and would be allowed as a very good justification in the action"[191]. Klare Konturierung erhält Lord Nottinghams dictum in den späteren Entscheidungen Dobree v. Napier[192], Nostyn v. Fabrigas[193] und Raphael v. Verelst[194].

In den zuvor erwähnten Fällen war die Klage jeweils auf englisches Recht gestützt. Daher benützte der Kläger nicht anders als bei einem Inlandsfall die Rechtformen und -förmlichkeiten der lex fori. Das ausländische Recht wurde in allen diesen Fällen im Wege der Einrede zugelassen und im Prozess als Tatsache behandelt. Der Beklagte musste deshalb das ihm günstige ausländische Recht behaupten und beweisen. Die berichteten Fälle lassen den Schluss zu, dass die Gerichte ausländische Fälle in der gleichen Weise wie inländische behandelten, wenn der Beklagte nicht die Rechtmäßigkeit seines Verhaltens nach der lex loci delicti nachweisen konnte[195].

3. *Weiterentwicklung*

a. *Scott v. Seymor*

Eine kollisionsrechtlich modernere Entscheidung, die in der kolonialen Epoche vom Sachverhalt betrachtet für ein Spiegelbild gehalten wurde, stellt erst der 1862 vor der Exchequer Chamber verhandelte Fall Scott v. Seymour dar[196].

Zwei Engländer in Neapel waren in Streit geraten und der Beklagte hatte den Kläger tätlich angegriffen. In Neapel schwebte ein Strafverfahren wegen der begangenen Tätlichkeiten. Gegenüber der auf trepass gestützten Schadensersatzklage in London machte der Beklagte geltend, dass das Recht von Neapel eine Schadensersatzklage nicht vorsehe, bevor er strafrechtlich verurteilt sei. Die

---

190 Über das Sachverhalt siehe v. Winterfeld, Das englische Deliktsstatut in seiner geschichtlichen Entwicklung, 1971, S. 15; Hohloch, Das Deliktsstatut, 1984, S. 63.

191 Vgl. Hohloch, Das Deliktsstatut, 1984, S. 63.

192 Dobree v. Napier, 1836, 2 Bing. N.C. 781, 132 Eng. Rep. 301.

193 Mostyn v. Fabrigas, 1774, 1 Cowp. 161, 98 Eng. Rep. 756.

194 Raphael v. Verelst, 1776, 2 Wm.Bl. 1055, 96 Eng. Rep. 621.

195 Dazu vgl. v. Winterfeld, Das englische Deliktsstatut in seiner geschichtlichen Entwicklung, 1971, S. 16-17; Hohloch, Das Deliktsstatut, 1984, S. 63-64.

196 Scott v. Seymour, (1862) 1 H. & C. 219, 158 Eng. Rep. 865.

Chamber of the Exchequer ging davon aus, dass der Kläger nach dem Recht von Neapel Schadensersatz verlangen könne. Für die in London angebrachte Klage habe das Gericht auch von einer Schadensersatzpflicht des Beklagten nach dem Recht von Neapel auszugehen[197].

Die Entscheidung ist kein Bekenntnis zur Maßgeblichkeit der lex loci[198]. Sie besagt nur, dass Schadensersatz prozessualer Natur ist und sich nach der lex fori richtet.

b) The Halley

In englischen deliktsrechtlichen Entwicklung wurde die Entscheidung zwischen lex fori und lex loci erst im Fall The Halley[199] aus dem Jahr 1868 unumgänglich. Er stellt auch einen der Ursprünge der in Phillips v. Eyre aufgestellten Regel dar und ist somit grundlegend für ein Jahrhundert englischer deliktsrechtlicher Entwicklung.

Das britische Schiff „Halle" hatte auf der Schelde, in belgischem Staatsgebiet, während es unter dem Kommando eines Zwanglotsen stand, infolge dessen Fahrlässigkeit ein norwegisches Schiff beschädigt. Nach belgischem Recht haftete der Eigentümer des Schiffes für das Verschulden des Zwanglotsen, nach damaligem englischem Recht dagegen nicht[200].

Der High Court of Admiralty entschied in der ersten Instand unter Berücksichtigung des Stimmen von v. Bar und John Voet zugunsten des Klägers und wandte das belgische Recht als lex loci delicti an. Der Privy Council hob das Urteil des High Court of Admiralty auf, wandte die englische lex fori an und versagte deshalb den Schadensersatz[201].

Lord Selwyn, der das Urteil des Gerichts abgab, argumentierte für das Gericht wie folgt:„ ... the question is, whether an English Court of Justice is bound to apply and enforce that law (d. h. belgisches Recht) in a case, when, according to its own principles, no wrang has been committed by the Defendants, and no right of action against them exists." Er kam zu dem Ergebnis, dass „it is, in their Lordships' opinion, alike contray to principle and to authority to hold, that an English Court of Justice will give a remedy in the shape of damages in

197 Vgl. v. Winterfeld, Das englische Deliktsstatut in seiner geschichtlichen Entwicklung, 1971, S. 20; Hohloch, Das Deliktsstatut, 1984, S. 65.

198 Dazu auch Hohloch, Das Deliktsstatut, 1984, S. 65; v. Winterfeld, Das englische Deliktsstatut in seiner geschichtlichen Entwicklung, 1971, S. 21.

199 The Halley, (1867) L.R. 2A & E. 3; (1868) L.R. 2P. C. 193.

200 Diese Haftung wurde erst nach Inkrafttreten des Pilottage Act 1913 statuiert.

201 Vgl. v. Winterfeld, Das englische Deliktsstatut in seiner geschichtlichen Entwicklung, 1971, S. 23-24; Hohloch, Das Deliktsstatut, 1984, S. 65.

respect of an act which, according to its own principles, imposes no liability on the person from whom the damages are claimed."[202] Der von dem Gericht aufgestellte Grundsatz besagt, dass ein englisches Gericht es ablehne, Schadensersatz für eine Handlung zu gewähren, die nach sachlichem englischem Recht keine Schadensersatzpflicht begründe.

B. Entstehungsgeschichte

1. „double actionability rule"[203] aus Phillips v. Eyre

Die traditionale englische Anknüpfungsregel für internationales Deliktsrecht findet sich in der von Willes J. begründeten Entscheidung der Exchequer Chamber in Phillips v. Eyre[204] im Jahr 1870.

Phillips v. Eyre fand im Anschluss an einen Aufstand in Jamaika statt, der durch den damaligen Gouverneur, Eyre, niederschlagen wurde. Der Kläger, Phillips, behauptete, Opfer widerrechtlicher Maßnahmen geworden zu sein und nahm den Gouverneur persönlich in Anspruch. Der Beklagte, Eyre, berief sich darauf, dass ein nachträglich erlassenes jamaikanisches Gesetz ihn von einer Haftung für Handlungen während des Aufstandes freistellte[205]. Die Besonderheit des Falles war, dass der Gouverneur durch ein rückwirkendes jamaikanisches Indemnitätsgesetz von jeder Haftung für bei der Unterdrückung begangene rechtswidrige Handlungen befreit worden war und diese für rechtmäßig erklärt worden waren.

Der internationalprivatrechtliche Hauptpunkt in diesem Fall war, inwieweit der im Verhältnis zur lex fori „milderen"[206] lex loci Maßgeblichkeit zukam. Der

202 The Halley, (1868) L.R. 2P. C. 202, 204.

203 Diesel Regel gilt in England und Schottland in verschiedenen Ausprägungen, wie "general rule of double actionability" (Dicey/Morris on The Conflcts of Law 1991, S. 1374), "general rule" (Chesire/North, Private International Law, 1987, S. 521), "double rule" (A.E. Anton, Private International Law, 1967, S. 243) oder "double delict rule" (R.D. Leslie, The Application of the Lex Fori Unter the Double Delict Rule, 1990 Scots Law Teimes 316).

204 Phillips v. Eyre, (1870) L.R.6 Q.B.1.

205 Zu dem Sachverhalt vgl. Hohloch, Das Deliktsstatut, 1984, S. 67; v. Winterfeld, Das englische Deliktsstatut in seiner geschichtlichen Entwicklung, 1971, S. 38; Nevermann, Klage aus "Tort" oder "Delikt" in Großbritannien, RIW 1991, S. 902; Kaye, Recent Developments in the English Private International Law of Tort, IPRax 1995, S. 406; Carter, Torts in English Privat International Law, British Year Book of International Law 1981, S. 10; Schulz, Englisches internationales Deliktsrecht im Umbruch, RIW 1996, S. 468.

206 Hohloch, Das Deliktsstatut, 1984, S. 67.

Court of Exchequer Chamber ging davon aus, dass das jamaikanische Indemnitätsgesetz auch für England respektiert wurde, und deshalb verwarf er die Klage von Phillips unter Berufung auf die „rule of double actionability", die Willes J. wie folgt formuliert wird:

„As a general rule, in order to found a suit in England for a wrong alleged to have been committed abroad, two conditions must be fulfilled. First, the wrong must be of such a character that it would have been actionable if committed in England; .... Secondly, the act must not have been justifiable by the law of the place where it was done."[207].

Nach dieser grundlegenden Entscheidung in der Sache Phillips v. Eyre gelangt englisches Recht auf im Ausland begangene Delikte dann zur Anwendung, wenn zwei Voraussetzungen erfüllt sind: Zum einem müsste das im Ausland begangene Delikt nach englischem Recht einklagbare Ansprüche auf Schadensersatz begründen, wenn es in England begangen worden wäre. Dies entspricht der The Halley-Entscheidung von Privy Council[208]. Zum anderen darf die Handlung am ausländischen Begehungsort nicht gerechtfertigt sein[209].

Die Klage von Phillips wurde im Hinblick auf den zweiten Teil der Regel abgewiesen, weil die deliktischen Handlungen Eyres nach dem Recht Jamaikas - wegen des nachträglich erlassenen Amnestiegesetzes - als gerechtfertigt angesehen wurden. Dabei entstand die Frage, nach welchem Recht der Umfang der Haftung zu bestimmen ist, wenn das Erfordernis der „double actionability" erfüllt ist. In dem zweiten Teil der „double actionability rule" blieb noch Unklarheit bestehen, ob nach der fremden lex loci eine zivilrechtliche Haftbarkeit für das Delikt bestehen musste oder eine strafrechtliche Verantwortlichkeit genügte, weil die Regel aus Phillips v. Eyre darüber nichts aussagte[210].

---

207 Phillips v. Eyre, (1870) L.R.6 Q.B.1, 28 f.

208 Dazu siehe oben § 2. I. 3. b. (The Halley).

209 Vgl. Schulz, Englisches internationales Deliktsrecht im Umbruch, RIW 1996, S. 468; Nevermann, Klage aus "Tort" oder "Delikt" in Großbritannien, RIW 1991, S. 902; Staudinger/v. Hoffmann 199, RzNr. 48 zu Art.38 EGBGB; Nanz, Zur Bestimmung des Deliktsstatuts im englischen, französischen und italienischen internationalen Privatrecht, VersR 1981, S. 212.

210 Vgl. Staudinger/v. Hoffmann 1998, RzNr. 48 zu Art.38 EGBGB; Schulz, Englisches internationales Deliktsrecht im Umbruch, RIW 1996, S. 468; Nevermann, Klage aus "Tort" oder "Delikt" in Großbritannien, RIW 1991, S. 902; Hohloch, Das Deliktsstatut, 1984, S. 71.

2. *Ergänzung durch Chaplin v. Boy*

Einige Ergänzungen hat die Regel aus Phillips v. Eyre durch die Entscheidung des House of Lords in der Sache Chaplin v. Boy[211] im Jahr 1969 erfahren. Zwischen zwei auf Malta stationierten Angehörigen der Royal Air Force ereignete sich daselbst ein Verkehrsunfall, und einer hatte durch das Verschulden des anderen erhebliche Verletzungen erlitten. Das Hause of Lords gab der Forderung des Klägers nach Schmerzensgeld und Ersatz für künftige Vermögenseinbußen statt, obwohl derartige Ansprüche nur nach der englischen lex fori, nicht aber nach der maltesischen lex loci delicti anerkannt waren[212].

Zum einen stellten die fünf beteiligten Richter mehrheitlich, aber in sich teilweise widersprechenden Entscheidungsgründen, fest, dass von der Anwendung des Tatortrechts in Ausnahmefällen wie diesem abgesehen werden könnte. Der Umfang der Haftung bestimmte sich allein nach britischem Recht. Als Durchbrechung von Teil 2 der „double actionability rule" blieb maltesisches Recht im Ergebnis unberücksichtigt[213].

Zum anderen wurden die generellen Haftungsvoraussetzungen verschärft. Nach der in Phillips v. Eyre aufgestellten Regel genügte es, wenn die deliktische Handlung am Tatort rechtswidrig im weiteren Sinne war, nämlich nicht nur zivilrechtlich, sondern auch strafrechtlich. In diesem Sinne entschied der Court of Appeal in Machado v. Fontes[214] im Jahr 1897. Diese Entscheidung wurde von mehreren Lordrichter in Chaplin v. Boys sehr kritisiert, die diesbezüglichen Äußerungen erfolgten als obiter dicta und sind daher nicht verbindlich[215]. Nach der in der Literatur vertretenen Ansicht[216] und der englischen Praxis[217] wurde die Rechtsprechung Machado v. Fontes in Chaplin v. Boys aufgegeben.

---

211 Chaplin v. Boys (1971) A.C. 356 (H.L.(E)).

212 Zum Sachverhalt vgl. Schulz, Englisches internationales Deliktsrecht im Umbruch, RIW 1996, S. 469; Nevermann, Klage aus "Tort" oder "Delikt" in Großbritannien, RIW 1991, S. 902; Nanz, Zur Bestimmung des Deliktsstatuts im englischen, französischen und italienischen internationalen Privatrecht, VersR 1981, S. 213; Kaye, Recent Developments in the English Private International Law of Tort, IPRax 1995, S. 407.

213 Vgl. Nevermann, Klage aus "Tort" oder "Delikt" in Großbritannien, RIW 1991, S. 902; Staudinger/v. Hoffmann 1998, RzNr. 49 zu Art.38 EGBGB.

214 Machado v. Fontes (1897) 2 Q.B.231.

215 Vgl. Staudinger/v. Hoffmann 1998, RzNr. 49 zu Art.38 EGBGB; Rogerson, Choice of Law in Tord: a Missed Opportunity? International Comparative Law Quarterly 1995, S. 653.

216 Dicey & Morris, The Conflict of Law II, S. 1370; Cheshire/North, Peivate International Law, 12. Aufl. 1992, S. 538f.; Nevermann, Klage aus "Tort" oder "Delikt" in Großbritannien, RIW 1991, S. 902; North/Webb, The Effect of Chaplin v. Boys, (1970) 19 International and Comparative Law Quarterly, S. 29.

3. Umbruch[218] *aus Red Sea Insurance Co. Ltd. v. Bouygues SA*

Seit über einem Jahrhundert regiert die „double actionability rule" das englische internationale Deliktsrecht bei ausländischem Tatort. Trotz der Ergänzungen der englischen Rechtsprechung - besonders durch Chaplin v. Boys - blieb noch ungeklärt, ob ausnahmsweise - nämlich bei einem anderen Sachverhalt als Chaplin v. Boys - auch fremdes Recht von englischen Gerichten auf Ansprüche aus im Ausland begangenen Delikten angewendet werden darf. Diese Frage wird durch die Entscheidung des Privy Council in der Sache Red Sea Insurance Co. Ltd. v. Bouygues SA and others[219] aus dem Jahr 1994 beantwortet.

Eine in Hongkong inkorporierte Versicherungsgesellschaft mit Hauptquartier in Saudi-Arabien wurde von 23 Parteien in Hongkong auf Ersatzleistung für Schäden verklagt, die durch Konstruktionsfehler bei Bauarbeiten an der Universität von Riad entstanden waren. Die Beklagte bestritt, dass die geltend gemachten Schäden durch den Versicherungsvertrag gedeckt seien. Die Versicherungsgesellschaft machte im Zuge einer Widerklage geltend, dass zehn der 23 Kläger (das sog. „PCG-Konsortium") die übrigen Kläger angeblich mit mangelhaftem Baumaterial beliefert hätten und die aus diesem Fehlverhalten resultierenden Schadensersatzansprüche im Falle eines Unterliegens im Vorprozess kraft Legalzession auf die Widerklägerin übergehen würden. Während die Versicherungsgesellschaft nach saudi-arabischem Recht (lex loci delicti) befugt war, die den übrigen (durch das PCG-Konsortium geschädigten) Klägern des Vorprozesses durch das Delikt der „negligence" entstandenen Schäden direkt gegenüber dem PCG-Konsortium einzuklagen, war dies nach dem Recht von Hongkong (lex fori) nicht möglich[220].

Im vorliegenden Fall konnte man nicht auf die Entscheidungen in The Halley und Phillips v. Eyre zurückgreifen, weil der von der Versicherungsgesellschaft gegen das PCG-Konsortium in Hongkong eingeklagte deliktische Anspruch

---

217 Armagas Ltd v. Mundagas SA, Court of Appeal 18. 10. 1984 [1985] 3 All ER 795, 810; Red Sea Insurance Co. Ldt. v. Bouygues SA [1994] 3 All ER 749, 755f. (Privy Council).

218 Der Begriff geht zurück auf Schulz, Englisches internationales Deliktsrecht im Umbruch, RIW 1996, S. 468.

219 Red Sea Insurance Co. Ltd. v. Bouygues SA [1994] 3 All ER 749, PC.

220 Zum Sachverhalt von Red Sea Insurance Co. Ltd. v. Bouyues SA and others, siehe Schulz, Englisches internationales Deliktsrecht im Umbruch, RIW 1996, S. 469; Kaye, Recent Developments in the English Private International Law of Tort, IPRax 1995, S. 407; Rogerson, Choice of Law in Tort: a missed Opportunity? International and Comparative Law Quarterly 1995, S. 651; Carter, Choice of Law in Tort: The Rolle of The Lex Fori, The Cambridge Law Journal 1995, S.38; Friedman, Double actionability: a flexible approach, NLJ 1995, S. 55.

zwar nach der lex loci delicti (hier saudi-arabischem Recht) besteht, aber nicht nach der lex fori (hier dem Recht von Hongkong). Auch die in Chaplin v. Boys zugelassene Ausnahme von der „double actionability rule" hilft hier nicht weiter, denn sie setzt die umgekehrte Situation voraus, dass die Schadensersatzforderung zwar nach der englischen lex fori, nicht aber nach der maltesischen lex loci delicti bestand[221]. Im Fall von Red Sea Insurance v. Bouygues SA konnte der Privy Council deshalb nicht umhin, zu erwägen, ob die durch das House of Lords in Chaplin v. Boys geschaffene Ausnahme zu Phillips v. Eyre erweitert werden soll, oder ob die starre und antiquierte „double actionability rule" ganz verworfen werden soll.

Der Privy Council hielt in seiner Red Sea-Entscheidung einerseits an der „double actionability rule" fest, anderseits ließt er in Ausnahmefällen aber die Anwendung desjenigen Rechts zu, mit dem der Vorgang und die Parteien die engste Beziehung besitzen (hier das saudi-arabische Recht). Es blieb unklar, ob das auch das Recht eines dritten Staats (außer der lex fori und der lex loci delicti) sein kann[222]. Das englische internationale Deliktsrecht nach der Red Sea-Entscheidung des Privy Council lässt sich somit in folgender Formel zusammenfassen:[223]

1. Eine im Ausland begangene Handlung begründet in England nur dann beklagbare deliktische Ansprüche, wenn sie

a) nach englischen Recht klagbare Ansprüche aus Delikt begründete, d.h. ein Delikt wäre, wenn sie in England ausgeführt worden wäre, und

b) nach dem Recht des Landes, in dem sie begangen wurde, klagbare Ansprüche begründet.

2. In besonderen Fällen kann das Verhältnis zwischen den Parteien von dem Recht des Landes geregelt werden, welches die nächste Beziehung zu dem Sachverhalt und den Parteien aufweist, wobei offen blieb, ob es sich dabei auch um das Recht eines anderen Staates als der lex fori und der lex loci delicti commissi handeln kann.

---

221 Vgl. Schulz, Englisches internationales Deliktsrecht im Umbruch, RIW 1996, S. 469.

222 Morse, Torts in Private International Law: a new statutory framework, International and Comparative Law Quarterly 1996, S. 898; Andere Meinung bei Schulz, Englisches internationales Deliktsrecht im Umbruch, RIW 1996, S. 468, 473.

223 Über die Formel vgl. Schulz, Englisches internationales Deliktsrecht im Umbruch, RIW 1996, S. 473.

C. *Unterschied zum deutschen Deliktsrecht*

1. *Unterschied zu Art.38 EGBGB (alte Fassung)*

Im deutschen und englischen Internationalen Privatrecht sind die Regeln für die Behandlung von Deliktsfällen verschieden[224]. Nach englischem Recht greift ein deliktischer Anspruch grundsätzlich nur insoweit durch, als er sowohl nach dem Recht des Tatorts (lex loci delicti), als auch dem Recht des Gerichtsorts (lex fori) begründet ist[225]. Die lex fori ist auch in der „double actionability rule" der englischen Gerichte berücksichtigt, die eine Kombination (oder Kumulation) der lex loci delicti und der lex fori vorsieht.

Die „double actionability rule" bewirkt einen Schutz des Beklagten, der dem Schutz durch Art.38 EGBGB (alte Fassung) ähnlich ist. Aber Art.38 EGBGB (alte Fassung) enthält nicht eine kumulative Anwendung des deutschen Rechts neben dem Recht des ausländischen Begehungsortes im allgemeinen. Es handelt sich um eine relative Bestimmung, nach der deutsches Recht nur dann berücksichtigt wird, wenn ein Deutscher in Anspruch genommen wird.

Ginge das englische Gesetz von der „double actionability rule" als dem Deliktsstatut aus[226], würde, abgesehen von der in der Red Sea-Entscheidung entwickelnden Ausnahme von der lex fori, die lex loci delicti nur sekundär berücksichtigt. Die lex loci delicti würde daher nicht zur Begründung eines Anspruchs, sondern ausschließlich zur Verteidigung gegen einen nach der lex fori eventuell gegebenen Anspruch herbeigezogen[227]. Das ist bei Art.38 EGBGB (alte Fassung), der die lex fori grundsätzlich nur als Schutzklausel ansieht, gerade nicht der Fall.

2. *Unterschied zu Art.40 Abs. 3 EGBGB*

Das neue deutsche Internationale Deliktsrecht führt eine deliktsrechtliche Generalklausel in Art.40 Abs. 1, eine vorrangige Sonderanknüpfung an den gemeinsamen gewöhnlichen Aufenthalt der Beteiligten in demselben Staat (Art.40 Abs. 2), eine Ausweichklausel (Art.41) und die Möglichkeit einer Rechtswahlvereinbarung (Art.42) ein. Der alte Art. 38 EGBGB wird durch den Art. 40 Abs. 3 Nr.

224 Eine ausführliche Darstellung des deutschen Deliktsrecht ist hier nicht beabsichtigt.
225 Ausführlich siehe oben Erster Teil. § 3. I. England (alt).
226 Vgl. Staudinger/v. Hoffmann 1998, RzNr. 49 zu Art.38 EGBGB; v. Winterfeld, Das englische Deliktsstatut in seiner geschichtlichen Entwicklung, 1971, S. 40; Nanz, Zur Bestimmung des Deliktsstatuts im englischen, französischen und italienischen internationalen Privatrecht, VersR 1981, S. 213.
227 Vgl. Vischer, IPR 2. Aufl. 1982, S. 196.

1 und 2 EGBGB ersetzt. Art.40 Abs. 3 Nr. 3 enthält einen zusätzlichen Vorbehalt zugunsten haftungsrechtlicher Regelungen in Übereinkommen, die für die Bundesrepublik Deutschland in Kraft getreten sind. Daher handelt es sich bei Art.40 Abs. 3 EGBGB um eine Konkretisierung des ordre public und setzt Art.40 Abs. 3 EGBGB eine im Ausland begangene unerlaubte Handlung nicht mehr voraus[228].

Die „double actionability rule" bewirkt auch einen Schutz des Beklagten. Aber anders als Art.40 Abs. 3 EGBGB, der nicht eine Auslandstat voraussetzt und bei dem es sich um eine Konkretisierung des ordre public handelt, enthält das englische Kollisionsrecht eine kumulative Anwendung der lex loci delicti und der lex fori, und begünstigt nur bei Auslandstaten den Schädiger, indem es verlangt, dass die Haftung - auch - nach lex fori begründet sein muss[229].

D. Stellungnahme und Kritik

In England beginnt die Berücksichtigung fremden Rechts (d.h. des Tatortsrechts) im 17. Jahrhundert. Der Kläger konnte sich nur mit einem dem commom law entnommenen Klagbegehren an das Gericht wenden, und dem Beklagten wurde gestattet, sich zu seiner Verteidigung auf das sein Verhalten rechtfertigende Recht des Tatorts zu beziehen. Vor der Begründung der „double actionability rule" war ausländisches Recht lediglich insoweit beachtlich, als es Fakten geschaffen hatte, die den Tatbestand prägten[230].

Die klassische und nahezu 100 Jahre unangetastet in Geltung gebliebene Anknüpfungsregel ist die „double actionability rule", die von der Exchequer Chamber in der Phillips v. Eyre-Entscheidung im Jahr 1870 entwickelt wurde. Ein sehr beachtlicher Aspekt dieser Entscheidung ist, dass auch für das englische Recht die Maßgeblichkeit der lex loci delicti anerkannt wurde. Aber wenn man zusammenfassend das Verhältnis von lex fori und lex loci delicti im englischen internationalen Deliktsrecht (hier „double actionability rule") betrachtet, so zeigt sich, dass noch immer das englische materielle Recht als lex fori die dominante Rolle spielt[231], obwohl die „double actionability rule" schon durch die Chaplin v. Boys-Entscheidung ergänzt wird.

---

228 Dazu siehe ausführlich oben, Erster Teil. § 2. I. C. 1. b).

229 Dazu siehe oben, Erster Teil. § 3. B.

230 Dazu ausführlich siehe v. Winterfeld, Das englische Deliktsstatut in seiner geschichtlichen Entwicklung, 1971, S. 1 ff.; Hohloch, Das Deliktsstatut, 1984, S. 59 ff..

231 Dazu auch Staudinger/v. Hoffmann 1998, RzNr. 49 zu Art.38 EGBGB; v. Winterfeld, Das englische Deliktsstatut in seiner geschichtlichen Entwicklung, 1971,

Die „double actionability rule" bewirkt, dass Anspruchsteller, die wegen eines außerhalb Großbritanniens begangenen Delikts vor englischen Gerichten klagen, erheblichen Nachteilen ausgesetzt sind, wenn nicht ausnahmsweise nur das Recht eines Staates angewandet wird. Fast alle Beschränkungen des Anspruchs aus dem Recht des Tatorts und dem englischen Recht wirken sich zu Lasten des Klägers aus. Wie bei Art.38 EGBGB (alte Fassung) kann zudem auch die präzise Prüfung der Erfolgaussichten einer Klage in diesen Fällen Schwierigkeiten bereiten[232]. Es ist auch unsicher, ob die beiden Voraussetzungen der „double actionability rule" erfüllt werden, auch wenn ein englisches Gericht Ansprüche nach dem Recht des Handlungsorts und des Gerichtsorts für insoweit miteinander vergleichbar halten wird[233].

Der Privy Council hat in seiner Red Sea-Entscheidung das englische internationale Deliktsrecht aber nicht nur reformiert, sondern revolutioniert, indem er die bis dahin unantastbare, aber unzeitgemäße, in Phillips v. Eyre enthaltene einseitige Kollisionsregel tatsächlich aufgegeben und durch eine allseitige - an den Ort der engsten Beziehung anknüpfende - „choice of law rule" ersetzt hat[234]. Das Tabu der Anwendung ausländischen Deliktsrechts durch englische Gerichte ist damit gebrochen.

Faktisch führt die Red Sea-Entscheidung dazu, dass die Phillips v. Eyre-Formel nur noch dann Bedeutung erlangt, wenn der Sachverhalt und die Parteien keine engere Beziehung zu einer Rechtsordnung besitzen. Nach dem Inkrafttreten des Private International Law (Miscellaneous Provisions) Act 1955 am 1. 5. 1996, der in Part III die für das Vereinigte Königreich geltenden Kollisionsnormen für außervertragliche Schuldverhältnisse neu formuliert, wurde die überkommene „double actionability rule" endgültig außer Kraft gesetzt; und die Bedeutung der Red Sea-Entscheidung für des englische internationale Deliktsrecht endete deshalb damit.

S. 40; Nanz, Zur Bestimmung des Deliktsstatuts im englischen, französischen und italienischen internationalen Privatrecht, VersR 1981, S. 213.

232 Über das Vergleichsproblem siehe oben Erster Teil. § 1. I. D. 1. c. (Richtige Vergleichung beider Gesetze).

233 Vgl. Nevermann, Klage aus "Tort" oder "Delikt" in Großbritannien, RIW 1991, S. 906.

234 Vgl. Schulz, Englisches internationales Deliktsrecht im Umbruch, RIW 1996, S. 473; Friedman, Double actionability: a flexible approach, (1995) 145 New Law Journal, S. 55f..

II. Zwischenbilanz

Nach der „double actionability rule" erforderte die Bestimmung des englischen Deliktsstatuts grundsätzlich die Kombination von lex fori und lex loci delicti. Die dominante Rolle spielte jedoch das englische materielle Recht als lex fori. Sie allein entschied über Art und Umfang des Schadensersatzes. Dies konnte aber zu dem unangemessenen Ergebnis führen, dass Ansprüche kraft englischen Rechts auch dann gewährt werden, wenn am Begehungsort keine bestanden[235].

In der Entscheidung des House of Lords in Chaplin v. Boys[236] sprach sich das House of Lords für die generelle Möglichkeit einer Auflockerung der Philips v. Eyre-Regel zugunsten der lex fori aus. Der Privy Council entschied in Red Sea Insurance Co. Ltd. v. Bouygues SA im Jahr 1995, dass bei besonders gelagerten Sachverhalten eine Ausnahme von der „double actionability rule" nach dem Grundsatz der engsten Beziehung gelten sollte[237]. Die starre Anwendung der „double actionability rule" war somit endgültig entweder zugunsten der alleinigen Anwendung der lex fori oder zugunsten der alleinigen Anwendung der lex loci delicti durchbrochen. Bei solchen Ausnahmefällen gilt entweder die lex fori als Deliktsstatut, oder allein die lex loci delicti. Eine Begrenzung des Deliktsstatuts durch die lex fori erfolgt hier nicht mehr.

Nach dem Inkrafttreten des Private International Law (Miscellaneous Provisions) Act 1995 am 1. 5. 1996 findet die „double actionability rule" nur auf unerlaubte Handlungen Anwendung, die vor Inkrafttreten des Gesetzes begangen wurden, und auf Klagen, die auf einem Ehrverletzungsdelikt beruhen[238]. Ansprüche aus anderen unerlaubten Handlungen unterstehen nicht mehr automatisch der Kombination aus lex fori und lex loci delicti. Eine kumulierte Anwendung von lex fori und lex loci delicti erfolgt bei internationalen Delikten nur noch, wenn weder die lex fori noch die lex loci delicti eine stärke Beziehung zu dem Sachverhalt und den Parteien aufweisen.

---

235 Vgl. Binder, Zur Auflockerung des Deliktsstatuts, RabelsZ 20 (1955), S. 460.

236 Siehe oben Erster Teil. § 3. I. B. 1. ("double actionability rule" aus Philips v. Eyre).

237 Dazu siehe oben Erster Teil. § 3. I. B. 3. (Umbruch aus Red Sea Insurance Co. Ltd. v. Bouygues SA).

238 Dazu ausführlich siehe unten Erster Teil. § 5. IV. (England neu).

§ 4. Doppelte Kontrolle durch lex fori

I. Japan: Art.11 Abs. 2 und Abs. 3 des Gesetzes vom 21. 06. 1898 betreffend die Anwendung der Gesetze (Horei)

Art.11 Abs.2: Die Bestimmung des vorigen Absatzes findet auf unerlaubte Handlungen keine Anwendung, wenn die im Ausland eingetretene Tatsache nach den japanischen Gesetzen nicht rechtswidrig ist.

Art.11 Abs.3: Auch wenn die im Ausland eingetretene Tatsache nach japanischen Gesetzen rechtswidrig ist, hat der Geschädigte keine weiteren Ansprüche auf Schadensersatz oder sonstige Maßnahmen als die, welche die japanischen Gesetze anerkennen.

A. Rechtslage vor dem Erlass des Gesetzes betreffend die Anwendung der Gesetze (Horei) vom 21. 06. 1898

1. Rechtslage vor der Neuzeit (die in Japan 1853 beginnt)

In den vierziger Jahren des 16. Jahrhunderts kamen zur gleichen Zeit portugiesische Händler und Missionare nach Japan. Das war der erste Kontakt Japans mit Ausländern. Danach wurden das Christentum und Außenhandel jeglicher Art wieder verboten. Knapp hundert Jahre später wurde Japan durch ein Edikt, das im Jahre 1639 verkündet wurde, von jedem anderen Land abgeschottet und die über zwei Jahrhunderte währende Zeit des „Geschlossenen Landes" (sakoku) eingeleitet[239].

Weiterhin fehlten damals in Japan privatrechtliche Bestimmungen (nicht nur international-privatrechtliche). Alles blieb dem Gewohnheitsrecht überlassen, nur gewann das Hyojo-sho, wörtlich „Beratungs- und Entscheidungskammer", der Höchste Gerichthof, Einfluss durch seine Rechtsprechung und Anweisungen zur Vereinheitlichung des geltenden Gewohnheitsrechts. Bis zur Neuzeit war das Privatrecht in Japan völlig vernachlässig worden und beruhte fast ausschließlich auf Gewohnheit[240].

Internationalprivatrechtliche Konflikte konnten in der Zeit des „Geschlossenen Landes" nicht entstehen, denn die wenigen Holländer, die in Deshima, im Hafen von Nagasaki vor der Insel Kyushu, mehr als Gefangene denn als freie

---

239 Dazu vgl. Huch, Japanisches internationales und interlokales Privatrecht, 1941, S. 33.

240 Vgl. Huch, Japanisches internationales und interlokales Privatrecht, 1941, S. 33; 35.

Kaufleute wohnten, unterstanden ausschließlich japanischen Gesetzen. Andere Ausländer gab es nicht, und Japaner durften das Inselreich nicht verlassen[241].

2. Die Epoche der Neuzeit

Als durch Kommodore Perry in den Jahren 1853 und 1854 der Zutritt zum Lande erzwungen war, begann eine Epoche für Japan, die als Neuzeit bezeichnet wird. In der Epoche der Neuzeit galt für die Ausländer des Westens ebenso wie vorher umgekehrt für die Japaner, dass die rechtlichen Beziehungen in großem Umfange nur nach ihren eigenen Gesetzen zu beurteilen waren. Es entwickelte sich wie in China, die von den Japanern als diskriminierend empfundene Konsulargerichtsbarkeit, so dass internationalprivatrechtliche Konflikte wiederum während langer Jahrzehnte nicht möglich waren.

Den ersten „Freundschafts- und Handelsvertrag" schloss Japan am 13. 3. 1854 mit den Vereinigten Staaten, den folgenden am 14. 11. 1854 mit England und 1855 zwei weitere mit Russland und den Niederlanden. Drei Jahre später gestanden die Japaner den USA die Konsulargerichtsbarkeit in Strafsachen zu, es sollte amerikanisches Recht gelten. 1858 wurde ein neuer Vertrag mit den USA geschlossen, der die Tore zum Land den Fremden noch weiter öffnete, ähnliche Verträge mit Großbritannien, Frankreich, den Niederlanden und Russland sowie der Vertrag mit Preußen vom 24. 1. 1861 folgten. Durch den Vertrag von 1869 mit den Norddeutschen Bunde und den zu diesem Bunde nicht gehörenden Mitgliedern des Deutschen Zoll- und Handelsvereins wurde die Konsulargerichtsbarkeit über die Meistbegünstigungsklausel auf alle Vertragsstaaten dahingehend ausgedehnt, dass sämtliche Rechtsstreitigkeiten vor den Konsul kamen, wenn der Beklagte einem der Vertragstaaten angehörte, gleichgültig, um was für Streitigkeiten es sich handelte. Ob der Kläger ein Japaner oder Angehöriger eines anderen Staates war, spielte hierfür keine Rolle. Von nun an urteilten die Konsuln in allen Streitigkeiten ihrer Staatsangehörigen nach eigenem Recht, wenn der Beklagte dem betreffenden Staate angehörte[242].

B. Entstehungsgeschichte

Die ersten kollisionsrechtlichen Normen erhielt Japan durch das Gesetz Nr. 97 vom 10. 6. 1890 unter dem später beibehaltenen Namen Horei. Diese alte Horei,

---

241 Huch, Japanisches internationales und interlokales Privatrecht, 1941, S. 34.

242 Dazu ausführlich siehe Huch, Japanisches internationales und interlokales Privatrecht, 1941, S. 36; Kanagami Tarou, "Entwicklung des japanischen IPR", 1970 Tokyo, S. 5 ff..

wie nun das Gesetz von 1890 genannt wurde, bestand aus 17 Artikeln, die die Veröffentlichung, Gültigkeit, Auslegung, Anwendung und Abgrenzung des Anwendungskreises der Gesetze betrafen[243]. Vorbild war die Einleitung zum italienischen Zivilgesetzbuch von 1865 und die italienische Lehre. Für das internationale Deliktsrecht galt die Tatortregel gemäß Art.7, der aber keine Vorbehaltklausel enthielt. Die alte Horei, die am 1. 1. 1895 in Kraft treten sollte, teilte das Schicksal des ersten Entwurfs des Zivilgesetzes. Der festgesetzte Einführungstag wurde bis zum 31. 12. 1896 verschoben. Im Dezember 1896 wurde die Einführung nochmals bis zum 30. 6. 1899 verschoben, und trat schließlich nicht in Kraft[244].

Wegen ihrer geringen Umfangs und der Befürchtung, ihre praktische Anwendung werde zu allzu vielen Unsicherheiten führen, wurde eine Änderung der alten Horei vorgenommen. Von 1893-1898 dauerten die Arbeiten des von der Regierung eingesetzten Ausschusses (Hoten-chosa-kai) für die Schaffung eines erneuten IPR-Gesetzes. Dessen ohne Änderungen angenommener Entwurf stammt von dem ehemaligen Dekan der juristischen Fakultät der Kaiserlichen Universität Tokyo, Professor Hozumi Nobushige und seinem Assistent Yamada Saburo. Die neue Horei, die sich an die im deutschen EGBGB enthaltenen Kollisionsnormen anlehnt, aber darüber hinaus für das Schuldrecht eigene Bestimmungen enthält, wurde zusammen mit dem vierten und fünften Buch des japanischen Zivilgesetzbuchs am 21. 6. 1898 veröffentlicht, nachdem die beiden Häuser des Reichstages ihre Zustimmung gegeben und der Kaiser die Sanktion erteilt hatte. Die neue Horei trat mit dem japanischen Zivilgesetzbuch und mehreren anderen Gesetzen am 16. 7. 1898 auf Grund einer Kaiserlichen Verordnung, der die Bestimmung des Datums im Gesetz vorbehalten war, in Kraft[245].

Anders als die Chinesen setzten die Japaner von Anfang an ihre ganze Kraft auf die Abschaffung der diskriminierenden Konsulargerichtsbarkeit. Mit der Einführung des Zivilgesetzbuches am 16. 7. 1898 war die japanische Regierung in der Lage, am gemäß Art. XXI des Londoner Vertrages vom 16. 7. 1894 frühestmöglichen Termin der britischen Regierung die Note zu überreichen, durch

243 Deutsche Übersetzung siehe Niemeyer, Das internationale Privatrecht im Japanischen Zivilgesetzbuch, in: Niemeyers Zeitschrift für Internationales Recht, Bd.11 1901-02, S. 202f.; Huch, Japanisches internationales und interlokales Privatrecht, 1941, S. 9f..

244 Dazu vgl. Huch, Japanisches internationales und interlokales Privatrecht, 1941, S. 44; Kanagami Tarou, "Entwicklung des japanischen IPR", 1970 Tokyo, S. 12 ff.; Ehrenzweig, Amercan-japanese Private International Law, 1964, S. 18.

245 Vgl. Huch, Japanisches internationales und interlokales Privatrecht, 1941, S. 44, 45; Kanagami Tarou, "Entwicklung des japanischen IPR", Tokyo 1970, S. 64 ff.; Ehrenzweig, Amercan-japanese Private International Law, 1964, S. 18.

die die Exterritorialität der Engländer nach dem Ablauf eines Jahres am 16. 7. 1899 aufgehoben wurde. Gleichzeitig oder wenig später traten entsprechende Verträge mit allen anderen Ländern, den Vereinigten Staaten (am 16. 7. 1899), Deutschland (am 17. 7. 1899), Österreich, Ungarn, Frankreich (am 4. 8. 1899), Italien (am 16. 7. 1899) sowie Russland und den kleineren Mächten, in Kraft[246].

Es dauerte also genau ein Jahr, bevor durch solche neuen Handelsverträge die internationalprivatrechtlichen Beziehungen zwischen Japanern und Ausländern gleichberechtigt ausgestaltet wurden. Während dieses Jahres war die Horei nur für die Rechtsverhältnisse der Ausländer von Bedeutung, die keine Exterritorialität in Japan genossen, beispielsweise die Mexikaner und die Angehörigern einiger kleinerer Staaten. Die tatsächliche Wirkungsmöglichkeit der Horei begann daher erst ein Jahr nach ihrem Inkrafttreten, als Japan nach 45 Jahren zum ersten Mal wieder die uneingeschränkte Justizhoheit über alle Personen innerhalb seiner Grenzen ausüben konnte[247].

Für das internationale Deliktsrecht verweist Art.11 Abs. 1 auf die lex loci delicti. Die Verweisung auf das Recht des Begehungsortes erfährt dann die doppelte Kontrolle durch die lex fori: Erstens gilt sie nur insoweit, wie die im Ausland begangene Handlung auch nach japanischem Recht rechtwidrig ist (Art.11 Abs. 2). Selbst wenn diese Voraussetzung erfüllt ist, können zweitens keine weitergehenden Ansprüche geltend gemacht werden, als nach japanischem Recht beständen (Art.11 Abs. 3).

In Betracht zu ziehen ist dabei insbesondere die Bedeutung des Begriffs - „rechtwidrig" - in Art.11 Abs. 2. Wonach sich entscheidet, ob die im Ausland begangene Handlung nach japanischem Recht rechtwidrig ist, ist im japanischen Schrifttum umstritten. Im japanischen Schrifttum[248] überwiegt die Meinung, dass Art.11 Abs. 2 sich nur auf den subjektiven Tatbestand der unerlaubten Handlung bezieht, d. h. entscheidend ist, ob der Vorsatz- oder Fahrlässigkeitstatbestand für die unerlaubte Handlung in dem Begehungsort nach japanischem Deliktsrecht auch für die gleiche unerlaubte Handlung gilt. Eine abweichende Meinung sagt, dass Art.11 Abs. 2 sich nicht nur auf den subjektiven, sondern auf den ganzen Tatbestand der unerlaubten Handlung bezieht. In Japan vertritt diese ausdehnende Auffassung nur Kubo Iwatorou[249].

Vor dem zweiten Weltkrieg gab es nur wenige unbedeutende Änderungen der Horei. Beispielweise änderte der Gesetzgeber im Jahre 1942 den Wortlaut

---

246 Vgl. Huch, Japanisches internationales und interlokales Privatrecht, 1941, S. 42.

247 Vgl. Huch, Japanisches internationales und interlokales Privatrecht, 1941, S. 44.

248 Vgl. Yamada Sabuyoshi, "IPR" 1982, S. 384; Egawa Hidebumi, "IPR", S. 252; Orishige Yutaka, "IPR Einzelteil", 1972, S. 137; Yamaguchi Kouichi, "Japanische IPR", 1927, S. 430; Tameike Yoshio, "Lehrstoff des IPR", 1993, S. 377.

249 Kubo Iwatorou, "IPR", 1954, S. 183.

des Art.18 (Anerkennung eines nichtehelichen Kindes). Eine zweite Änderung ergab sich 1947, als das altjapanische Haussystem abgeschafft wurde. Diese Änderung führte zur Streichung der Art.14 Abs. 2 und Art.15 Abs. 2 der Horei[250]. Das internationale Deliktsrecht bliebt unberührt.

Wegen des nach Kriegsende zu verzeichnenden Anstiegs von Fällen mit Auslandsberührung forderte das japanische Justizministerium am 12. 2. 1957 den Rat für Gesetzgebung auf, die Horei und andere relevante internationalprivatrechtliche Gesetze auf ihre Revisionsbedürftigkeit hin zu untersuchen und gegebenenfalls Entwürfe für Änderungsgesetze anzufertigen. Eine Kommission für Internationales Privatrecht bildete sich, die seitdem mit der Verbesserung des Kollisionsrechts beschäftigt war. Bedauerlicherweise stellte die Kommission ihr Vorhaben, das Internationale Privatrecht zu reformieren, 1972 erfolglos ein. In der Zwischenzeit unterzeichnete Japan im Jahre 1964 das Haager Übereinkommen über das auf die Form letztwilliger Verfügungen anzuwendende Recht vom 5. 10. 1961. Dazu erließ der Gesetzgeber als Gesetz Nr. 100 das „Gesetz über das für die Form des Testaments maßgebliche Recht", das am 2. 8. 1964 in Kraft trat. Dies führte zur dritten Änderung der Horei. Art.26 Abs. 3 der Horei, der bisher die Form von Testamenten geregelt hatte, wurde gestrichen[251].

Weiterhin ratifizierte Japan am 5. 6. 1986 auch das Haager Übereinkommen über das auf Unterhaltspflichten anzuwendende Recht von 1973, das am 1. 9. 1986 in Kraft trat. Das Gesetz führte dazu, das Art.21 der Horei gestrichen und ein Absatz in Art.31 der Horei eingefügt wurde. Dieser Absatz wies nun ausdrücklich auf die generelle Unanwendbarkeit der Bestimmungen der Horei auf Unterhaltsverpflichtungen hin[252]. Aus Anlass der Beratung über die Ratifizierung des UN-Übereinkommens von 1979 zur Beseitigung jeder Form von Diskriminierung der Frau (ratifiziert am 25. 7. 1985, Umsetzung durch Gesetz Nr. 45 von 1. 6. 1985) nahm die IPR-Kommission 1984 erneut ihre Arbeiten zur Revision der Horei auf. Die Kommission einigte sich im Juli 1985 auf den Entwurf eines Änderungsgesetzes, dessen Diskussion 1986 als Zwischenbericht veröffentlicht wurde. Im Februar 1988 legte die Kommission dem Parlament ihren Gesetzentwurf vor. Schließlich wurde das „Gesetz zur Änderung eines Teils der Horei" im Juni 1989 bekannt gemacht und trat am 1. 1. 1990 in Kraft. Eine Änderung erfuhren die Vorschriften über die Ehe und ihre Wirkungen, die Ehescheidung, das Kindschaftsrecht sowie die Form der familienrechtlichen Rechtsgeschäfte. Daneben regelt das Gesetz einige allgemeine Bestimmungen über die Mehrfach-Staatsangehörigkeit, Rechtsspaltung, den Wohnsitz und Aufenthaltsort

250 Eingehend dazu Schmidt, Die Reform des japanischen Internationalen Privatrechts.
251 Dazu vgl. Schmidt, die Reform des japanischen Internationalen Privatrechts, S. 7.
252 Dazu vgl. Schmidt, die Reform des japanischen Internationalen Privatrechts, S. 9.

sowie den renvoi und den ordre public neu. Schließlich wurde noch angeordnet, Art.1 Abs. 2 des Horei zu streichen[253]. Das internationale Deliktsrecht wurde wieder in Art.11 unverändert geregelt.

C. Unterschied zum deutschen Deliktsrecht

1. Unterschied zu Art.38 EGBGB (alte Fassung)

In Japan wird das internationale Delikt in erster Linie nach dem Recht des Begehungsortes beurteilt, aber die lex fori wird auch berücksichtigt. Wenn das japanische Recht die Unerlaubtheit der im Ausland begangenen Handlung verneint, so wird der Anspruch abgelehnt; und es werden auch keine höheren Ansprüche zugesprochen, als nach japanischem Recht begründet sind[254]. Das deutsche Recht tritt im gleichen Fall auch nicht an die Stelle des an sich maßgebenden ausländischen Rechts, sondern ist lediglich als Grenze zu berücksichtigen[255]. Die beiden Rechtsordnungen, Art.11 der Horei und Art.38 EGBGB (alte Fassung), stimmen insbesondere darin überein, dass das Deliktsstatut das Recht des Begehungsortes ist und dass die lex fori der Anwendung dieses Rechts eine Schranke zieht, nämlich was Bestehen und Höhe des Anspruchs angeht.

Anders als deutsches Kollisionsrecht gilt die Tatortregel im internationalen Deliktsrecht gemäß Art.11 Abs. 2 der Horei nur insoweit, als die im Ausland begangene Handlung auch nach japanischem Recht rechtswidrig ist. Darüber hinaus unterscheiden sich die beide Rechtsordnungen auch in ihrem Schutzbereich. Art.11 Abs.3 der Horei gilt allgemein für alle, die in Japan wegen eines internationalen Deliktssachverhaltes beklagt sind, nicht nur für Japaner. Dagegen gilt im gleichen Fall nach Art.38 EGBGB (alte Fassung) eine Schutzklausel nur zum Schutz Deutscher oder Angehöriger anderer EU-Staaten mit Lebensmittelpunkt im Deutschland[256].

2. Unterschied zu Art.40 Abs. 3 EGBGB

Das neue deutsche Internationale Deliktsrecht führt eine deliktsrechtliche Generalklausel in Art.40 Abs. 1, eine vorrangige Sonderanknüpfung an den gemeinsamen gewöhnlichen Aufenthalt der Beteiligten in demselben Staat (Art.40 Abs. 2), eine Ausweichklausel (Art.41) und die Möglichkeit einer Rechtswahlverein-

253 Dazu vgl. Schmidt, die Reform des japanischen Internationalen Privatrechts, S. 11.
254 Art.11 der Horei (Gesetz vom 21. 6. 1898 betreffend die Anwendung der Gesetze).
255 Art.38 EGBGB (alte Fassung).
256 Für den Schutzkreis des Art.38 EGBGB siehe Erster Teil. § 1. I. C. 3. (Geschützter Personenkreis).

barung (Art.42) ein. Der alte Art. 38 EGBGB wird durch den Art. 40 Abs. 3 Nr. 1 und 2 EGBGB ersetzt. Art.40 Abs. 3 Nr. 3 enthält einen zusätzlichen Vorbehalt zugunsten haftungsrechtlicher Regelungen in Übereinkommen, die für die Bundesrepublik Deutschland in Kraft getreten sind. Daher handelt es sich bei Art.40 Abs. 3 EGBGB um eine Konkretisierung des ordre public und setzt Art.40 Abs. 3 EGBGB eine im Ausland begangene unerlaubte Handlung nicht mehr voraus[257].

Anders als Art.40 Abs. 3 EGBGB, der nicht eine Auslandstat voraussetzt und nur als eine Konkretisierung des ordre public gehandelt wird, greift das japanische Internationale Deliktsrecht (Art.11 Abs. 2 der Horei) in die unerlaubte Handlung ein, nach der eine im Ausland eingetretene Tatsache nach den japanischen Gesetzen rechtswidrig ist. Außerdem macht die Formulierung „wesentlich" bzw. „offensichtlich" in Art.40 Abs. 3 EGBGB deutlich, dass es nicht wie Art.11 Abs. 3 der Horei um eine enge Begrenzung auf das inländische Schadensersatzrecht geht, sondern dass vielmehr nur gravierende Widersprüche zu den Grundvorstellungen des inländischen Rechts zur Heranziehung dieses Absatzes führen sollen[258]. Art.40 Abs. 3 Nr. 3 EGBGB enthält einen zusätzlichen Vorbehalt zugunsten haftungsrechtlicher Regelungen in Übereinkommen, die für die Bundesrepublik Deutschland in Kraft getreten sind. Ein solcher Vorbehalt findet sich im japanischen internationalen Deliktsrecht auch nicht.

D. Stellungnahme und Kritik

Ende des neuzehnten Jahrhunderts hatte der japanische Gesetzgebungsprozess besondere politische Hintergründe[259]. Zum Aufbau eines modernen Staatswesens und als Voraussetzung für die Aufhebung der ungleichen Verträge, die Japan zwischen 1854 und 1869 mit 17 ausländischen Staaten geschlossen hatte, war der Erlass zeitgemäßer Gesetze für die damalige Regierung ein dringendes Anliegen. Diesem Zweck diente auch die Horei.

Die Horei beruht, wie auch die anderen Gesetze der damaligen Zeit, auf einem Rezeptionsvorgang. Maßgeblich beeinflusst wurde der Inhalt des Horei durch den Zweiten Entwurf für das deutsche EGBGB von Gebhard aus dem Jahr 1887[260]. Für das internationale Deliktsrecht, in dem das ausländische Recht am

257 Dazu siehe ausführlich oben, Erster Teil. § 2. I. C. 1. b).

258 Vgl. Wagner, Der Regierungsentwurf eines Gesetzes zum Internationalen Privatrecht für außervertragliche Schuldverhältnisse und für Sachen, IPRax 1998, 433.

259 Dazu siehe oben Erster Teil. § 4. I. A. (Vor dem Erlass des Horei vom 21.06.1989) und B. (Entstehungsgeschichte).

260 Vgl. Sakurada, Zum Staatsangehörigkeitsprinzip im japanischen Internationalen Privatrecht, in: Recht im Japan 3 (1980), S. 70; Toshiyuki Kono, Staatsangehörig-

häufigsten Anwendung findet, bleibt nach Art.11 Abs. 1 der Horei das Recht des Begehungsortes (das damals von den meisten modernen Rechtstaaten angewendet wurde) Deliktsstatut, andererseits unterzieht die lex fori durch Art.1 Abs. 2 und Abs. 3 der Horei der Anwendung dieses Rechts einer strengen doppelten Kontrolle, indem die Handlung nach japanischem Recht rechtwidrig sein muss und keine weitergehenden Ansprüche als nach japanischem Recht bestehen. Dieses Modell der doppelten Kontrolle war damals für das internationale Deliktsrecht das strengste Regelungsmodell der Beschränkung des Deliktsstatuts durch die lex fori.

Gemäß dieser strengen Regelung - Art.11 der Horei - ist ein Deliktsanspruch nur dann begründet, wenn die Handlung sowohl nach dem Recht des Tatortes als auch nach dem des Klageortes rechtwidrig ist und die lex fori Schadensersatz gewährt. Becker[261] sieht in diesem Ergebnis zwar applaudierend einen Kompromiss von zwei gegensätzlichen internationalprivatrechtlichen Prinzipien, nämlich Schutz des „vested interests" und Wahrung des ordre public, bestätigt. Einer solchen Auffassung kann aber nicht zugestimmt werden, da die Horei in Art.30 schon eine ordre-public-Klausel enthält. Damit sind bereits die öffentliche Ordnung und die guten Sitten in Japan gewahrt.

Nach einem Jahrhundert existieren die außerordentlichen politischen Hintergründe in Japan nicht mehr. Außerdem ist es internationalprivatrechtlich nicht unbedenklich, neben der Bestimmung des allgemeinen ordre public noch einen besonderen ordre public im Bereich des internationalen Deliktsrechts zu statuieren. Es ist doch klar, ob ein so strenges Regelungsmodell für das internationale Deliktsrecht in Japan zukünftig noch nötig ist. Zu bedauern ist, dass der Schwerpunkt des neuen Änderungsgesetzes von 1989 sich auf das Familienrecht beschränkt, obwohl auch ein dringendes Änderungsbedürfnis im Bereich des internationalen Deliktsrechts besteht, und dass auch weitere konkrete Änderungsvorhaben in näherer Zukunft nicht bestehen[262].

---

keitsprinzip und Reform des japanischen Internationalen Privatrechts, in: Jayme/Mansel, Nation und Staat im internationalen Privatrecht, Heidelberg 1990, S. 259.

261 Becker, International Private Law of Japan, 1919, S. 105.

262 Vgl. Baum, Kurzinformation über Internationales Privatrecht, RabelsZ 53 (1989), S. 186; Schmidt, Die Reform des japanischen Internationalen Privatrechts, S. 83.

II. *Taiwan: Art. 9 des Gesetzes über die Rechtanwendung in Zivilrechtsfällen mit Außenbeziehung vom 6. 6. 1953*

Art.9: Schuldverhältnisse, die aus Handlungen entstanden sind, die Rechte verletzen, beruhen auf dem Recht des Ortes der rechtsverletzenden Handlung. Dies gilt aber nicht für Handlungen, die das Recht der Republik China nicht als rechtsverletzende Handlungen ansieht.

Forderungen auf Schadenersatz für rechtsverletzende Handlungen und andere Regelungen (für solche) sind auf das beschränkt, was das Recht der Republik China anerkennt.

A. *Rechtslage vor dem Erlass des IPRG vom 6. 6. 1953*

1. *Tang Dynastie*

Als früheste chinesische Kollisionsnorm wird im alten China eine Regel aus dem im Jahre 651 unter Kaiser Yong Hui erstellten Tang-Gesetzbuch angegeben[263]. Die als Kollisionsnorm angesehene Vorschrift befindet sich im „Allgemeinen Teil" des Kodex und lautet: „Wenn Ausländer gleicher Herkunft gegeneinander Delikte begangen haben, wird das Heimatrecht angewandt, bei unterschiedlicher Herkunft wird dieser Kodex angewandet." Hervorzuheben ist, dass zur damaligen Zeit eine Unterscheidung zwischen Zivil- und Strafrecht nicht gemacht wurde, der Kodex also Zivil- und Strafgesetzbuch in einem war[264]. Daher kann die Vorschrift nicht als internationales Deliktsrecht im modernen Sinne gelten.

In der damaligen Zeit wurden Klagen unter Ausländen in der Tat von den chinesischen Gerichten nicht angenommen, sondern dem Leiter der jeweiligen ausländischen Gemeinde zur Regelung übergeben. Internationale Zivilfälle wurden damit samt der kollisionsrechtlichen Probleme schon durch die Zuständigkeitsordnung ausgefiltert und folglich von den chinesischen Richtern nicht behandelt[265].

---

263 Der Kodex ist unter der Bezeichnung "Tang-Lüi" bekannt.

264 Vgl. Han-Pao Ma, Guojisifa (Internationales Privatrecht) 8. Aufl. Taipei 1983, S. 7; a. M. siehe Süß, Grundzüge des chinesischen Internationalen Privatrechts, 1991, S. 18 f..

265 Dazu vgl. Süß, Grundzüge des chinesischen Internationalen Privatrechts, 1991, S. 19.

2. Verordnung über Rechtsanwendung vom 5. August 1918

Die moderne Beschäftigung mit dem IPR begann zu Anfang dieses Jahrhunderts im Zuge der Annäherung an das westliche Zivilrecht, die man unternahm, um Möglichkeiten für eine Modernisierung des Reiches zu schaffen. Weiteren Antrieb erhielten diese Aktivitäten durch die Versprechen Englands, der USA und Japans, auf die Konsulargerichtsbarkeit über alle Fälle, in denen ihre eigenen Bürger Beklagte waren, zu verzichten, wenn der Zustand des chinesischen Rechtssystems ihnen das durchführbar erscheinen lasse[266]. Nicht allzu lange nach Beginn der Ausarbeitung von Entwürfen für ein Zivil-Gesetzbuch 1904 müssen auch die Bemühungen um den Entwurf eines IPRG begonnen haben, denn bereits 1918 erließ die Nördliche Militärregierung in Peking eine „Rechtsanwendungsverordnung", die sich stark an das japanische Gesetz von 1898 anlehnte.

Diese Verordnung regelte die wichtigsten Teile des IPR. Nach Art.25 dieser Verordnung unterliegt das Rechtverhältnis aus unerlaubter Handlung dem Recht des Tatortes[267]. Die Verweisung auf das Recht des Begehungsorts erfährt jedoch in zweierlei Weise eine Einschränkung. Erstens gilt sie nur insoweit, wie die im Ausland begangene Handlung auch nach chinesischem Recht rechtwidrig ist (Art.25 Abs. 1 Satz 2). Selbst wenn diese Voraussetzung erfüllt ist, können zweitens keine weitergehenden Ansprüche geltend gemacht werden, als nach chinesischem Recht bestünden (Art.25 Abs. 2).

Nach ihrem Erlass war die Geltung dieser Verordnung in China nicht unproblematisch. Einerseits führten das weitere Fortbestehen der Konsulargerichtsbarkeit, die Wirren der Kriege und die praktischen Schwierigkeiten bei der Einführung des westlichen Rechtssystems dazu, dass dieses Gesetz in der Praxis auf dem chinesischen Festland fast keine Anwendung fand[268]. Andererseits trat im Jahr 1895 die Qing-Regierung (die letzte Dynastie) Taiwan an Japan, im Rahmen des Vertrags zur Beendigung des ersten sino-japanischen Kriegs, ab. Taiwan war eine japanische Kolonie geworden. Erst am Ende des zweiten sino-

---

266 Dazu siehe, Betz, in Schlegelbergers Rechtsvergleichendem Handwörterbuch, Bd. 1, 1929, S. 329; Süß, Grundzüge des chinesischen Internationalen Privatrechts, 1991, S. 19.

267 Art.25 Abs. 1: Ein Schuldverhältnis aus unerlaubter Handlung wird nach dem Recht des Ortes der Handlung beurteilt, es sei denn, dass sie vom chinesischen Recht nicht als widerrechtlich anerkannt wird. Art.25 Abs. 2: Schadensersatz und andere Ansprüche aus unerlaubter Handlung gemäß dem vorstehenden Absatz sind nur in dem Umfange gegeben, als sie nach chinesischem Recht begründet sind.

268 Vgl. Han-Pao Ma, Guojisifa (Internationales Privatrecht) 8. Aufl. Taipei 1983, S. 11; Süß, Grundzüge des chinesischen Internationalen Privatrechts, 1991, S. 20.

japanischen Kriegs kehrte Taiwan wieder zum Mutterland zurück. In der Kolonialzeit galt die Verordnung über Rechtsanwendung von 1918 auch nicht in Taiwan. Stattdessen war die japanische Horei, das Gesetz betreffend die Anwendung der Gesetze, durch Kaiserliche Verordnung Nr. 161 schon 1898 in Taiwan eingeführt worden[269]. Somit stellte die RechtsanwendungsVO von 1918 im damaligen China ein lediglich theoretisches Regelungswerk dar.

B. Entstehungsgeschichte

Im Juli 1928 hatte die neue vom Süden ausgehende chinesische Revolution Erfolg. Die Hauptstadt wurde von Peking nach Nanking verlegt, an den Sitz der neuen Nationalregierung. Die weitere Gültigkeit der Verorderung über die Rechtsanwendung vom 1918 wurde von der neuen Nationalregierung anerkannt[270]. Aber das politische Klima in China war noch nicht beruhigt. Während des chinesischen Bürgerkriegs war der zweite sino-japanische Krieg im Jahre 1937 ausgebrochen. Nach dem Ende des sino-japanischen Kriegs ging der chinesische Bürgerkrieg bis 1949 weiter. Als Ergebnis des Bürgerkriegs zog sich die Guomindang-Regierung nach Taiwan zurück; auf dem Festland bildete sich eine neue kommunistische Regierung. Die am Vorabend der Ausrufung der VR China von der Politischen Konsultativkonferenz erlassene provisorische Verfassung hob in Art.17 sämtliches Recht der republikanischen Zeit und damit auch die RechtsanwendungsVO von 1918 auf. Dagegen galt die Verordnung weiter in Taiwan.

Bald genoss kein Staat mehr in China und Taiwan das Vorrecht der Exterritorialität. Zuerst gab Deutschland im Jahre 1921 das Recht der Exterritorialität auf, danach die Sowjetunion im Jahre 1924 und Österreich im Jahre 1925. Bis 1953 hatte die taiwanesische Regierung durch Abschlüsse gleichberechtigter Verträge dieses ungleiche Vorrecht abgeschaffen. Von da an unterstanden sämtliche Ausländer in Taiwan der Herrschaft der taiwanesischen Gerichte und des taiwanesischen Rechts[271].

Im gleichen Jahr (1953) wurde der neue Entwurf des IPR von der taiwanesischen Regierung ausgearbeitet und am 6.Juli 1953 von dem Li-fa-yüen, dem Gesetzsgebungsamt, beschlossen. Der Grund für die Reform des IPR lag darin, dass die RechtsanwendungsVO von 1918 vor der Kodifikation des Zivilrechts erlassen wurde, und daher die Terminologie von beider Gesetze nicht übereinstimm-

---

269 Vgl. Huch, Japanisches internationales und interlokales Privatrecht, 1941, S. 119.

270 Vgl. Bünger, Zivil- und Handelsgesetzbuch sowie Wechsel- und Scheckgesetz von China, 1934, S. 19.

271 Vgl. Han-Pao Ma, Guojisifa (Internationales Privatrecht) 8. Aufl. Taipei 1983, S. 11.

te. Der andere Grund war, dass wegen des Anstiegs des internationalen Verkehrs die alte RechtsamwendungsVO nicht mehr ausreichend war[272]. Der Gesetzgeber nahm aber grundsätzlich die alte RechtsanwendungsVO zum Vorbild des neues Gesetzes. Das internationale Deliktsrecht wurde in Art.9 des neuen Gesetzes geregelt. Diese Vorschrift entspricht weitgehend Art.25 der RechtsanwendungsVO von 1918. Das Schuldverhältnis aus unerlaubter Handlung unterliegt unverändert dem Recht des Tatortes. Neben der Tatortregel bleibt ebenfalls die doppelte Kontrolle durch die lex fori bestehen. In der Neufassung wurde eine Änderung des Wortlautes bei der ersten Einschränkung vorgenommen. Statt der Formulierung „ ... es sei denn, dass sie vom chinesischen Recht nicht als widerrechtlich anerkannt wird" heißt es jetzt, „ ... dies gilt aber nicht für Handlungen, die das Recht der Republik China nicht als rechtverletzende Handlungen ansieht". Die zweite Einschränkung, dass Ansprüche nach dem Deliktsstatus, die weitergehen als die Ansprüche nach der lex fori nicht zugesprochen werden, wird im Art.9 Abs.2 unverändert beibehalten.

C. Unterschied zum deutschen Deliktsrecht

1. Unterschied zu Art.38 EGBGB (alte Fassung)

Obwohl das deutsche EGBGB ein mittelbares Vorbild des taiwanesischen IPR ist[273], besteht doch ein beträchtlicher Unterschied zwischen beiden Rechtsordnungen im internationalen Deliktsrecht. Anders als im Art.38 (alte Fassung) gilt die Tatortregel für das internationale Deliktsrecht gemäß Art.9 Abs. 1 Satz 2 des Gesetzes über die Rechtsanwendung in Zivilrechtsfällen mit Außenbeziehung vom 6. 6. 1953 nur insoweit, als die im Ausland begangene Handlung nach taiwanesischem Recht auch eine rechtverletzende Handlung ist.

Darüber hinaus unterscheiden sich beide Rechtsordnungen im internationalen Deliktsrecht auch in der Reichweite der Anspruchsbeschränkung durch die lex fori. Art.9 Abs. 2 gilt allgemein für alle, die in Taiwan als Beklagte bei einer internationalen deliktischen Tatsache sind, nicht nur für Inländer. Dagegen gilt im gleichem Fall nach Art.38 EGBGB (alte Fassung) die entsprechende Schutzklau-

272 Vgl. Han-Pao Ma, Guojisifa (Internationales Privatrecht) 8. Aufl. Taipei 1983, S. 33; Legislative-Yüen Gazette 11 (1953) Taipei, Nr. 67.

273 Das unmittelbare Vorbild des taiwanesischen IPR ist die japanische Horei von 1898, deren Inhalt durch den Zweiten Entwurf für das deutsche EGBGB von Gebhard aus dem Jahr 1887 maßgebend beeinflusst wurde.

sel nur für Deutsche oder Angehörige anderer EU-Staaten mit Lebensmittelpunkt in Deutschland[274].

2. Unterschied zu Art.40 Abs. 3 EGBGB

Gemäß Art.9 Abs. 1 Satz 2 des Gesetzes über die Rechtsanwendung in Zivilrechtsfällen mit Außenbezugziehung vom 6. 6. 1953 gilt die Tatortregel für das internationale Deliktsrecht nur insoweit, als die im Ausland begangene Handlung nach taiwanesischem Recht auch eine rechtverletzende Handlung ist. Demgegenüber setzt das deutsche internationale Deliktsrecht bei der Anwendung des Art.40 Abs. 3 EGBGB nicht eine Auslandstat voraus[275]. Und gemäß Art.40 Abs. 3 Nr. 1 und 2 dürfen Ansprüche nach fremden Recht nicht wesentlich weiter gehen als zur angemessenen Entschädigung des Verletzten erforderlich, und sie dürfen nicht offensichtlich anderen Zwecken als einer angemessenen Entschädigung des Verletzten dienen. Auf diese Weise soll nicht solcher Schadenersatz, den das Recht des Forumstaats nicht anerkannt, wie Art.9 Abs. 2 des taiwanesischen internationalen IPR-Gesetzes , vielmehr solcher, der den Grundvorstellungen des deutschen Rechts beträchtlich widerspricht, ausgeschlossen werden.

Außerdem schränkt der Art.40 Abs. 3 Nr. 3 EGBGB die Anwendbarkeit ausländischen Rechts zum Schutz des Ersatzpflichtigen schon dann ein, wenn es nicht mit den haftungsrechtlichen Bestimmungen derjenigen multilateralen völkerrechtlichen Verträge übereinstimmt, die für die Bundesrepublik Deutschland in Kraft getreten sind. Eine solcher Vorbehalt findet sich im taiwanesischen internationalen Deliktsrecht nicht.

D. Stellungnahme und Kritik

Nicht nur die Gesetzgebung des IPRG in China von 1918 hat besondere politische Hintergründe, sondern auch die des IPRG von 1956 in Taiwan. Bei der Gesetzgebung des IPRG von 1918 litt China unter ausländischer Konsulargerichtsbarkeit. Im Jahr 1956 hat die taiwanesische Regierung bald nach der Abschaffung der ausländischen Konsulargerichtsbarkeit das neue IPR ausgearbeitet. Die Angst davor, die Autonomie der Gerichtsbarkeit zu verlieren, spielte bei beiden Gesetzgebungen zum IPR doch eine große Rolle.

Art.25 Abs. 1 Satz 1 des IPRG von 1918 verweist für das internationale Deliktsrecht, in dem das ausländische Recht am häufigsten Anwendung findet, auf

---

274 Für den Schutzkreis des Art.38 EGBGB siehe Erster Teil. § 1. I. C. 3.(Geschützter Personenkreis).

275 Dazu siehe oben, Erster Teil. § 2. I. C. 1. b).

das Recht des Begehungsortes. Aber zugleich zieht lex fori nach Art.25 Abs. 1 Satz 2 und Abs.2 der Anwendung des Begehungsortrechts Grenzen durch eine strenge doppelte Kontrolle; Die Handlung muss nach chinesischem Recht als rechtwidrig anzusehen sein, und die Anspruchhöhe ist nach chinesischem Recht zu beschränken. Das IPRG von 1918 war das Vorbild des neues IPRG von 1956. Für das internationale Deliktsrecht ändert sich das Deliktsstatut nach Art.9 Abs. 1 Satz 1 inhaltlich nicht, aber die doppelte Kontrolle der lex fori ist strenger geworden, die Handlung muss nämlich auch nach taiwanesischem Recht eine rechtverletzende Handlung sein, nicht nur als rechtwidrig anzusehen sein, und die Ansprüche sind nach taiwanesischem Recht zu beschränken.

Durch die Änderung konnte die Unklarheit bei der Auslegung des Begriffs „rechtwidrig", die auch bei Art.11 Abs. 2 japanischer Horei entsteht[276], vermieden werden. Damit ist Art.9 des neuen taiwanesischen IPR von 1956 aber auch für das internationale Deliktsrecht das strengste (strenger als Art.11 der japanischen Horei von 1989) Regelungsmodell geworden, das durch die lex fori dem Deliktsstatut eine Schranke zieht. Bei einer so engen Beschränkung hat das Deliktsstatut nur im Rahmen der lex fori Bedeutung, weil eine Handlung kumulativ nach dem Recht des Begehungsortes als auch nach dem der lex fori als unerlaubt angesehen werden muss und keine weitergehenden Ansprüche geltend gemacht werden können als nach der lex fori. Für den taiwanesischen Richter ist das materielle Recht des Tatortes nur bei der Entscheidung, ob eine im Ausland begangene Handlung am Begehungsort als Delikt angesehen wird, maßgeblich. Wenn die Handlung nach dem Recht des Begehungsortes nicht als ein Delikt angesehen wird, wird die Klage einfach abgewiesen. Ist die Frage zu bejahen, untersteht die weitere Entscheidung, nämlich die Voraussetzungen unerlaubter Handlung und die Begrenzung des Schadensersatzes, dem Recht der lex fori. Im diesem Sinne hat die lex fori für das internationale Deliktsrecht größere Bedeutung als die lex loci delictci. Daher ist Art.9 des taiwanesischen IPRG von 1956 als verstecktes lex-fori-Prinzip für das internationale Deliktsrecht anzusehen und nicht als ein Regelungsmodell der Tatortregel.

III. Süd-Korea: Art.13 Abs. 2 und Abs. 3 des Gesetzes über das Zivilrecht mit Außenbezug vom 15. 1. 1962

Art.13 Abs. 2: Die Bestimmung des vorigen Absatzes findet auf unerlaubte Handlungen keine Anwendung, wenn die im Ausland eingetretene Tatsache nach den koreanischen Gesetzen nicht rechtswidrig ist.

---

276 Dazu siehe oben Erster Teil. § 4. I. B. (Entstehungsgeschichte).

Art.13 Abs. 3: Auch wenn die im Ausland eingetretene Tatsache nach koreanischen Gesetzen rechtswidrig ist, hat der Geschädigte keine weiteren Ansprüche auf Schadensersatz oder sonstige Maßnahmen als die, welche die koreanischen Gesetze anerkennen.

A. Rechtlage vor dem Erlass des Gesetzes über das Zivilrecht mit Außenbezug vom 15. 1. 1962

Infolge des Krieges von 1904/05 fiel Korea Japan zu, allerdings nur mittelbar, nämlich erst nach fünf Jahren auf Grund des Vertrags zwischen den Kaiserreichen Japan und Korea vom August 1910. Entsprechend dem Gesetz Nr.63 von 1896 galten japanische Gesetze in Korea nur, soweit sie besonders eingeführt sind. Durch Kaiserliche Verordnung Nr. 21 von März 1912 wurde die japanische Horei auch in Korea eingeführt[277]. Daher galt die japanische Horei während der Kolonialzeit in Korea[278].

B. Entstehungsgeschichte

Nach dem zweiten Weltkrieg (1945) hat Korea sich vom Kolonialismus befreit; gleichzeitig wurde die US-amerikanische Militäradministration (1945-1948) in Korea begründet. Aufgrund des Artikel 21 der Militärverordnung wurde die Republik Korea im Jahr 1948 errichtet[279]. Gemäß Art.100 der damaligen Verfassung (1948)[280] galt die japanische Horei nicht mehr in Korea[281].

Das neue IPR-Gesetz über das Zivilrecht mit Außenbezug (Gesetz Nr.966) - wurde am 15. 1. 1962 verkündet und trat gleich in Kraft. Dieses neue Gesetz nimmt sich die japanische Horei zum Vorbild, unterscheidet sich davon aber hauptsächlich durch die Einbeziehung des Handelsrecht und seinen Aufbau[282]. Für das internationale Deliktsrecht verweist Art.13 Abs. 1 des Gesetzes über das Zivilrecht mit Außenbezug auf das Recht des Begehungsortes. Art.13 Abs. 2 und

277 Vgl. Huch, Japanisches internationales und interlokales Privatrecht, 1941, S. 123; Lee, Sup Wei Sa Bob (Außenbezügliches Privatrecht), Soul 1995, S. 64.

278 Dazu siehe ausführlich oben, Erster Teil. § 4. I. B. (Entstehungsgeschichte).

279 Lee, Sup Wei Sa Bob (Außenbezügliches Privatrecht), Soul 1995, S. 64.

280 Art.100 der koreanischen Verfassung von 1948 lautet: "Die bestehenden Gesetze und Verordnungen treten nur dann weiter in Kraft, wenn sie der koreanischen Verfassung nicht zuwiderlaufen."

281 Die Grundlage der Behandlung der internationalen Zivilfälle war in der Übergangszeit (1948-1962) unklar.

282 Z.B. der § 21 über die Adoption wird jetzt ergänzt durch das "Gesetz über Sonderfälle von Adoptionen" von 31. 12. 1976, Gesetz Nr. 2977, das insbesondere Vorschriften über die Adoption durch Ausländer enthält.

Abs. 3 dieses Gesetzes enthalten auch die doppelte Kontrolle durch die lex fori über das betreffende Deliktsstatut. Gemäß Art.13 Abs. 2 gilt das Deliktsstatut nur insoweit, als die im Ausland begangene Handlung auch nach koreanischem Recht rechtwidrig wäre, und nach Art.13 Abs. 3 können keine weitgehenden Ansprüche geltend gemacht werden, als nach koreanischem Recht bestünden.

C. Unterschied zum deutschen Deliktsrecht

1. Unterschied zu Art.38 EGBGB (alte Fassung)

Im Bereich des internationalen Deliktsrechts besteht kaum Unterschiede zwischen dem koreanischen Gesetz über das Zivilrecht mit Außenbezug vom 15. 1. 1962 (Art.13) und seinem japanischen Vorbild (Art.11 der Horei vom 1989). Die Unterschiede, die man zwischen Art.38 EGBGB (alte Fassung) und Art.11 der japanischen Horei vom 1989 feststellen kann, z.B. bezüglich der Unerlaubtheit der im Ausland begangenen Handlung und des Kreises der geschützten Personen[283], bestehen auch zwischen Art.38 EGBGB (alte Fassung) und Art.13 des koreanischen Gesetzes über das Zivilrecht mit Außenbezug vom 15. 1. 1962. Daher ist eine Wiederholung hier unnötig.

2. Unterschied zu Art.40 Abs. 3 EGBGB

Im Bereich des internationalen Deliktsrechts gibt es kaum ein Unterschied zwischen dem koreanischen Gesetz über das Zivilrecht mit Außenbezug vom 15. 1. 1962 (Art.13) und seinem japanischen Vorbild (Art.11 der Horei vom 1989). Die Unterschiede, die man zwischen Art.40 Abs. 3 EGBGB und Art.11 der japanischen Horei vom 1989 finden kann, bestehen auch zwischen Art.40 Abs. 3 EGBGB und Art.13 koreanischen Gesetz über das Zivilrecht mit Außenbezug vom 15. 1. 1962[284]. Hier ist es unnötig, sie zu wiederholen.

D. Stellungnahme und Kritik

Die lange Zeit (35 Jahre) als japanische Kolonie hat Korea nicht unbedeutend beeinflusst. Unter japanischer Kolonialherrschaft galten fast alle japanische Gesetze für ganz Korea[285]. Dazu gehörte auch die japanische Horei. Die gesetzliche

283 Dazu ausführlich siehe oben Erster Teil. § 4. I. C. 1. (Unterschied zu Art.38 EGBGB).

284 Dazu vgl. Erster Teil. § 4. I. C. 2.

285 Huch, Japanisches internationales und interlokales Privatrecht, 1941, S. 123.

Autonomie wurde durch die Kolonialherrschaft stärker beeinträchtigt als durch die Konsulargerichtsbarkeit, da die Gesetze der lex fori unter ausländischer Konsulargerichtsbarkeit nur für die dort lebenden Ausländern nicht galten, aber immerhin für Inländer ihre Geltung behalten. Für das internationale Deliktsrecht, in dem das ausländisches Recht häufig Anwendung findet, war es für Korea daher naheliegend, dem Deliktsstatut eine Beschränkung durch die lex fori aufzuerlegen. In diesem Bereich enthielt die damalige japanische Horei (Art.11 Abs. 2 und Abs. 3) die strengsten Regelungen, die angesichts der ungerechten Konsulargerichtsbarkeit erlassen wurden[286]. Daher lag es für den koreanischen Gesetzgeber nahe, sich das japanische Gesetz zum Vorbild zu nehmen.

Heute existieren diese politischen Gründe nicht mehr; und sie dürften auch in absehbarer Zukunft nicht wiederkehren. Rechtspolitisch ist es nicht unbedenklich, für das internationale Deliktsrecht eine strenge doppelte Kontrolle durch die lex fori über das Deliktsstatut zu statuieren, besonders wenn die politischen Gründe für diese Regelung nicht mehr existieren. Die starke Beschränkung durch die lex fori höhlt die Bedeutung der Tatortregel aus. Daher ist es für den koreanischen Gesetzgeber angezeigt, ein neues internationales Deliktsrecht, das mit neueren Strömungen[287] und dem aktuellen politischen Lage übereinstimmt, auszuarbeiten.

IV. China: Art.146 Abs. 2 der Allgemeinen Grundsätze des Zivilrechts der VR China vom 12. 4. 1986

Art.146 Abs. 2: Sieht das Recht der VR China eine außerhalb der VR China eingetretene Handlung nicht als eine ein Recht verletzende Handlung an, so wird sie nicht als eine ein Recht verletzende Handlung behandelt.

286 Dazu siehe oben Erster Teil. § 4. I. B. (Entstehungsgeschichte).
287 Dazu siehe z. B. unter Erster Teil. § 5. (Typisierte Vorbehaltklausel).

A. Vor dem Erlass der allgemeinen Grundsätze des Zivilrecht vom 12. 4. 1986

1. Tang Dynastie[288]

2. Verordnung über Rechtsanwendung vom 5. August 1918[289]

3. Volksrepublikanische Zeit

Die provisorische Verfassung der VR China vom 1949 hob in Art.17 sämtliches Recht der republikanischen Zeit und damit auch die Verordnung über Rechtsanwendung vom 5. August 1918 auf. Grund dafür war der strenge Klassencharakter, den die damals führenden Ideologen der Partei sämtlichen Teilen des rechtlichen Systems zumaßen und der die vollständige Abschaffung des Rechts aus der alten Gesellschaftsordnung unabdinglich machte[290].

Die Angst vor der bürgerlichen Denkweise der vormaligen Justizangestellten, Richter, Rechtsanwälte und Professoren ließ den neuen Lenkern des Staates eine langfristige Umerziehung notwendig erscheinen, bevor diese Kräfte in dem neuen System eingesetzt werden konnten. Dieses Misstrauen gegen die Juristen setzte sich bis weit in die 70er Jahre fort und mag einer der Gründe sein, wieso 30 Jahre lang kaum ein Buch eines chinesischen Autors zum IPR veröffentlicht wurde[291].

Die Praxis musste bis 1985 ohne formelles Recht zum IPR auskommen. Eine Reihe von „verwaltungsmäßigen Dokumenten", die von verschienen Ministerien und dem Obersten Volksgericht ausgearbeitet wurden, bildeten die Grundlage der Behandlung der internationalen Zivilfälle. Allgemein hielt man sämtliche Fälle mit Auslandsberührung für so sensibel, dass man für sie die Zusammenarbeit der Richter oder Notariatsbeamten mit den lokalen Auslandsämtern, die dem Außenministerium unterstellt waren, vorsah. Für schwierigere Fragen war die Vorlage beim Außenministerium oder obersten Volksgericht und das Abwarten entsprechender Anweisungen vorgeschrieben. Die Anweisungen, Verordnungen

288 Dazu siehe oben Erster Teil. § 4. II. A. 1. (Tang Dynastie).

289 Dazu siehe oben Erster Teil. § 4. II. A. 2. (Verordnung über Rechtsanwendung vom 5. August 1918).

290 Dazu vgl. Süß, Grundzüge des chinesischen Internationalen Privatrechts, 1991, S. 20.

291 Eine Ausnahme ist das Buch von Zhengao Ni, Guojifa zhong di sifa guanxia wenti (Fragen der gerichtlichen Zuständigkeit im internationalen Recht), Peking 1964.

und die Einflussnahme durch das Außenministerium waren geheimzuhalten. Selbst die Urteile durften nicht veröffentlicht werden[292].

B. Entstehungsgeschichte

Seit Maos Tod Ende 1976 hat sich die Situation in der VR China völlig gewandelt. Die neue Politik bewirkte den Wiedereinsatz rechtlicher Steuerungsmittel, und in Verbindung mit der Ausweitung der Kontakte mit dem Ausland auch eine „Renaissance"[293] des IPR.

Die Gesetzgebung zum IPR ist eng mit der zum Zivilrecht verwoben. In der Zeit von 1979 bis 1982 wurden nacheinander vier Entwürfe für ein Zivilgesetzbuch (ZGB) ausgearbeitet. Der vierte Entwurf vom Juni 1982 enthielt im letzten Kapitel auch Kollisionsnormen, die in einseitiger Form den internationalen Anwendungsbereich des Gesetzes personal und territorial festlegten[294]. Der Plan, ein ganzes ZGB auf einmal zu erlassen, wurde dann aufgegeben, und man ging dazu über, die einzelnen Teile nach und nach in Einzelgesetzen zu erlassen. Mit diesen Einzelgesetzen traten auch die dazugehörigen Bestimmungen des IPR nach und nach in Kraft.

Am 12. 4. 1986 hat das chinesische Parlament, der Nationale Volkskongress, die Allgemeinen Regeln des Zivilrechts (AllgR), die als „zivilrechtliches Grundgesetz" die für die von den bislang erlassenen Gesetzen nicht erfassten oder mangelhaft behandelten allgemeinen Fragen Bestimmungen enthalten, angenommen. In Art.8 und den Art.142-150 des 8. Kapitels, „Rechtsanwendung auf Zivilbeziehungen mit Auslandsberührung", befindet sich die umfangreiche kollisionsrechtliche Regelung der VR China. Die Kollisionsnormen des Art.8 lassen sich entstehungsgeschichtlich leicht auf die Rechtsanwendungsbestimmungen des ZGB-Entwurfes von 1982, der ursprünglich als selbständiges IPR-Gesetz geplant war und 28 Artikel umfasste, zurückführen. Das IPR-Kapitel hingegen hat seinen Ursprung in einem 1985 von Zong-Wei Fei, Richter für Wirtschaftssachen am obersten Volksgerichthof, erstellten IPR-Gesetzesentwurf[295].

---

292 Vgl. Süß, Grundzüge des chinesischen Internationalen Privatrechts, 1991, S. 21f.; Chen, Tung-Pi, Private International Law of the Peoples Republic of China: An Overview, The American Journal of Comparative Law 1987, S. 445 f..

293 Der Begriff geht zurück auf Süß, Grundzüge des chinesischen Internationalen Privatrechts, 1991, S. 23.

294 Art.461-463. Übersetzung des Entwurfes von William C.Jones in: Rev. Soc. L. 1984, S. 193.

295 Zur Gesetzgebungsgeschichte siehe Liu Hui-han, Guojisifa jianggao (Manuskripte zum IPR), Shanghai 1987, Bd.1, S. 156 ff.; Li, Shuang-yuan, Lüshi yu fa (Rechtsanwaltsprachlehre) 1987 Nr. 4, S. 42-45.

Eine bedeutende Ergänzung der gesetzlichen Regelung stellen die höchstrichterlichen Kommentare vom Oktober 1987 zum Außenwirtschaftsvertragsgesetz, die sich ausführlich mit der Bestimmung und dem Geltungsbereich des Vertragsstatuts befassen[296], und die im März 1988 verkündeten „Ansichten des Obersten Volksgerichtshofs zu Problemen bei der Durchsetzung und Anwendung der Allgemeinen Grundsätze des Zivilrechts der VR China" (Ansichten), von denen sich die Nummern 187-195 mit dem Kollisionsrecht befassen[297], dar. Beide Dokumente wiederholen Bestimmungen aus dem ersten IPR-Entwurf von Zong-Wei Fei in vorsichtiger und überarbeiteter Form[298].

Für das internationale Deliktsrecht gilt die Tatortregel gemäß Art.146 Abs. 1. Gemäß Nr. 187 der „Ansichten", die für sämtliche Gerichte bindend sind, ist in Art.146 mit dem Recht des Ortes der ein Recht verletzenden Handlung sowohl das Recht des Handlungsortes als auch das Recht des Erfolgsortes gemeint. Das Gericht kann von beiden dasjenige Recht wählen, das mit der Handlung die engere Verbindung aufweist[299]. Darüber hinaus kann gemäß Art.146 Abs. 1 Satz 2 das gemeinsame Heimatrecht oder das Recht des Wohnsitzes angewendet werden, wenn die Parteien die gleiche Staatsangehörigkeit oder ihren Wohnsitz im gleichen Land haben.

Eine Einschränkung eines eventuell zur Anwendung kommenden ausländischen Rechts erfolgt in jeden Fall durch §146 Abs. 2, wonach eine im Ausland begangene unerlaubte Handlung auch vom chinesischen Recht als solche qualifiziert werden muss. Um die Interessen des chinesischen Staates und seiner juristischen Personen und Bürger zu schützen, hält man diese Einschränkung für unerlässlich. Von dieser Zweckrichtung ausgehend, beziehen manche Autoren die kumulative Geltung des chinesischen Rechts nicht nur auf den Grund der deliktischen Handlung, sondern auch auf die Bemessung des Schadensersatzes[300]. In diesem Zusammenhang kann Art.146 Abs. 2 als eine doppelte Kontrolle durch die lex fori angesehen werden. Daher sind z. B. Schmerzensgeldsansprüche in

---

296 Siehe Süß, Grundzüge des chinesischen Internationalen Privatrechts, 1991, S. 185f..

297 Siehe Süß, Grundzüge des chinesischen Internationalen Privatrechts, 1991, S. 192f..

298 Dazu siehe Süß, Neues chinesisches IPR, RIW 1989, S. 788; ders., Grundzüge des chinesischen Internationalen Privatrechts, 1991, S. 25.

299 Dazu vgl. Guo-Hua Young, A General Survey of Private International Law in China, IPRax 1993, S. 345; Staudinger/v. Hoffmann 1998, RzNr. 99a zu Art.38 EGBGB.

300 Süß, Neues chinesisches IPR, RIW 1989, S.790; ders Grundzüge des chinesischen Internationalen Privatrechts, 1991, S. 131; Staudinger/v. Hoffmann 1998, RzNr. 99a zu Art.38 EGBGB; Wen-Hao Chen, in: Zhonghuarenmingongheguo Minfatongze jianghua (Vorlesungen zu den AllgR) hrsg. von De-Hua Tang u. a., Beijing 1986, S. 148; Hua Quian, Guojisifa (Internationales Privatrecht), Beijing 1988, S. 466.

China auch bei ausländischem Deliktsstatut nur in dem engen Rahmen einklagbar, den das chinesische Zivilrecht gezogen hat.

C. Unterschied zum deutschen Deliktsrecht

1. Unterschied zu Art.38 EGBGB (alte Fassung)

Eine Maximalklausel für das internationale Deliktsrecht wie Art.38 EGBGB (alte Fassung) findet man im 8. Kapitel - Rechtsanwendung auf Zivilbeziehungen mit Auslandsberührung - der Allgemeinen Regeln des Zivilrechts nicht. Die einzige Beschränkung der lex fori enthält Art.146 Abs. 2 der Allgemeinen Regeln des Zivilrechts von 12. 4. 1986. Nach Art.146 Abs. 2 muss eine im Ausland begangene unerlaubte Handlung auch vom chinesischen Recht als eine ein Recht verletzende Handlung angesehen werden. Eine solche Beschränkung der lex fori gibt es im deutschen EGBGB nicht.

Zu beachten ist aber, dass im chinesischen Schrifttum für das internationale Deliktsrecht überwiegend angenommen werden ist, dass Art.146 Abs. 2 AllgR erfordert, dass der Schadensersatz nicht nur dem Grunde, sondern auch der Höhe nach chinesischem Sachrecht anerkannt wird[301]. Diese ausdehnende Auslegung wird darauf gegründet, dass Art.146 Abs. 2 AllgR dem Schutz der Interessen des chinesischen Staates und seiner Bürger dienen soll. Daher ist unklar, ob eine ausländische Beklagte in China auch solchen Schutz genießen kann, oder ob Art.146 Abs. 2 AllgR wie Art.38 EGBGB (alte Fassung) als Inländerschutzklausel angesehen werden sollte. Dazu ist eine Ergänzung durch die chinesische Rechtspraxis nötig.

2. Unterschied zu Art.40 Abs. 3 EGBGB

Eine vorschriftliche Einschränkung eines eventuell zur Anwendung kommenden ausländischen Rechts erfolgt im chinesischen internationalen Deliktsrecht nur durch Art.146 Abs. 2 der Allgemeinen Regeln des Zivilrechts von 12. 4. 1986, wonach eine im Ausland begangene unerlaubte Handlung auch vom chinesischen Recht als solche qualifiziert werden muss[302]. Demgegenüber setzt das

---

301 Dazu Süß, Neues chinesisches IPR, RIW 1989, S.790; ders., Grundzüge des chinesischen Internationalen Privatrechts, 1991, S. 131; Staudinger/v. Hoffmann 1998, RzNr. 99a zu Art.38 EGBGB; Wen-Hao Chen, in: Zhonghuarenmingongheguo Minfatongze jianghua (Vorlesungen zu den AllgR) hrsg. von De-Hua Tang u.a., Beijing 1986, S. 148; Hua Quian, Guojisifa (Internationales Privatrecht), Beijing 1988, S. 466.

302 Dazu siehe oben, Erster Teil. § 4. IV. B.

deutsche internationale Deliktsrecht bei der Anwendung des Art.40 Abs. 3 EGBGB nicht eine Auslandstat voraus, und ob eine Handlung als unerlaubte Handlung qualifiziert wird, untersteht nur dem Deliktsstatut[303].

Im chinesischen Schrifttum für das internationale Deliktsrecht ist eine ausdehnende Auslegung des Art.146 Abs. 2 AllgR angenommen werden, wonach die Forderungen auf Schadenersatz für rechtsverletzende Handlungen auf das beschränkt sind, was das Recht der Volks China anerkennt[304]. Eine Beschränkung auf den Schadenersatz enthalten auch Art.40 Abs. 3 Nr. 1 und 2 EGBGB. Danach ist der Ersatzpflichtige nach fremdem Recht nur insoweit nicht zu Leistungen verpflichtet, als sie den eingetretenen Schaden wesentlich überschreiten oder offensichtlich anderen Zwecken als einer angemessenen Entschädigung des Verletzten dienen. Das heißt, dass die deutschen Gerichte nämlich in verstärktem Maße prüfen, ob der geltend gemachte Anspruch nach dem Recht am ausländischen Handlungsort begründet ist. Demgegenüber dürfen die chinesischen Gerichte die Prüfung nach ausländischem Recht im Hinblick auf die ausdehnende Auslegung des Art.146 Abs. 2 AllgR schon dann unterlassen, wenn das chinesische Recht keinen Anspruch gewährt.

Außerdem schränkt der Art.40 Abs. 3 Nr. 3 EGBGB die Anwendbarkeit ausländischen Rechts zum Schutz des Ersatzpflichtigen schon dann ein, wenn es nicht mit den haftungsrechtlichen Bestimmungen derjenigen multilateralen völkerrechtlichen Verträge übereinstimmt, die für die Bundesrepublik Deutschland in Kraft getreten sind. Solche Vorbehalt finden sich im chinesischen internationalen Deliktsrecht nicht.

D. Stellungnahme und Kritik

Die heutige Gesetzgebung der AllgR in der VR China erfolgt nicht mehr unter dem Eindruck der diskriminierenden Konsulargerichtsbarkeit, aber die Erinnerung daran ist in China noch lebendig. Die Menschen, die in der kommunistischen Gesellschaft leben, vertrauen auch nicht auf Rechtssysteme westlicher Prägung. Daher ist es für das chinesische IPR einleuchtend, für das internationale Deliktsrecht, in dem das ausländische Recht häufig Anwendung findet, eine hohe Schranke bei der Anwendung ausländischen Rechts zu errichten.

Wie oben erwähnt, erfordert der Schutz des chinesischen Staates und seiner Bürger in Art.146 Abs. 2 AllgR, dass der Schadensersatz nicht nur dem Grunde, sondern auch der Höhe nach von chinesischem Sachrecht anerkannt wird[305].

---

303 Dazu siehe oben, Erster Teil. § 2. I. C. 1. b).
304 Dazu siehe oben, Erster Teil. § 4. IV. B.
305 Dazu siehe oben, Erster Teil. § 4. IV. C. 1. (Unterschied zu Art.38 EGBGB).

Notwendige Voraussetzung dafür ist, dass der Beklagte bei der internationalen Deliktsklage immer chinesischer Staatsangehöriger ist[306]. Eine solche Voraussetzung liegt aber nicht bei jeder internationalen Deliktsklage vor. Wenn nur der Kläger chinesischer Staatsangehöriger ist, bildet diese ausdehnende Auslegung des Art.146 Abs. 2 AllgR umgekehrt ein Hindernis für den Schutz des Interesses von Staat und Bürgern.

Nach der ausdehnenden Auslegung des Art.146 Abs. 2 AllgR wird eine im Ausland begangene unerlaubte Handlung nur dann als solche behandelt, wenn sie auch nach chinesischem Recht als deliktisch anzusehen ist. Außerdem können keine weitergehende Ansprüche geltend gemacht werden, als nach der lex fori. Die Bedeutung des Art.146 Abs. 1 AllgR, der für das internationale Deliktsrecht auf das Recht des Begehungsortes verweist, wird durch solche ausdehnende Auslegung des Art.146 Abs. 2 AllgR ausgehöhlt. Eine ausdehnende Auslegung des Art.146 Abs. 2 AllgR ist daher kollisionsrechtlich fragwürdig.

V. Zwischenbilanz

Die Kodifizierungszeiten der internationalen Privatrechte, in denen das internationale Deliktsrecht mit diesem Modell (doppelte Kontrolle durch die lex fori) geregelt ist, sind unterschiedlich. So stammt die japanische Horei bereits von 1898, dagegen ist das chinesische IPR erst im Jahre 1986, also verhältnismäßig spät, kodifiziert worden. Damit kann man dieses Modell nicht als veraltet ansehen.

Geographisch sind die Staaten, deren internationales Deliktsrecht eine doppelte Kontrolle durch die lex fori enthält, aneinander angrenzend; und ihre politische Situation bei der Kodifikation ihres IPR war ähnlich. Die Kodifikation der japanischen Horei erfolgte in einer Zeit unvollständiger Gerichtsbarkeit[307]. Das koreanische Internationale Privatrecht wurde unter dem Eindruck des Kolonialismus kodifiziert[308]. Der taiwanesische Gesetzgeber verfasste das Internationale Privatrecht unter dem gleichzeitigen Eindruck ungerechter ausländischer Konsulargerichtsbarkeit und des Kolonialismus. Auch die VR China hat die ausländische Konsulargerichtsbarkeit erfahren. Wegen des mangelnden Vertrauens in das Rechtssystem demokratischer Staaten tritt die international-privatrechtliche Lehre der VR China mehrheitlich dafür ein, dass Art.146 Abs. 2 Allgemeine

306 Vgl. Chen, Private International Law of the Peoples Republic of China: An Overview, in: The American Journal of Comparative Law 1987, S. 470.
307 Dazu siehe oben Erster Teil. § 4. I. B. (Entstehungsgeschichte).
308 Dazu siehe oben Erster Teil. § 4. III. B. (Entstehungsgeschichte).

Grundsätze des Zivilrechts von 16. 4. 1986 sich nicht nur auf den Grund der deliktsrechtlichen Handlung, sondern auch auf die Bemessung des Schadensersatzes bezieht[309].

Dieses Modell der doppelten Kontrolle durch die lex fori ist das strengste Modell, das zur Begrenzung des Deliktsstatuts durch die lex fori im internationalen Deliktsrecht existiert. Für das staatliche Interesse ist eine Begrenzung des Deliktsstatuts allerdings nötig, aber eine zu strenge Begrenzung des Deliktsstatuts durch die lex fori würde die Bedeutung des Deliktsstatuts aushöhlen und zum international-deliktsrechtlich unerwünschten „Heimwärtsstreben". Darüber hinaus existieren die oben erwähnten politischen Gründe in den betreffenden Staaten nicht mehr, stattdessen hat der Schutz wirtschaftlicher Interessen für die Gerichtsstaaten an Bedeutung gewonnen. Daher ist das Modell der doppelten Kontrolle durch die lex fori heutzutage für das internationale Deliktsrecht rechtpolitisch bedenklich. Eine angemessene Begrenzung des Deliktsrechts durch die lex fori für das internationale Deliktsrecht nach den individuellen Bedürfnissen zu finden, ist eine dringende Aufgabe für den Gesetzgeber in den genannten Staaten.

§ 5. Typisierte Vorbehaltklausel

I. Schweiz: Art.135 II und Art.137 II IPRG

Art.135 II: Unterstehen Ansprüche aus Mängel oder mangelhafter Beschreibung eines Produktes ausländischem Recht, so können in der Schweiz keine weitergehenden Leistungen zugesprochen werden, als nach schweizerischem Recht für einen solchen Schaden zuzusprechen wären.

Art.137 II: Unterstehen Ansprüche aus Wettbewerbsbehinderung ausländischem Recht, so können in der Schweiz keine weitergehenden Leistungen zugesprochen werden als nach schweizerischem Recht für eine unzulässige Wettbewerbsbehinderung zuzusprechen wären.

A. Rechtlage vor dem Erlass des IPR-Gesetzes

Vor dem Inkrafttreten des IPR-Gesetzes bestand keine Kollisionsnorm zum internationalen Deliktsrecht in der Schweiz. Das deliktsrechtliche Kollisionssystem beruhte auf Gewohnheitsrecht und dieses wiederum auf der Rechtsprechung der schweizerischen Gerichte. Die schweizerische Rechtsprechung stand

---

309 Dazu siehe oben Erster Teil. § 4. IV. B. (Entstehungsgeschichte).

auf dem Standpunkt, das internationale Deliktsrecht sei der lex loci delicti unterstellt[310]. Bei der Bestimmung des Deliktsorts bestanden in der schweizerischen Rechtspraxis verschiedene Meinungen, ob an den Handlungs- oder dem Erfolgsrot anzuknüpfen sei. Unter der Bezeichnung „Ubiquitätstheorie" vertrat das schweizerische Bundesgericht eine alternative Anknüpfung an den Handlungs- und Erfolgsort[311]. Es lag kein reiner Fall von Verletzung des ordre public vor, aber neben dem Schutz des inländischen Beklagten standen die Versuche nach einer Rechtfertigung der lex fori im Vordergrund[312].

Die herrschende Meinung im schweizerischen Schrifttum zum internationalen Deliktsrecht sprach sich auch für eine Anwendung der Tatortregel aus. Freilich waren hier Unterschiede bei den Ausnahmen von der Anknüpfung an den Deliktsort sichtbar[313].

B. Entstehungsgeschichte

1. Frühere Versuche der Kodifikation eines IPR-Gesetzes

Erste Versuche der Kodifikation eines IPR-Gesetzes begannen am Ende des neunzehnten Jahrhunderts. Der erste war der Erlass des Bundesgesetzes vom 25. 6. 1891 betreffend die zivilrechtlichen Verhältnisse der Niedergelassenen und Aufenthalter (NAG). Das NAG regelt die internationalprivatrechtliche Verhältnisse lediglich in einigen ausgewählten Materien (Fragen des Personenrechts, des Familien- und Erbrechts) und nur anhangsweise die interkantonalen Konflikte[314].

Weitere Versuche einer umfassenden Kodifikation eines IPR-Gesetzes wurden im Zusammenhang mit dem neuen schweizerischen Zivilgesetz, das im Jahr 1907 verkündet wurde, und anlässlich der Revision des Bundesobligationsrechts

310 BGE 35 II 480 und 38 II 640.

311 BGE 76 II 1950 S.111; 82 II 1956, S. 163; 87 II 1961, S. 115E.2; 91 II 1965, S. 123, 446; 92 II 1966, S. 264; dazu vgl. Schnitzer, Handbuch des IPR II, S. 675 F.N. 132, 134; Vischer, Internationales Privatrecht, 2. Aufl. S. 200.

312 BGE 22, 1170 (unlauter Wettbewerb); BGE 43 II, 317; dazu vgl. Delachaux, Die Anknüpfung der Obligationen aus Delikt und Quasidelikt im internationalen Privatrecht, 1979, S. 84-85.

313 Vgl. Vischer, Internationales Privatrecht, 2. Aufl. 1982, S. 204.

314 Vgl. Vischer, Das Problem der Kodifikation des schweizerischen internationalen Privatrechtes, ZSR 1971, S. 7; McCaffery, The Swiss Draft Conflicts Law, A. J.C. L. 1980, S. 237; Siehr, Zum Entwurf eines schweizerischen Bundesgesetzes über das internationale Privatrecht, RIW 1979, S. 729.

im Jahr 1925 unternommen. Wegen der Uneinigkeit unter den schweizerischen IPR-Experten scheiterten solche Versuche endlich[315].

2. Vorentwurf von 1978

Der Startschuss für die Reform des IPR-Gesetzes wurde auf der 105. Jahresversammlung des schweizerischen Juristenvereins in Engelberg im September 1971 abgegeben, welcher das Problem der Kodifikation des schweizerischen IPR als solches zur Diskussion gestellt hatte. Im Anschluss an eine Motion von Arx/Egli wurde die Schweizerische Vereinigung für internationales Recht (SVIR) vom Eidg. Justiz- und Polizeidepartement (EJPD) gebeten, den Vorentwurf zu einem IPR-Gesetz auszuarbeiten. Die SVIR bildete aus ihren Reihen eine Arbeitsgruppe mit sechs Subkommissionen, bestehend aus Fachleuten des IPR. Die Arbeitsgruppe wurde durch Bundesratsbeschluss vom 18. 6. 1973 als eidgenössische Expertenkommission eingestellt und beauftragt, einen Gesetzesentwurf mit Schlussbericht zu erstellen. Nach fünfjähriger Arbeit konnte die Expertenkommission ihren Gesetzesentwurf dem Vorsteher des EJPD überreichen. Vorentwurf und Schlussbericht der Expertenkommission wurden 1979 als Band 13 der „Schweizer Studien zum internationalen Recht" publiziert[316]. Art.133 Abs. 2 und Art.135 Abs. 2 IPRG enthielten spezielle Vorbehaltsklauseln. Danach können bei Klagen aus Produktmängeln und Wettbewerbsbehinderung in der Schweiz keine weitergehenden Ansprüche als nach schweizerischem Recht zugesprochen werden.

3. Entwurf des schweizerischen Bundesrats von 1982

Nach seiner Veröffentlichung begegnete der Vorentwurf ausführlicher Analyse und Kritik von verschiedenen Seiten des Landes. Dazu fand am 27./28. April 1979 in Freiburg ein internationales Kolloquium über der Entwurf statt. Nach

---

315 Vgl. McCaffery, The Swiss Draft Conflicts Law, A .J. C. L. 1980, S. 239; Schwander, Einführung in das internationale Privatrecht, Erster Band 1990, S. 73.

316 Dazu vgl. Siehr, Vom alten zum neuen IPR, Literaturspiegel des Jahre 1978-1988, ZSR 1988, S. 635-636; Symeonides, The new Swiss conflicts codification: an introduction, A. J. C. L.1989, S. 189; Samuel, The new Swiss private international law act, I. C. L. Q.1988, S. 681-682; Heini, Der Entwurf eines Bundesgesetzes über das Internationale Privat- und Zivilprozessrecht (IPRG), SJZ 1978, S. 250 Fn. 5; Siehr, Zum Entwurf eines schweizerischen Bundesgesetzes über das internationale Privatrecht, RIW 1979, S. 729; Gutzwiller, Der Entwurf zu einer Kodifikation des schweizerischen Internationalen Privatrechts, ZSR 1979, S. 10; Schwander, Einführung in das internationale Privatrecht, Erster Band 1990, S. 74; Keller/Siehr, Allgemeine Lehren des internationalen Privatrechts, 1986, S. 224.

Abschluss des ausgedehnten Vernehmlassungsverfahrens (über 70 Stellungnahmen) wurde der Vorentwurf vom Bundesamt für Justiz unter Berücksichtigung der Vernehmlassung umgearbeitet und vom schweizerischen Bundesrat im November 1982 der Bundesversammlung zur Beratung und Beschlussfassung unterbreitet[317].

Der Aufbau des Bundesratsentwurfs hat sich gegenüber dem Vorentwurf nur unwesentlich geändert[318]. Die spezielle Vorbehaltsklauseln wurden in Art.131 Abs. 2 und Art.133 Abs. 2 geregelt. Danach können wie im Vorentwurf von 1978 bei Klagen aus Produktmängeln und Wettbewerbsbehinderung in der Schweiz keine weitergehenden Ansprüche als nach schweizerischem Recht zugesprochen werden.

4. IPR-Gesetz von 1987

Bevor der Bundesratsentwurf am 17. Dezember 1987 als Bundesgesetz über das internationale Privatrecht (IPRG) von den Eidgenössischen Räten verabschiedet wurde, wurde er ab der Frühjahrssession 1985 im schweizerischen National- und Ständerat lang und intensiv diskutiert und beträchtlich revidiert[319]. Die Inkraftsetzung erfolgte am 1. Januar 1989.

Es handelt sich um eine umfassende Kodifikation des gesamten Internationalen Privatrechts. Der dritte Abschnitt über die unerlaubten Handlungen umfasst 14 Artikel, wovon sich 3 (Art.129 bis 131) mit der Zuständigkeit, die übrigen 11 (Art.132 bis 142) mit dem anwendbaren Recht befassen. Diesen Normen ist eine Rangfolge der Anknüpfungspunkte zu entnehmen. Für Delikte, die unter

---

317 Vgl. Siehr, Vom alten zum neuen IPR Literaturspiegel des Jahre 1978-1988, ZSR 1989, S. 635-636; ders., Zum Entwurf eines schweizerischen Bundesgesetzes über das internationale Privatrecht, RIW 1979, S. 729; ders., Entwurf des schweizerischen Bundesrats zu einem IPR-Gesetz, RabelsZ 1983, S. 342-343; Samuel, The new Swiss private international law act, I. C. L. Q.1988, S. 681-682; Symeonides, The new Swiss conflicts codification: an introduction, A. J. C. L. 1989, S. 189; Keller/Siehr, Allgemeine Lehren des internationalen Privatrechts, 1986, S. 224; v. Overbeck, Der schweizerische Regierungsentwurf eines Bundesgesetzes über das internationale Privatrecht, IPRax 1983, S. 49.

318 Aber das Deliktsrecht wurde übersichtlich reformiert, siehe Siehr, Entwurf des schweizerischen Bundesrats zu einem IPR-Gesetz, RabelsZ 1983, S. 348.

319 Vgl. Symeonides, The new swiss conflicts codification: an introduction, A. J. C. L. 1989, S. 190; Samuel, The new swiss private international law act, I. C. L. Q. 1988, S. 682.

keine Sonderregel fallen, gilt das allgemeine Deliktstatut. Es geht von folgenden Anknüpfungskriterien[320] aus:

1. Priorität kommt der in Art.132 vorangestellten Rechtswahl der Parteien zu, die auf die lex fori beschränkt ist.

2. Treffen die Parteien keine Rechtwahl, so wird an ein zwischen Schädiger und Geschädigtem bereits bestehendes Rechtsverhältnis angeknüpft (Art.133). Der Vorrang des sogenannten Akzessoritätsprinzips setzt aber voraus, dass durch die deliktische Handlung gerade das bestehende Rechtsverhältnis verletzt wird.

3. Haben Schädiger und Geschädigter gewöhnlichen Aufenthalt im gleichen Staat, so gilt das Recht dieses Staates (Art.133 I).

4. Fehlt es an einem vorstehenden Rechtverhältnis und liegt kein gemeinsamer Aufenthalt der Parteien in einem Staat vor, so kommt als letzte Subsidiärregel das lex loci-Prinzip zum Zuge. Dabei wird in erster Linie auf den Erfolgsort abgestellt, sofern der Schädigende mit dem Eintritt des Erfolgs in diesem Staat rechnen muss, ansonsten auf den Handlungsort (Art.133 Abs.2).

Außer dieser differenzierten Verweisungsregeln enthält IPRG noch eine allgemeine Ausweichklausel (Art.15). Art.15 Abs. 1 bestimmt, dass das anwendbar erklärte Recht ausnahmsweise keine Anwendung findet, wenn der Lebenssachverhalt mit einer anderen Rechtsordnung in einem viel engerem Zusammenhang steht. Diese Ausweichklausel findet keine Anwendung, wenn eine Rechtwahl der Parteien vorliegt[321].

Neben der beschriebenen allgemeinen Regelung enthalten die Art.134 bis 139 Sondertatbestände. Vorrang haben die Einzelregeln für typische Deliktstatbestände. Das Gesetz sieht Sonderregeln vor für Straßenverkehrsunfälle (Art.134) durch Verweis auf das Haager Abkommen vom 4. Mai 1971[322], Produktmängel (Art.135), unlauterer Wettbewerb (Art.136), Wettbewerbsbehinderung (Art.137), Immissionen (Art.138) und Persönlichkeitsverletzungen (Art.139). Sie enthalten „teilweise Konkretisierungen teilweise Modifizierungen der Anknüpfung an den Handlungsort bzw. Erfolgsort"[323]. Für einen Vergleich mit der deutschen Schutzklausel - Art.38 EGBGB (alte Fassung) - scheint es zweckmäßig, die Kollisionsregeln für Produkthaftung und Wettbewerbsbehinde-

---

320 Vgl. Staudinger/v. Hoffmann 1998, RzNr. 31-32 zu Art.38 EGBGB; Vischer, Das Deliktsrecht des IPR-Gesetzes unter besonderer Berücksichtigung der Regelung der Produkthaftung, F.S. für Moser, S. 124 -127.

321 Vgl. Staudinger/v. Hoffmann 1998, RzNr. 31 zu Art.38 EGBGB.

322 Vgl. Vischer, Das Deliktsrecht des IPR-Gesetzes unter besonderer Berücksichtigung der Regelung der Produkthaftung, FS für Moser. S. 123; Trutmann, Das neue Bundesgesetz über das internationale Privatrecht in der praktischen Anwendung: Deliktsrecht, Basler Juristische Mitteilungen 1989, S. 300.

323 Staudinger/v. Hoffmann 1998, RzNr. 32 zu Art.38 EGBGB.

rung näher zu erläutern, weil die Voraussetzungen und der Umfang der Vorbehaltklausel auf der Verweisungsnorm beruhen[324].

Das IPRG unterstellt die Produkthaftlicht nicht einfach dem allgemeinen Deliktsstatut, sondern beschreitet den Weg einer gesetzlichen Spezialregelung und statuiert für Produkthaftpflichtansprüche eine Sonderanknüpfung. Zunächst wird dem Geschädigten ein Wahlrecht eingeräumt. Er kann wählen zwischen dem Recht des Staates, in dem der Schädiger, d.h. der Produzent oder der Verkäufer des Produktes, seine Niederlassung oder seinen gewöhnlichen Aufenthalt hat, und dem Recht des Staates, wo das Produkt erworben wurde, vorausgesetzt jedoch, dass der Schädiger nicht nachweisen kann, dass sein Produkt in diesem Staat ohne sein Einverständnis verkauft wurde (Art.135 Abs. 1). Damit trägt die Regel auch dem Interesse des Warenherstellers an der Voraussehbarkeit und Versicherbarkeit seines Risikos angemessen Rechnung[325]. Ansprüche aus Wettbewerbsbehinderung unterstehen dem Recht des Staates, auf dessen Markt der Geschädigte von der Behinderung unmittelbar betroffen ist (Art.137 Abs. 1).

Wichtige Schutzvorschriften enthalten Art.135 Abs. 2 für die Produkthaftung sowie Art.137 Abs. 2 für Ansprüche aus Wettbewerbsbehinderung. Bei Klagen aus Produktmängeln und Wettbewerbsbehinderung können in der Schweiz keine weitergehenden Ansprüche als nach schweizerischem Recht zugesprochen werden.

C. Unterschied zum deutschen Deliktsrecht

1. Unterschied zu Art.38 EGBGB (alte Fassung)

Während die allgemeine Schutzklausel bei der IPR-Kodifikation von 25. 7. 1986 vom deutschen Gesetzgeber beibehalten wurde, beschränkt sich der Schutz im schweizerischen internationalen Deliktsrecht nur auf die Ansprüche aus Produktmängel (Art.135 Abs. 2) und Wettbewerbsbehinderung (Art.137 Abs. 2).

a) Ansprüche aus Produktenmängel

Ein herausstehendes Merkmal, welches das schweizerische IPRG von der gleichfalls erneuerten deutschen IPR-Kodifikation unterscheidet, ist die für Ansprüche infolge von Produktmängeln vorgesehene Sonderanknüpfung. Umgekehrt steht

324 Ausführlich sieh unten Erster Teil. § 5. I. C. 1. (Unterschied zu Art.38 EGBGB).

325 Vgl. Trutmann, Das neue Bundesgesetz über das internationale Privatrecht in der praktischen Anwendung: Deliktsrecht, Basler Juristische Mitteilungen 1989, S. 300.301.

Art.135 Abs. 2 IPRG bedeutend Art.38 EGBGB (alte Fassung) nahe, eine Bestimmung, die den schweizerischen Gesetzgeber inspiriert und offenbar Art.135 Abs. 2 IPRG beeinflusst hat[326]. Ein genauer Vergleich, nicht nur mit dem Inhalt der Vorbehaltklausel sondern auch mit dem Gefüge der Anknüpfungsregel, mag hier lohnend sein.

Bei der Gesetzgebung des IPR-Gesetzes hat der schweizerische Gesetzgeber vor dem Problem gestanden, dass internationale Produkthaftungsansprüche dem Recht eines ausländischen Erfolgortes, der zufällig und unvorhersehbar ist, unterstehen kann, und versucht, dieses Problem zu lösen. Nach der Sonderanknüpfungsnorm des Art.135 Abs. 1 IPRG wird dem Geschädigten ein Wahlrecht eingeräumt[327]. Daher kann die in der Schweiz eingereichte Klage nach Wahl des Klägers entweder auf schweizerisches Recht, das keinen speziellen Tatbestand der Produkthaftung kennt, oder auf das oft griffigere ausländische Produkthaftungsrecht gestützt werden. Art.135 Abs. 1 IPRG gewährleistet dem Hersteller bzw. Verkäufer bereits die Vorhersehbarkeit möglicher ausländischer Haftpflichtrechtsordnungen, darum besteht kein Anlass, dass die Schutzklausel des Art.135 Abs. 2 IPRG ein ebenso weites Anwendungsfeld beansprucht, wie Art.38 EGBGB (alte Fassung) im deutschen IPR[328].

Nach überwiegender deutscher Lehre und Rechtsprechung wird Art.38 EGBGB (alte Fassung) als eine Konkretisierung des ordre public verstanden[329]. Dabei wird aufgrund der Spezialvorbehaltklausel in Art.38 EGBGB (alte Fassung) dem deutschem Recht eine weitreichende Sperrfunktion zuerkannt. Haftpflichttatbestände mit Auslandsberührung sind parallel sowohl unter das gemäß der Tatortregel am Handlung- oder Erfolgsort geltende ausländische, als auch unter deutsches Recht zu subsumieren. Art.38 EGBGB (alte Fassung) begrenzt mithin internationale Deliktsansprüche sowohl hinsichtlich der Haftungsgrundlagen und Haftungsvoraussetzungen als auch in bezug auf die Anspruchshöhe[330].

---

326 Vgl. Lörtscher, Internationales Produkthaftungsrecht der Schweiz, Sonderstatut im Regulativ des Ordre public, ZVglRWiss 88 (1989), S.86.

327 Dazu siehe oben Erster Teil. § 5. I. B. 4. (IPR-Gesetz von 1987).

328 Dazu Vgl. Lörtscher, Internationales Produkthaftungsrecht der Schweiz, Sonderstatut im Regulativ des Ordre public, ZVglRWiss 88 (1989), S. 86-87; Umbricht, Abriss des Schweizerischen Internationalen Privatrechtes der Produkthaftpflicht, Schweizerische Versicherungszeitschrift 1989, S. 323.

329 Ausführlich sieh unten Dritter Teil. § 2. II. D. 1.

330 Vgl. BGH VersR 1983 343; BGH VersR 1966 283 (Schadenhöhe, Schmerzgeld); BGH VersR 1958 109 (Verjährung); BGH NJW 1957 140,142; OLG Karlsruhe VersR 1981 739 (Beweislastverteilung); M. E. ist die Beweislast nicht Gegenstand von Art.38 EGBGB (alte Fassung), dazu ausführlich siehe oben, Erster Teil. § 1 .I. D. 3. c. (Beweislast).

Durch das Wahlrecht des Klägers trägt die Sonderanknüpfung des Art.135 Abs. 1 IPRG schon dem Interesse des Warenherstellers bzw. -verkäufers an der Voraussehbarkeit und Versicherbarkeit seines Risikos angemessen Rechnung. Anders als Art.38 EGBGB (alte Fassung) im deutschen IPR muss Art.135 Abs. 2 IPRG nicht Schutz vor schwer kalkulierbaren Haftungsansprüchen bieten und sich deswegen nicht notwendig auf weitergehende Haftungsgründe beziehen. Im übrigen würde eine Ausdehnung der Reichweite von Art.135 Abs. 2 auch auf die Haftungsvoraussetzungen ausländisches Produkthaftpflichtrechts die Sonderanknüpfung des Art.135 Abs. 1 praktisch untergraben. Daher ist der Vorbehaltklausel von Art.135 Abs. 2 IPRG eine engere Bedeutung beizumessen. Art.135 Abs. 2 IPRG schließlich verhindert, dass Schadenersatzformen (oder eine Schadensnatur[331]), die dem schweizerischen Recht fremd sind, wie z. B. punitive damages[332], von einem schweizerischen Richter zugesprochen werden müssen[333].

Wegen der Typisierung des Deliktsrechts und der Sonderanknüpfung der Produkthaftpflicht in Art.135 Abs. 1 IPRG beschränkt sich die Vorbehaltklausel des Art.135 Abs. 2 IPRG nur auf den Sachverhalt der Produkthaftpflicht. Daher berücksichtigt der schweizerische Richter bei der Entscheidung, ob Ansprüche „weitergehende Leistungen" sind, nur die Umstände des schweizerischen Produkthaftungsgesetzes. Im Gegensatz zum schweizerischen Recht müssen nicht nur das Produkthaftungsgesetz sondern auch die Normen über unerlaubte Handlungen und sämtliche Bestimmungen des deutschen Rechts[334] vom deutschen Richter im Zusammenhang mit Art.38 EGBGB (alte Fassung) geprüft werden.

Nebenbei sei angemerkt, dass die Vorbehaltklausel des Art.135 Abs. 2 IPR-Gesetzes nicht bloß für schweizerische Unternehmen gilt, obwohl sie zum

---

331 Umbricht, Abriss des Schweizerischen Internationalen Privatrechtes der Produkthaftpflicht, Schweizerische Versicherungszeitschrift 1989, S. 325.

332 Nach der Botschaft des Bundesrates (BBl 1983/263,427) ist Art.135 Abs. 2 zum Schutz schweizerischer Unternehmen insbesondere gegen amerikanische "punitive damages" gerichtet.

333 Dazu vgl. Umbricht, Abriss des Schweizerischen Internationalen Privatrechtes der Produkthaftpflicht, Schweizerische Versicherungszeitschrift 1989, S. 325; Trutmann, Das neue Bundesgesetz über das internationale Privatrecht in der praktischen Anwendung: Deliktsrecht, Basler Juristische Mitteilungen 1989, S. 300-302; Vischer, Das Deliktsrecht des IPR-Gesetzes unter besonderer Berücksichtigung der Regelung der Produkthaftung, FS für Moser, S. 142; Andere Meinung: Bezug nur auf die Schadenersatzhöhe, Lörtscher, Internationales Produkthaftungsrecht der Schweiz, Sonderstatut im Regulativ des Ordre public, ZVglRWiss 88 (1989), S. 71, 84 ff.; Staudinger/v. Hoffmann 1998, RzNr. 32 zu Art.38 EGBGB.

334 Dazu sieh oben Erster Teil. § 1. I. D. 1. (Grenze des Begriffs "deutsche Gesetze").

Schutz schweizerischer Unternehmen – nach der Begründung des Gesetzgebers - insbesondere gegen amerikanische „punitive damages" konzipiert wurde[335].

b) Ansprüche aus Wettbewerbsbehinderung

Wie in Kapital A oben erwähnt, findet in Art.135 Abs. 2 IPRG der ordre public-Vorbehalt bei der Anwendung fremden Rechts Niederschlag, die Vorschrift richtet sich insbesondere gegen „punitive damages" des amerikanischen Rechts. Der gleiche Gedanke führte dazu, dass der Gesetzgeber in Art.137 Abs. 2 IPRG für das Gebiet der Wettbewerbsbehinderung das gleiche bestimmt. Auch im amerikanischen Kartellrecht können „treble damages" als „punitive damages" ausgesprochen werden, und dies verletzt - gemäß der Wertung des schweizerischen Gesetzgebers - das einheimische Rechtsgefühl in unerträglicher Weise[336]. Für die Wettbewerbsbehinderung wird wiederum, wie bei Produktmängeln, die Anwendbarkeit von Schadenersatzformen, die dem schweizerischen Recht fremd sind, ausgeschlossen[337].

Wie Art.135 Abs. 2 findet man im Wortlaut des Art.137 Abs. 2 IPR-Gesetzs auch keine Einschränkung des geschützten Personenkreises, wie „gegen einen Deutschen" in Art.38 EGBGB (alte Fassung). Daher gilt Art.137 Abs. 2 IPRG nicht nur für schweizerische Unternehmen, sondern für alle Unternehmen, die vor schweizerischen Gerichten auf Schadensersatz wegen Wettbewerbsbehinderung verklagt werden.

2. Unterschied zu Art. 40 Abs. 3 EGBGB

Das neu kodifizierte deutsche Internationale Deliktsrecht verzichtet – im Gegensatz zum schweizerischen Internationalen Deliktsrecht – auf Detailregelungen. So enthält es keine Bestimmung über die sachlichen Anwendungsbereiche des Deliktsrechts. Auch wird darauf verzichtet, den Tatort für einzelne Deliktstypen

335 Botschaft Bundesrat BBl 1983, 263, 427.

336 Dazu. vgl. Umbricht, Abriss des Schweizerischen Internationalen Privatrechtes der Produkthaftpflicht, Schweizerische Versicherungszeitschrift 1989, S. 325.

337 Vgl. Umbricht, Abriss des Schweizerischen Internationalen Privatrechtes der Produkthaftpflicht, Schweizerische Versicherungszeitschrift 1989, S. 325; Trutmann, Das neue Bundesgesetz über das internationale Privatrecht in der praktischen Anwendung: Deliktsrecht, Basler Juristische Mitteilungen 1989, S. 302; Bär, Internationales Kartellrecht und unlauterer Wettbewerb, FS für Moser, S. 160; Andere Meinung: Bezug nur auf die Schadenersatzhöhe, Lörtscher, Internationales Produkthaftungsrecht der Schweiz, Sonderstatut im Regulativ des Ordre public, ZVglRWiss 88 (1989), S. 71,84 ff.; Staudinger/v. Hoffmann 1998, RzNr. 32 zu Art.38 EGBGB.

(etwa: Produkthaftung, Persönlichkeitsverletzungen, Unweltschäden) zu konkretisieren. Für die Haftungsbeschränkung wird eine spezielle Vorbehaltsklausel in Art.40 Abs. 3 EGBGB, welche sich seiner Verweisungsregelung entsprechend auch nicht auf einzelne Deliktstypen beschränkt, eingeführt.

Wie oben (a) gewähnt, verhindert Art.135 Abs. 2 bzw. Art. 137 Abs. 2 IPRG nur, dass Schadenersatzesformen (oder eine Schadensnatur), die dem schweizerischen Recht fremd sind, wie z. B. punitive damages, von schweizerischen Richter zugesprochen werden müssen. Für punitive damages greift Art.40 Abs. 3 nicht sofort ein, vielmehr sollte der deutsche Richter in verstärktem Maße prüfen, ob sie den Grundvorstellungen des deutschen Rechtes gravierend widerspricht, oder ob sie wesentlich weiter gehen als zur angemessenen Entschädigung des Verletzten erforderlich, nämlich mehrfachen Schadensersatz als nach deutschem Recht zuspricht. Außerdem enthält Art.40 Abs. 3 Nr. 3 EGBGB einen zusätzlichen Vorbehalt zugunsten haftungsrechtlicher Regelungen in Übereinkommen, die für die Bundesrepublik Deutschland in Kraft getreten sind. Solche Vorbehalte finden sich im schweizerischen internationalen Deliktsrecht auch nicht.

Im Gegensatz zu altem Art.38 EGBGB ist die deutsche Staatsangehörigkeit nicht mehr Voraussetzung für das Eingreifen des Art.40 Abs. 3 EGBGB. In diesem Sinne stimmen Art.135 Abs. 2 und Art.137 Abs. 2 schweizerisches IPRG mit Art. 40 Abs. 3 EGBGB überein.

D. Stellungnahme und Kritik

Der große Unterschied des IPRG zu anderen älteren IPR-Kodifikationen im Bereich des internationalen Deliktrechts ist, dass das schweizerische IPRG der abstrakten Zufallsregel der lex loci delicti lediglich subsidiäre Geltung verleiht und aufgrund einer sorgfältigen Fallanalyse einen Katalog der kollisionsrechtlich wichtigsten Deliktstypen erstellt, nämlich Straßenverkehrsunfälle, Produkthaftpflicht, unlauterer Wettbewerb, Kartellrecht, Persönlichkeitsverletzungen in der Öffentlichkeit, Immissionen. Bei den einzelnen Deliktstypen wird versucht, für den Einzeltatbestand die spezifische Anknüpfung zu finden. Infolge der Typisierung des internationalen Deliktsrechts ist die Geltung der Vorbehaltklauseln auf bestimmte Deliktstypen reduziert, in denen die Vorbehaltklausel wirklich eingreifen soll und muss. Gemäß der Wertung des schweizerischen Gesetzgebers benötigen einheimische Unternehmen den Schutz durch eine Vorbehaltsklausel nur im Gebiet der Produkthaftpflicht (Art.135 Abs. 2) und der Wettbewerbsbehinderung (Art.137 Abs. 2). Daher ist die Grenze des Eingriffs der Vorbehaltklausel geklärt[338] und die Schwierigkeiten bei der Anwendung der Vorbehaltsklausel, wie etwa die Reichweite der Begriffe „deutsche Gesetze" und „weitgehende Ansprüche"[339] in Art.38 EGBGB (alte Fassung), wurde vermeiden.

Im Zuge der Differenzierung des Deliktsstatuts - Auflockerung der lex loci delicti - sucht Art.135 Abs. 1 IPRG einen der besonderen Interessenlage bei internationalen Produkthaftungssachverhalten angemessenen Ausgleich zwischen „dem sozial motivierten Schutzbedürfnis des Geschädigten einerseits und dem wirtschaftlich orientierten Rechtssicherheitsinteresse des Herstellers andererseits herbeizuführen"[340]. Der Regelung des Art.135 Abs. 1 liegen also zwei Postulate zugrunde: Die Anknüpfung soll einerseits für den Haftpflichtigen voraussehbar und damit kalkulierbar sein; sie soll andererseits den Schutz des Konsumenten hinreichend gewährleisten. Überdies bewirkt die Vorbehaltsklausel des Art.135 Abs. 2 IPRG die Abwehr unerträglichen ausländischen Rechts. Eine solche Regelung des internationalen Deliktsrechts, die einen Ausgleich des dreiseitigen Interesses (Haftpflichtiger, Geschädigter und Staat) schafft, kann als angemessen angesehen werden.

II. Rumänien: Art.116 und Art.119 IPR-Gesetz[341]

Art.116: Die rumänischen Gerichte können Ersatzansprüchen gemäß Art.114, die auf ausländischem Recht beruhen, nur in den Grenzen stattgeben, die das rumänische Recht für entsprechende Schäden festlegt.

Art.119: Die rumänischen Gerichte können Ersatzansprüchen gemäß Art.117 und Art.118, die auf ausländischem Recht beruhen, nur in den Grenzen stattgeben, die das rumänische Recht für entsprechende Schäden festlegt.

A. Rechtslage vor dem Erlass des neuen IPR-Gesetzes

Das neue rumänische IPR-Gesetz erging am 22. 9. 1992. Bis dahin bestand keine Kollisionsnorm für das internationale Deliktsrecht. Mangels einschlägiger Gesetzesbestimmungen sprach sich die herrschende Lehrmeinung im internationa-

---

338 Das heißt, Art.135 Abs. 2 oder Art.137 Abs. 2 IPRG schließt nur die Schadensersatzformen aus, die dem schweizerischen Recht fremd sind, siehe oben Erster Teil. § 5. I. C. 1. (Unterschied zu Art.38 EGBGB).

339 Dazu siehe oben Erster Teil. § 1. I. D. 1. (Grenze des Begriffs „deutsche Gesetze").

340 Lörtscher, Internationales Produkthaftungsrecht der Schweiz, Sonderstatut im Regulativ des Ordre public, ZVglRWiss 88 (1989), S. 83.

341 RabelsZ 58 (1994) 534 ff..

len Deliktsrecht für eine Anwendung der Tatortregel aus[342]. Auch die rumänische Rechtsprechung unterstellte das internationale Deliktsrecht der lex loci delicti[343]. Eine allgemeine Inländerschutzklausel wie Art.38 EGBGB (alte Fassung) oder eine auf bestimmte Deliktsarten beschränkte Schutzklausel wie Art.116 und Art.119 des neuen rumänischen IPR-Gesetzes gab es nicht.

B. Entstehungsgeschichte[344]

Über ein Jahrhundert lang, d. h. seit Inkrafttreten des rumänischen Zivilgesetzbuchs (Code civil) im Jahr 1865 bis zum Jahre 1992 (neues IPR-Gesetz), reduzierte sich das rumänische IPR nur auf einige verstreute Vorschriften in diesem Zivilgesetzbuch. Darin fand sich aber keine Bestimmung zum internationalen Deliktsrecht.

Eine Revision und Ergänzung der Kollisionsnormen wurde bereits in dem neuen Zivilgesetzbuch von 1939 angestrebt, das auch ein ausgezeichnetes IPR-Kapital beinhaltete. Aber wegen des innenpolitischen Umsturzes, des Ausbruchs des Zweiten Weltkrieges und der gewaltsamen Errichtung des Kommunistischen Regimes nach Kriegsende ist dieses Gesetz nicht mehr in Kraft gesetzt worden.

Nach 1960 war ein vom Ministerium der Justiz eingerichteter Fachausschuss über zehn Jahre lang mit der Ausarbeitung eines allgemeinen IPR-Gesetzes (einschließlich des Verfahrensrechts) beschäftigt. Auch dieser umfassende Entwurf, der mehrfach überarbeitet worden ist, wurde nicht verabschiedet.

Erst nach der Revolution im Dezember 1989 und dem Sturz des kommunistischen Regimes hat Octavian Capatina im Auftrage des Ministeriums der Justiz einen neuen Entwurf des IPR-Gesetzes ausgearbeitet. Daran beteiligt waren auch Ion Bacanu, Vizepräsident des Außenhandelsschiedsgerichts Bukarest, und Professor Savely, der sich mit dem Bereich des Verfahrensrechts beschäftigte. Der von dieser kleinen Arbeitsgruppe vorbereitete Entwurf wurde ohne Änderungen von beiden Kammern des Parlaments angenommen und als Gesetz Nr. 105 am 22. 9. 1992 verabschiedet. In diesem neuen IPR-Gesetz sind die Vorbehaltklauseln in Art.116 und Art.119 geregelt.

---

342 Vgl. Pfaff, Die Außenhandelsschiedsgerichtsbarkeit der sozialistischen Länder (Heidelberg 1973); Staudinger/v. Hoffmann 1998, RzNr. 88 zu Art.38 EGBGB.

343 Vgl. Octavian Capatina, Das rumänische Internationale Privatrecht, RabelsZ 58 (1994), S. 468.

344 Ausführlich siehe Octavian Capatina, Das rumänische Internationale Privatrecht, RabelsZ 58 (1994), S. 467-470.

C. *Unterschied zum deutschen Deliktsrecht*

1. Unterschied zu Art.38 EGBGB (alte Fassung)

Anders als deutsche Kollisionsrecht, das eine allgemeine Schutzklausel (Art.38 EGBGB a.F.) enthält, findet man im neuen rumänischen IPR-Gesetz nur zwei Schutzvorschriften, die auf bestimmte Deliktsarten, nämlich Produkthaftung (Art.116) und unlauter Wettbewerb (Art.119), beschränkt sind. Zwischen Art.114, Art.116 rumänisches IPR-Gesetz und Art.135 Abs. 1, Art.135 Abs. 2 schweizerisches IPR-Gesetz besteht kein inhaltlicher Unterschied. Für Ersatzansprüche aus einer unlauteren Wettbewerbshandlung oder einer Wettbewerbseinschränkung werden auch in Art.117 und 118 rumänisches IPR-Gesetz Sonderanknüpfungen statuiert und die Vorbehaltklausel auf diesem Gebiete ist gleich in Art.119 typisiert. Infolgedessen ist bei der Anwendung von Art.116 und 119 rumänisches IPR-Gesetz Rücksicht auf die Eigenschaft als typisiertere Vorbehaltklauseln zu nehmen[345], die rumänischen Gerichte können also Ersatzansprüchen aufgrund eines ausländischen, auf die Produkthaftung und die Haftung bei unlauterem Wettbewerb anwendbaren Rechts nur in dem Umfang stattgeben, den das rumänische Recht bei derartigen Schäden vorsieht.

Wie Art.135 Abs. 2 und Art.137 Abs. 2 des schweizerisches IPRG und Art.3129 des neuen Code civil de Quebec ist die Vorbehaltklausel gemäß Art.116 oder Art.119 rumänisches IPR-Gesetz keine Inländerschutzklausel, da der Kreis der geschützten Personen nach dem Wortlaut der Vorbehaltklausel nicht beschränkt ist.

2. Unterschied zu Art.40 Abs. 3 EGBGB

Wie das schweizerische IPR-Gesetz enthält das rumänische IPRG zahlreiche spezifische Deliktsrechtsregeln, und zugleich reduziert die Vorbehaltsklausel im beiden IPR-Gesetze nur auf bestimmte Deliktsarten, nämlich die Produkthaftung und die Haftung für unlauteren Wettbewerb. In den Bereiche der internationalen Produkthaftung und der Haftung bei unlauterem Wettbewerb besteht inhaltlich kaum Unterschied zwischen dem schweizerischen IPR-Gesetz (Art.135 und Art.137) und dem rumänischen IPR-Gesetz (Art.114 – Art.119). Die Unterschiede, die man zwischen Art.40 Abs. 3 EGBGB und Art.135 Abs. 2 und Art.137 Abs. 2 schweizerisches IPR-Gesetz feststellen kann[346], bestehen auch zwischen

345 Ausführlich siehe oben, Erster Teil. § 5. I. C. 1. (Unterschied zu Art.38 EGBGB).

346 Dazu ausführlich siehe oben, Erster Teil. § 5. I. C. 2.

Art.40 Abs. 3 EGBGB und Art.116 und Art.119 rumänisches IPR-Gesetzes. Daher ist eine Wiederholung hier unnötig.

D. Stellungnahme und Kritik

In den letzten zwei Jahrzehnten hat das IPR weltweit wesentliche Entwicklungen durchgelaufen. Diese Entwicklungen beeinflussten auch die Kodifikation des neuen rumänischen IPR-Gesetzes[347]. Als Vorbild für das internationale Deliktsrecht diente vermutlich das IPR-Gesetz der Schweiz von 1987. Das rumänische wie das schweizerische IPR-Gesetz enthalten zahlreiche spezifische Deliktsrechtsregeln mit offenkundig engen Anwendungsbereichen; diese Vorschriften passen ihre deliktsrechtlichen Lösungen der Besonderheit des jeweils geregelten Rechtsverhältnisses an, wie z. B. dem unlauteren Wettbewerb, der als unerlaubte Handlung angesehen wird. Durch diese Spezifizierung des Deliktsstatuts und statutarische Anpassung an bestimmte Deliktsrechtsverhältnisse ist die Aufgabe des Schutzes für Haftpflichtige bereits in der Sonderanknüpfung des bestimmten Deliktstyps erfüllt.

Zugleich ist die Vorbehaltsklausel im neuen rumänischen IPR-Gesetz nur auf bestimmte Deliktsarten reduziert, nämlich die Produkthaftung und die Haftung für unlauteren Wettbewerb. Zum Einsatz werden diese Vorbehaltsklauseln hauptsächlich bei der Verweisung auf ausländisches Recht, das für den Forumstaat (Rumänien) unerträglich ist, kommen.

III. Quebec: Art.3129 Code civil von Quebec

Art.3129: Les règles du présent code s'appliquent de façon impérative à la responsabilité civile pour tout préjudice subi au Québec ou hors du Québec et résultant soit de l'expoision à nue matière première provenant du Québec, soit de son utilisation, que cette matière première ait été traitée ou non.

A. Rechtslage vor dem Erlass des Code civil von Quebec

Der kanadische Code civil von 1865 regelt das Gebiet des Internationalen Privatrechts nur unvollständig in einigen wenigen Artikeln. Das internationale Delikts-

347 Vgl. Octavian Capatina, Das rumänische Internationale Privatrecht, RabelsZ 58 (1994), S. 469; Leonhardt, Das neue Internationale Privatrecht Rumäniens, IPRax 1994, S. 154 ff.; Mindach, Rumänisches Internationales Privat- und Zivilverfahrensrecht, ROW 1993, S. 349; Bacanu/Capatina/Zilberstein, Rumänien: Das IPR von 1992, Jahrbuch für Ostrecht 34 (1993), S. 187.

recht war in seinen verstreuten Vorschriften nicht enthalten[348]. In älteren Entscheidungen in Quebec zur Haftung für unerlaubte Handlungen wurde von der Geltung der lex-loci-delicti-Regel ausgegangen[349].

Der Oberste Gerichtshof Kanadas hat mit seinem Urteil aus dem Jahre 1930 deutlich gemacht, dass die in den englischsprachigen Provinzen übernommene englische Doktrin der „double actionability rule" auch in Quebec anzuwenden sei[350]. Demnach musste der vom Kläger erhobene Anspruch nach der lex fori klagbar sein und die betreffende Handlung musste nach dem Tatortrecht auch ein Delikt darstellen.

B. Entstehungsgeschichte

1. Der Quebecer Entwurf von 1975

In der Mitte des 20. Jahrhunderts sah sich der Gesetzgeber in Quebec wegen des großen Zustroms ausländischer Immigranten mit ihren engen Bindungen an ihre alte Heimat, der sprunghaften Ausweitung des internationalen Handels und der Vertiefung der Beziehung zu vielen ausländischen Staaten genötigt, ein neues IPR für Quebec zu kodifizieren. Im Jahr 1955 fand daher eine Revision des Code civil in Quebec statt, die auch ein neues IPR umfasste. Die IPR-Kommission war eine der ersten, die im Rahmen der Revision des Code civil ernannt wurden. Am 12. September 1975 übersandte die IPR-Kommission ihren endgültigen Entwurf dem Code-civil-Revision-Office[351]. In diesem Entwurf wurde das internationale Deliktsrecht in Art.31 und Art.32 geregelt[352].

---

348 Vgl. Abrell, Der Quebecer Entwurf einer Kodifikation des Internationalen Privatrechts, S. 21.

349 Vgl. Staudinger/v. Hoffmann 1998, RzNr. 57 zu Art.38 EGBGB.

350 Vgl. Staudinger/v. Hoffmann 1998, RzNr. 57 zu Art.38 EGBGB; Glenn, Codification of Private International Law in Quebec, IPRax 1994, S. 310.

351 Ausführlich siehe Abrell, Der Quebecer Entwurf einer Kodifikation des Internationalen Privatrechts, S. 21, 22.

352 Art.31 (Englisch): Extra-contractual civil responsibility is governed by the law of the domicile of the plaintiff at the time the act which caused the damage occurred. However, the defendant may raise a defense, in accordance with the law of the place where the act which caused the dammage occurred, based on the lawfulness of the act and the absence of any obligation for him to repair. Art.32: The defendant manufacturer whose product has caused damage may not invoke the second paragraph of Article 31, unless he establishes that he should not reasonably have foressen that the product, or his own products of the same type, would be marketed in the State where the plaintiff was domiciled.

Nach Art.31 Abs.1 ist das Wohnsitzrecht des Klägers zur Zeit der schadensverursachenden Handlung prinzipiell anwendbar. Die lex loci delicti wird nur insoweit in Betracht gezogen, als der Beklagte die Rechtmäßigkeit seiner Handlung und das Fehlen irgendeiner Ersatzverpflichtung nach dem Recht des Handlungsortes als Einrede geltend machen kann, wenn er dort seinen Wohnsitz hat (Art.31 Abs. 2). Für die Produkthaftung gelten die allgemeinen Regeln. Gemäß Art.32 Abs.2 hat der Produzent die Einrede der lex loci deliciti aber nur dann, wenn er mit einer Vermarktung seiner Ware im Wohnsitzstaat des Geschädigten rechnen musste[353].

Drei kollisionsrechtliche Modelle für eine Anknüpfung des Deliktsstatuts wurden von den Verfassern des Quebecer Entwurfs berücksichtigt, nämlich die traditionelle europäische Lösung der lex loci delicti; die vom englischen case law herrührende grundsätzlich Maßgeblichkeit der lex fori, bei der die lex loci delicti nur dann und insoweit berücksichtigt wird, als sie die schädigende Handlung rechtfertigt; schließlich die „center-of-gravity" Theorie des amerikanischen Rechts, die das Recht desjenigen Ortes entscheiden lässt, zu dem der Sachverhalt die engste Verbindung hat[354]. Daraus ergibt sich diese unkonventionelle Verweisungsregel, die bei der Praxis nur auf geringere Resonanz stieß[355] und schließlich auch nicht in Kraft gesetzt worden ist.

2. Der neue Code civil von Quebec

Am 18. Dezember 1991 nahm die Nationalversammlung Quebecs den neuen Code civil von Quebec an, der im Jahr 1994 in Kraft trat und den kanadischen Code civil von 1865 ersetzt. Das IPR, das zum Teil auf einem Projekt der IPR-Kommission des Code-civil-Revision-Offices basiert[356], ist im 10. Buch des neuen Code civil von Quebec geregelt. Die Kodifikation des neuen IPR wird deutlich vom europäischen internationalen Privatrecht, insbesondere der Haag-Konvention, dem schweizerischen IPR-Gesetz von 1987 und der Rom-Konvention von 1980 beeinflusst[357].

---

353 Vgl. Staudinger/v. Hoffmann 1998, RzNr. 58 zu Art.38 EGBGB; Abrell, Der Quebecer Entwurf einer Kodifikation des Internationalen Privatrechts, S. 177.

354 Vgl. Abrell, Der Quebecer Entwurf einer Kodifikation des Internationalen Privatrechts, S. 167.

355 Dazu kritisiert Abrell, Der Quebecer Entwurf einer Kodifikation des Internationalen Privatrechts, S. 166 ff..

356 Vgl. Castel, Some recent important trends in canadian private international law, NILR 1993, S. 29.

357 Vgl. Glenn, Codification of Private International Law in Quebec - an Overview, IPRax 1994, S. 308; Castel, Some recent important trends in canadian private international law, NILR 1993, S. 29.

Nach dem neuen Code civil von Quebec ist die lex loci delicti für das internationale Deliktsrecht grundsätzlich anwendbar, unterliegt aber einer Reihe von Ausnahmen (Art.3126-3129)[358]. Solche Ausnahme sind das Recht des gemeinsamen Wohnsitzes der Deliktsparteien und je nach Wahl des geschädigten Verbrauchers in Fällen der Produkthaftung entweder das Recht des Niederlassungsstaates des Schädigendes oder das Recht des Staates, in dem das Produkt erworben wurde[359]. Bei Rohstofflieferung und Rohstoffverarbeitung beschränkt Art.3129 Code civil von Quebec die Höhe der Schadenersatzforderung auf Sätze, die der Code civil von Quebec zulässt[360].

C. Unterschied zum deutschen Deliktsrecht

1. Unterschied zu Art.38 EGBGB (alte Fassung)

Der neue Code civil von Quebec verzichtet auf die vom englischen case law herrührende Doktrin der „double actionability", und der Vorbehalt ist sachlich beschränkt auf die Rohstofflieferung und Rohstoffverarbeitung, während bei der Kodifikation des deutschen IPR vom 25. 7. 1986 noch die allgemeine Schutzklausel beibehalten wird. Angesichts der sachlichen Beschränkung ähnelt Art.3129 Code civil von Quebec eher der typisierten Vorbehaltklausel in Art.135 Abs. 2 schweizerisches IPR-Gesetz[361]. Art.3129 Code civil von Quebec wird nur ein Anwendungsfeld für Ansprüche aus Rohstofflieferung und seiner Verarbeitung belassen; es werden lediglich Schadenersatzformen ausgeschlossen, die dem Recht von Quebec fremd sind, weil wegen des Wahlrechts des Klägers dem Interesse des Herstellers bzw. Verkäufers an der Voraussehbarkeit und Versicherbarkeit seines Risikos angemessen Rechnung zu tragen ist.

Anderes als Art.38 EGBGB (alte Fassung) beschränkt sich der geschützte Personenkreis nach Art.3129 Code civil von Quebec nicht nur auf Inländer; er umfasst auch Ausländer, die in Quebec eine Klage erheben. Vor den Gerichte von Quebec kann Ersatzansprüchen aus Haftung für Rohstofflieferung und -verarbeitung aufgrund eines anwendbaren ausländischen Rechts nur in dem Um-

---

358 Aufgabe dieser Arbeit ist es nicht, die Anknüpfung unerlaubter Handlungen allgemein zu untersuchen, aber es ist hier nötig, eine kurze Darstellung der Anknüpfungsregeln zu geben.

359 Vgl.Glenn, Codification of Private International Law in Quebec - an Overview, IPRax 1994, S. 310.

360 Vgl. Glenn, Codification of Private International Law in Quebec - an Overview, IPRax 1994, S. 310; Sturm, Legislative Strömung im internationalen Deliktsrecht, in: FS für Gauthier (Bern 1996), S. 368.

361 Dazu siehe oben, Erster Teil. § 5. I. C. 1. (Unterschied zu Art.38 EGBGB).

fang stattgegeben werden, den das Recht Quebecs bei derartigen Schäden vorsieht.

2. Unterschied zu Art.40 Abs. 3 EGBGB

Für das internationale Deliktsrecht ist die lex loci delicti nach dem neuen Code civil von Quebec grundsätzlich anwendbar, unterliegt aber einer Reihe von Ausnahmen (Art.3126-Art.3129). Ein typischer Fall davon ist die internationale Produkthaftung. Sie unterliegt je nach Wahl des geschädigten Verbrauchers dem Recht des Niederlassungsstaates bzw. gewöhnlichen Aufenthaltsstaates des Schädigers oder dem Recht des Staates, in dem das Produkt erworben wurde. Bei Rohstofflieferung und Rohstoffverarbeitung beschränkt Art.3129 Code civil von Quebec die Höhe der Schadenersatzforderung auf Sätze, die der Code civil von Quebec zulässt.

Im Gegensatz zum neuen Code civil von Quebec verzichtet das neu kodifizierte deutsche Internationale Deliktsrecht darauf, den Deliktsstatut für einzelne Deliktstypen zu statuieren. Für die Haftungsbeschränkung wird eine spezielle Vorbehaltsklausel in Art.40 Abs. 3 EGBGB, welche sich seiner Verweisungsregelung entsprechend auch nicht auf einzelne Deliktstypen beschränkt, eingeführt. Gemäß Art.40 Abs. 3 Nr. 1 und 2 EGBGB dürfen Ansprüche nach fremden Recht nicht wesentlich weiter gehen als zur angemessenen Entschädigung des Verletzten erforderlich, und sie dürfen nicht offensichtlich anderen Zwecken als einer angemessenen Entschädigung des Verletzten dienen. Im Vergleich mit Art.3129 Code civil von Quebec, dessen Anwendungsbereich auf Rohstofflieferung und Rohstoffverarbeitung beschränkt ist, haben Art.40 Abs. 3 Nr. 1 und 2, die als eine allgemeine Vorbehaltklausel angesehen werden, einen anscheinend großen Anwendungsbereich. Aber wenn man mit der Formulierung „wesentlich" und „offensichtlich" rechnet, sollte von der allgemeinen Vorbehaltsklausel zurückhaltend Gebrauch gemacht werden. Außerdem enthält Art.40 Abs. 3 Nr. 3 EGBGB einen einzigartigen Vorbehalt zugunsten haftungsrechtlicher Regelungen in Übereinkommen, die für die Bundesrepublik Deutschland in Kraft getreten sind.

D. Stellungnahme und Kritik

Anders als der Quebecer Entwurf von 1975, der keine von der generellen deliktischen Kollisionsnorm abweichende Sonderregel für die Produkthaftung enthält, unterliegt nach dem neuen Code civil von 1994 die internationale Produkthaftung entweder dem Recht des Staates, in dem der Schädigende seine Niederlassung oder seinen gewöhnlichen Aufenthalt hat, oder dem Recht des Staates, wo das Produkt erworben wurde. Zwischen den vorbezeichneten Rechten kann der Geschädigte wählen, der Ersatzansprüche stellt. Das Recht Quebecs folgt einer Tendenz in neueren deliktrechtlichen Kodifikationen dahingehend, dass die internationale Produkthaftpflicht nicht mehr der allgemeinen Tatortregel unterstellt, sondern eine Sonderanknüpfung für Produkthaftpflichtansprüche statuiert wird.

Wahrscheinlich hat der neue Code civil de Quebec von 1994 für die internationale Produkthaftung Art.135 schweizerisches IPR-Gesetzes von 1989 zum Vorbild. Aber entgegen der für die Produkthaftung generell geltenden Vorbehaltklausel gemäß Art.135 Abs. 2 schweizerisches IPR-Gesetz ist der von Art.3129 des neuen Code civil eingeräumte Schutz nur auf die Rohstofflieferung und -verarbeitung beschränkt. Diese Regelung beruht auf der Überlegung, einen Kompromiss zwischen modernem IPR-Gesetz und wirtschaftlicher Entwicklung zu erreichen, weil aus Quebec große Mengen von Asbest - verarbeitet und unverarbeitet - in die Vereinigten Staaten und nach Europa geliefert werden[362]. Ein solcher Kompromiss, in dem die Interessen des Geschädigten und des Schädigers sowie des Forumstaats zusammen berücksichtigt werden, verdient Lob.

IV. England: Clause 13 der Private International Law (Miscellaneous Provisions) Act 1995

The Private International Law (Miscellaneous Provisions) Act von 1995 verändert die Anknüpfungsregel für das internationale Deliktsrecht (außer der sogenannten „defamation claim“). Abgesehen von dieser Ausnahme ist es für den Kläger nicht mehr nötig zu beweisen, dass Schadenersatzansprüche aus einer im Ausland begangenen Handlung nach englischem Recht klagbare Ansprüche aus Delikten begründen, bevor sie nach dem Recht des Landes, in dem sie begangen wurden, klagbare Ansprüche begründen. Das heißt, dass englisches materielles Recht als lex fori im internationalen Deliktsrecht nicht mehr das maßgebende Recht ist. Bei dem Ehrverletzungsdelikt bleibt jedoch die „double actionability rule”, eine kumulierte Anwendung von lex fori und lex loci delicti, bestehen.

Clause 13: Exclusion of defamation claims from Part III
(1) Nothing in this Part applies to affect the determination of issues arising any defamation claim.
(2) For the purposes of this section „defamation claim” means -

362 Vgl. Sturm, Legislative Strömung im internationalen Deliktsrecht, in: FS für Gauthier (Bern 1996), S. 368, Fn. 60.

(a) any claim under the law of any part of the United Kingdom for libel or slander or for slander of title, slander of goods or other malicious falsehood and any claim under the law of Scotland for verbal injury; and
(b) any claim under the law of any other country corresponding to or otherwise in the nature of a claim mentioned in paragraph (a) above.

A. Rechtslage vor dem Erlass des Private International Law Act 1995

Vor dem Inkrafttreten des Private International Law (Miscellaneous Provisions) Act 1995 beherrschte die „double actionability rule", die von Willes J. in der Entscheidung Phillips v. Eyre formulierte wird und durch die Entscheidungen Chaplin v. Boy und Red Sea Insurance Co. Ltd. v. Bouygues SA ergänzt wurde, das englische internationale Deliktsrecht[363].

B. Entstehungsgeschichte

1. Arbeitsbericht von 1984

Die „double actionability rule" wurde für das Deliktsrecht im neunzehnten Jahrhundert ontwickelt[364] Heute sind grenzüberschreitende Deliktssachverhalte häufig, und die „double actionability rule" wird verstärke kritisiert, weil sie die lex fori übermäßig berücksichtigt, wegen der Kumulation von lex loci delicti und lex fori zu ungerechten Ergebnissen führt und die Ausnahmen von der „double actionability rule" zu unklar sind[365]. In Großbritannien wurde deshalb das damals geltende Deliktstatut für reformbedürftig gehalten, und die Law Commission und die Scottish Commission haben bereits im Jahre 1984 gemeinsam ein Konsultationspapier für das internationale Privatrecht vorgelegt. Im Teil IV des Papiers wurden zwei alternative Modelle für eine Reform des Deliktstatuts erarbeitet[366].

„Model 1": lex loci delicti would apply, as defined in relation to particular torts, but would be displaced if another country had the closest and most real connection;

---

363 Dazu ausführlich siehe oben, Erster Teil. § 3. I.

364 Dazu siehe Erster Teil. § 3. I. B. (Entstehungsgeschichte).

365 Vgl. Kaye, Recent Developments in the English Private International Law of Tort, IPRax 1995, S. 408.

366 Dazu ausführlich siehe Kaye, Recent Developments in the English Private International Law of Tort, IPRax 1995, S. 408.

„Model 2": law of the country having the closest und most real connection would apply, and would be presumed to be lex loci delicti as defined, unless the country was shown.

Das „Modell 1" sieht vor, grundsätzlich die lex loci delicti anzuwenden, wobei besondere Regeln dafür aufgestellt werden, wie bei mehreren Deliktsorten zu verfahren ist. Nach dem „Modell 2" soll das Recht des Landes, das die engste Verbindung zu dem Fall hat, angewandt werden. Dies wird dann durch einige ergänzende Regeln für bestimmte Fallgestaltungen näher definiert. Beide Modelle streben das gleiche Ziel an, zwischen Rechtssicherheit und Flexibilität ein Gleichgewicht zu erhalten. Sie enthalten aber keine Vorbehaltklausel im eigentlichen Sinne.

2. Abschlußbericht von 1990

Im Jahre 1990 veröffentlichten die englische und schottische Law Commission ihren Abschlußbericht, auf dem der Private International Law (Miscellaneous Provisions) Act 1995 wesentlich beruht. Beide Law Commissions entschieden sich für „Model 1" mit kleineren Modifikationen, wobei „the proper Law" Bedeutung erlangt, wenn die lex loci delicti zu Ungerechtigkeiten führen könnte. Das von der Law Commission übernommene System lautete wie folgt:[367]

a. The general rule
   - in death, personal injury and property damage: prima facie the law of the country in which the person or property was when damage was suffered would apply.
   - in "other Tort": prima facie the law of the country in which the most significant elements occurred would apply.
b. subject to:
   - displacement by a substantially more appropriate law in all the circumstance;
   - a different rule for "other torts" which had taken place in more than one country, and which would be governed on a non-prima facie, no-displacement basis by the law of the country with which they had the most real and substantial connection;
   - where conduct took place in the United Kingdom.

367 Vgl. Kaye, Recent Developments in the English Private International Law of Tort, IPRax 1995, S. 408; Carter, Choice of Law in Tort and Delict, The Law Quarterly Review 1991, S. 405 ff..

(a) Generally: where conduct mainly took place in the United Kingdom, United Kingdom law would govern the tort, even if the damage occurred abroad; although,

(b) In the case of the tort of defamation: United Kingdom law would govern if any publication took place in the United Kingdom, even if the main publication was abroad.

Die dritte Ausnahme - sogenannte „Forum-Kontrolle" - war am meisten umstritten und wurde kräftig kritisiert[368]. Es handelt sich dabei um eine einseitige Verweisungsregel auf die lex fori, sie kann aber nicht als eine Vorbehaltklausel oder Inländerschutzklausel angesehen werden.

3. Der Private International Law (Miscellaneous Provisions) Act 1995

Das in dem Abschlußbericht der Law Commission vorgestellte System des internationalen Deliktsstatuts, das den Private International Law (Miscellaneous Provisions) Bill Part III bildet, wurde im November 1994 in das Parlament des Vereinigten Königreichs eingebracht. Außer der sogenannten „Forum-Kontrolle" wurde das System im wesentlichen in den dritten Teil des Private International Act übernommen, der am 1. 5. 1996 in Kraft getreten ist.

Clause 11 Abs.1 sieht als Grundregel die Anknüpfung an die lex loci delicti vor[369]; die Beschränkung auf Auslandsdelikte ist nicht übernommen worden[370]. Die Bestimmung des Tatorts ist bei Distanzdelikten je nach Art der Rechtsgut-

368 Dazu ausführlich siehe Carter, Choice of Law in Tort and Delict, The Law Quarterly Review 1991, S. 416.

369 Clause 11: the general rule
(1) The general rule is that the applicable law is the law of the country in which the events constituting the tort or delict in question occur.
(2) Where elements of those events occur in different countries, the applicale law under the general rule is to be taken as being –
a) for a cause of action in respect of personal injury caused to an individual or death resulting from personal injury, the law of the country where the individual was when he sustained the injury;
(b) for a cause of action in respect of damage to property, the law of the country where the property was when it was damaged; and
(c) in any other case, the law of the country in which the most significant element or elements of those events occurred.
(3) In this section "personal injury" includes disease or any impairment of physical or mental condition.

370 Siehe clause 9 Abs.6 des Private International Act 1995: For the avoidance of doubt (and without prejudice to the operation of section 14 below) this part applies in relation to events occurring in the forum as it applies in relation to events occurring in any other country.

verletzung unterschiedlich. Bei einer Körperverletzung oder dem Tod findet das Recht des Staates Anwendung, in dem sich das Opfer zum Zeitpunkt der Tat aufhielt. Bei der Verletzung von Eigentum wird auf das Recht des Staates verwiesen, in dem sich die Sache zum Zeitpunkt der Tat befand. In allen anderen Fällen findet das Recht des Staates Anwendung, in dem dasjenige Tatbestandsmerkmal verwirklicht wurde, das Tathergang und Taterfolg am stärksten kennzeichnet[371].

In clause 12 wird eine Ausweichklausel zugelassen, die auf dem „the proper law"-Konzept beruht. Ergibt die Abwägung aller Faktoren des Falles, dass die Anwendung des Rechts eines anderen Staates als des nach der allgemeinen Regel berufenen Rechts wesentlich angemessener (substantially more appropriate) wäre, dann ist jenes Recht anzuwenden[372].

Nach clause 13 werden die Klagen, die auf einem Ehrverletzungsdelikt (sogenannte „defamation claim") beruhen, aus der Geltung des Private International Law (Miscellaneous Provisions) Act 1995 ausgeschlossen. Anders als der Vorschlag im Abschlußbericht der Law Commission von 1990, nach der die Ehrverletzungsklage nur einseitig der lex fori unterliegt, findet die „double actionability rule" weiter auf die sogenannte „defamation claim" Anwendung. Die sogenannte „Forum-Kontrolle", die ausschließliche Anwendung der lex fori bei „torts und delicts", wenn der Handlungsort im Vereinigten Königreich liegt, wurde wegen des Verstoßes gegen den Internationalen Entscheidungseinklang vom Parlament des Vereinigten Königreichs abgelehnt.

Abgesehen von clause 13 erhält der Private International Law (Miscellaneous Provisions) Act 1995 keine andere Vorbehaltsklausel. Aber in clause 13 ist die Weitergeltung der „double actionability rule" für Ehrverletzungsdelikte festlegt. Eine kumulative Anwendung von lex fori und lex loci delicti ist im Ergebnis

---

371 Vgl. Staudinger/v. Hoffmann 1998, RzNr. 50 zu Art.38 EGBGB.

372 Clause 12: displacement of general rule

(1) If it appears, in all the circumstances, from a comparison of -

(a) the significance of the factors which connect a tort or delict with the country whose law would be the applicable law under the general rule; and

(b) the significance of any factors connecting the tort or delict with another country, that it is substantially more appropriate for the applicable law for determining the issues arising in the case, or any of those issues, to be the law of the other country, the general rule is displaced and the applicable law for determining those issues or that issue (as the case may be) is the law of that other country.

(2) The factors that may be taken into account as connecting a tort or delict with a country for the purposes of this section include, in particular, factors relating to the parties, to any of the events which constitute the tort or delict in question or to any of circumstances or consequences of those events.

auch eine Art der Vorbehaltsklausel. Bei der Ehrverletzungsklage spielt das materielle Recht des Forums nach wie vor die entscheidende Rolle.

C. Unterschied zum deutschen Deliktsrecht

1. Unterschied zu Art.38 EGBGB (alte Fassung)

Die „double actionability rule" ist mit der Einführung des Private International Law Act 1995 nicht vollständig außer Kraft gesetzt worden. Sie findet weiter Anwendung auf Ehrverletzungsdelikte und ihr Inhalt ändert sich nicht wegen des Inkrafttretens neuer gesetzlicher Verweisungsregeln. Die Unterschiede zu Art.38 EGBGB (alte Fassung) bleiben grundsätzlich bei der „double actionability rule" für das Ehrverletzungsdelikt[373]. So ist Art.38 EGBGB (alte Fassung) eine Inländerschutzklausel, die „double actionability rule" aber nicht; stattdessen ist die „double actionability rule" im Gegensatz zu Art.38 EGBGB (alte Fassung) eine kumulative Verweisungsregel.

Ein weiterer Unterschied zwischen Art.38 EGBGB (alte Fassung) und der „double actionability rule" ist, dass die Anwendung der „double actionability rule" sich auf Klagen beschränkt, die auf einem Ehrverletzungsdelikt beruhen. Das ist auch der Grund dafür, dass die „double actionability rule" nach dem Inkrafttreten neuer gesetzlicher Verweisungsregeln nicht nur einfach als eine kumulative Verweisungsregel angesehen wird, sondern als „typisierte Vorbehaltklausel" klassifiziert wird.

2. Unterschied zu Art.40 Abs. 3 EGBGB

The Private International Law (Miscellaneous Provisions) Act von 1995 verändert die Anknüpfungsregel für das internationale Deliktsrecht, aber die „double actionability rule" ist mit der Einführung dieses Gesetzes nicht völlig außer Kraft gesetzt worden. Gemäß clause 13 findet sie weiter Anwendung auf Ehrverletzungsdelikte. Die Unterschiede, die man zwischen „double actionability rule" und Art.40 Ans. 3 EGBGB feststellen kann, bestehen auch zwischen Art.40 Abs. 3 EGBGB und clause 13 des Private International Law (Miscellaneous Provisions) Act von 1995. Beispielweise ist eine Auslandstat die Voraussetzung für Anwendung der „double actionability rule", aber nicht für Anwendung des Art.40 Abs. 3 EGBGB. Und eine von „double actionability rule" enthaltene kumulative Anwendung der lex fori neben der lex loci delicti verlangt Art.40 Abs.

373 Dazu ausführlich siehe oben, Erster Teil. § 3. 1. C. 1. (Unterschied zu Art.38 EGBGB).

3 EGBGB nicht[374]. Er greift dann ein, wenn Ansprüche nach fremdem Recht wesentlich weiter gehen als zur angemessenen Entschädigung des Verletzten erforderlich, und wenn sie offensichtlich anderen Zwecken als einer angemessenen Entschädigung des Verletzten dienen. Außerdem schränkt der Art.40 Abs. 3 Nr. 3, der sich in der „double actionability rule" nicht finden kann, die Anwendbarkeit ausländischen Rechts zum Schutz des Ersatzpflichtigen schon ein, wenn es nicht mit den haftungsrechtlichen Bestimmungen derjenigen multilateralen völkerrechtlichen Verträge übereinstimmt, die für die Bundesrepublik Deutschland in Kraft getreten sind.

D. Stellungnahme und Kritik

Ein großer Unterschied zwischen der neuen gesetzlichen Verweisungsregel im Private International Law Act 1995, die eine generelle Vorschrift (clause 11) und eine Ausnahme (clause 12) enthält, und der alten Verweisungsregel des commom law („double actionability rule"), die durch die Ausnahme in der Red Sea Entscheidung[375] im Jahr 1995 ergänzt wird, besteht nicht. Aber das Ziel der Reform im internationalem Deliktsrecht in Großbritannien ist nicht nur, Sicherheit und Flexibilität gleichermaßen zu berücksichtigen, sondern auch die automatische Geltung der lex fori zu beseitigen. Nach dem Inkrafttreten des Private International Law (Miscellaneous Povisions) Act 1995 beschränkt sich die Geltung der „double actionability rule" auf Ehrverletzungsdelikte. Eine grundsätzlich ablehnende Einschätzung dieser gesetzlichen Reform ist nicht gerechtfertigt, sie ist aber nicht unproblematisch.

Fraglicher ist schon, wie weit die Ausnahme von der „double actionability rule" gehen soll. Bei der Regelung der Ausnahme von der „double actionability rule" dienten offensichtlich die Analyse von Lords Wilberforce und Hodson in der Boy v. Chaplin-Entscheidung[376] und die vom Privy Council in der Red Sea-Entscheidung[377] als Muster (clause 10)[378]. Aber in clause 10 (b) ist der präzise

374 Ausführlich siehe oben, Erster Teil. § 3. I. C. 2.

375 Siehe oben, Erster Teil. § 3. I. B. 3. (Umbruch aus Red Sea Insurance Co.Ltd. v. Bouygues SA).

376 Dazu siehe oben, Erster Teil .§ 3. I. B. 2. (Ergänzung aus Chaplin v. Boy).

377 Dazu siehe oben, Erster Teil. § 3. I. B. 3. (Umbruch aus Red Sea Insurance Co.Ltd. v. Bouygues SA).

378 Clause 10: The rules of the common law, in so far as they -
(a) require actionability under both the law of the forum and the law of another country for the purpose of determining whether a tort or delict is actionable; or
(b) allow (as an exception from the rules falling within paragraph (a) above) for the law of a single country to be applied for the purpose of determining the issue, or any of the issues, arising in the case in question, are hereby abolished so far as

Inhalt der Ausnahme nicht geregelt. Damit bleibt unklar, ob die Ausnahme von der „double actionability rule" auch die Anwendung des Rechts eines dritten Staats (neben der lex fori und der lex loci delicti) zur Folge haben könnte[379]. Als eine Ausnahme von der allgemeinen Regel ist nach clause 12 des Private International Law Act 1995 auch die Anwendung des Rechts eines dritten Staats zugelassen.

Auch ist darauf aufmerksam zu machen, dass die Ausnahmeklausel (clause 12) nicht nur auf den ganzen Fall zugeschnitten ist, sondern auch für einzelne Ansprüche (a particular issue) gilt, die nur einen Teil der ganzen Schadensersatzpflicht ausmachen[380]. Anders als clause 12 des Private International Law Act 1995 erlaubt das common law, das auf der Chaplin v. Boy-Entscheidung und der Red Sea-Entscheidung basiert, eine Ausnahme von der „double actionability rule" nur für den Sachverhalt als ganzes, nicht für einzelne Schadensersatzansprüche. Eine Ausnahme von der allgemeinen Verweisungsregel (clause 11 oder „double actionability rule") ist weiterhin nur unter der Bedingung möglich, dass das von der allgemeinen Verweisungsregel nicht berufene Recht die nächste Beziehung zu dem Sachverhalt (oder dem einzelnen Schadensersatzanspruch) und den Parteien aufweist.

Ein anderes hervorstehendes Merkmal des Private International Law Act 1995 ist, dass es kein automatisches Eingreifen der lex fori vorsieht. Im IPR ist das internationale Deliktsrecht das Gebiet, in dem die Gerichte des Forums oft die Neigung zum „Heimwärtsstreben" besitzen. Im Gegensatz zu anderen neu kodifizierten IPR-Modellen (z. B. das schweizerische IPRG, Code civil de Quebec und das rumänische IPRG) enthält der Private International Law Act 1995 keine Vorbehaltklausel auf dem Gebiet der Produkthaftpflicht[381]. Mit dem Ziel des Schutzes der inländischen Wirtschaft einerseits, des Schaffens modernen IPR-Kodifikation andererseits halten die vorgenannten IPR-Modelle an der Vorbehaltklausel fest, beschränken sie aber zugleich auf bestimmte Deliktstypen, wie insbesondere die Produkthaftpflicht. Der englische IPR-Experte Carter[382] hat schon früh auf das Problem hingewiesen, dass der Private International Law Act

---

they apply to any claim in tort or delict which is not excluded from the operation of this Part by section 13 below.

379 Dazu vgl. Morse, Torts in Private International Law: a new statutory framework, International and Comparative Law Quarterly 1996, S. 893; 898.

380 Siehe clause 12 (2) Private International Law Act 1995.

381 Dazu ausführlich siehe oben, Erster Teil. § 5. I.; Erster Teil. § 5. II. und Erster Teil. § 5. III.

382 Vgl. Carter, The Private International Law (Miscellaneous Provisions) Act 1995, The Law Quarterly Review 1996, S. 194.

1995 wegen Fehlens einer Vorbehaltklausel im Gebiet der Produkthaftpflicht schädliche Auswirkungen für die Wirtschaft haben könnte.

Es ist kaum annehmbar, dass die Neigung zum „Heimstreben“ im Bereich des britischen internationalen Deliktsrechts infolge der Aufhebung der kumulativen Vorbehaltklausel in Großbritannien erlischt. Das heimische Gesetz wird weiter auf andere Wegen von den heimischen Gerichten zur Anwendung gebracht werden. Die Erfahrungen in den Vereinigten Staaten haben gezeigt, dass im Gebiet des Tort Law die lex fori dadurch zur Anwendung kommt, dass der Sachverhalt unter Berücksichtigung eines Regierungsinteresses als ein Sachverhalt mit Beziehungen zum heimischen Recht charakterisiert wird, oder dass einfach die lex fori als „substantially more appropriate" angesehen wird[383]. Diese negativen Aspekte der gesetzlichen Reform sieht der britische Gesetzgeber nicht. Daran wird deutlich, wie schwierig es ist, eine angemessene Vorbehaltklausel aufzustellen, die die inländische Wirtschaft (gegebenenfalls auch private Inländer) wirksam schützen kann und zugleich nicht gegen die comitas verstößt. Das Bemühen um gerechte Lösungen sollte aber nicht zu unbestimmten Generalklauseln oder zur gänzlichen Aufhebung von Inländerschutzklauseln führen. Allerdings hat die gesetzliche Reform des internationalen Deliktsrechts in England zur Folge, dass Ansprüche aus Delikten, die für das englische Gesetz fremd sind, dennoch auch vor englischen Gerichten geltend gemacht werden können, und dass die neuen gesetzlichen Verweisungsregeln dem Kläger größere Chancen auf den Sieg geben.

V. Zwischenbilanz

Gesetze zum internationalen Deliktsrecht, deren Vorbehaltklauseln typisiert wurden, sind relativ jung; sie stammen von Ende der achtziger oder Anfang der neunziger Jahren des 20. Jahrhunderts. Anders als das alte deutsche Kollisionsdeliktsrecht, das auch vor nicht sehr langer Zeit, 1986, kodifiziert wurde, oder das neue, das gerade am 1. 6. 1999 in Kraft tritt, das aber mit Art.38 EGBGB (alte Fassung) bzw. Art.40 Abs. 3 EGBGB eine allgemeine Schutzklausel enthält, reduziert sich die Vorbehaltsklausel in den anderen neu-kodifizierten Gesetzen zum internationalen Deliktsrecht nur auf bestimmte Deliktsarten, nämlich in der Schweiz auf Produkthaftung und Haftung für unlauterem Wettbewerb, in Quebec auf das Gebiet der Rohstofflieferung und Rohstoffverarbeitung, in Ru-

383 Dazu vgl. Carter, The Private International Law (Miscellaneous Provisions) Act 1995, The Law Quarterly Review 1996, S. 194; ders., Choice of Law in Tort and Delict, The Law Quarterly Review 1991, S. 409.

mänien auf Produkthaftung und unlauteren Wettbewerb und in Großbritannien auf Ehrverletzungsdelikte.

Der geschützte Personenkreis in solchen typisierten Vorbehaltsklauseln beschränkt sich nicht nur auf Inländer oder inländische Unternehmen; sie umfassen auch Ausländer oder ausländische Unternehmen, die vor inländischen Gerichten verklagt werden. Abgesehen von clause 13 des Private International Law Act 1995 dienen sie hauptsächlich zum Schutz vor für das inländische Recht unerträglichen Schadensersatzformen, insbesondere vor solchen, die strafrechtlichen Charakter haben, z. B. „punitive damages". In dieser Hinsicht sind sie besondere Ausformungen des ordre public.

Das Regelungsmodell der typisierten Vorbehaltsklausel kann als ein gerechter Ausgleich zwischen dem Interesse des Forumstaats und dem internationalen Entscheidungseinklang im internationalen Deliktsrecht angesehen werden. Es bietet ausreichenden Schutz für das Interesse des Forumstaats, sowohl in wirtschaftlicher Hinsicht als auch in Bezug auf den ordre public vor unerträglichen ausländischen Gesetzen, gleichzeitig kann die Kritik von Fachgelehrten an einer einseitigen Inländerschutzklauseln wie Art.38 EGBGB (alte Fassung) vermeiden werden. Mit einer solcher typisierten Vorbehaltsklausel können Mitgliedstaaten der EG auch einen Verstoß gegen das Diskriminierungsverbot von Art.7 Abs. 1 EWG-Vertrag (Art.12 EGV) umgehen.

Zweiter Teil: Kritik an der Privilegierung der lex fori

§1. Verstoß gegen Art.3 GG?

I. Beziehung zwischen grundgesetzlichem Gleichbehandlungsgrundsatz und kollisionsrechtlicher Privilegierung der lex fori

Der Grundsatz der Gleichbehandlung der In- und Ausländer kann sowohl auf völkerrechtlicher[384] als auch auf verfassungsrechtlicher Ebene virulent werden. Fraglich ist aber, ob diese Gleichbehandlung sich auch auf dem Gebiet des internationalen Privatrechts auswirken soll[385]. Wenn wir zu den kollisionsrechtlichen Auswirkungen des Gleichbehandlungsgrundsatzes auf verfassungsrechtlicher Ebene begehen, so muss dazu folgendes ausgeführt werden.

Wer im internationalen Privatrecht nur Kompetenznormen zur Abgrenzung staatlicher Herrschaftsbereiche sieht, wird die Maßgeblichkeit der Grundrechte für das internationale Privatrecht verneinen müssen, weil diese für Kompetenznormen nichts ergeben; er wird im Grundgesetz für solche Kompetenznormen Maßgebliches nur in der vom Geltungsbereich des Grundgesetzes sprechenden Präambel, in Art.25 über die Maßgeblichkeit allgemeinen Völkerrechts und allenfalls in durch den Überleitungsvertrag aufrechterhaltenen besatzungsrechtlichen Beschränkungen finden. Wer dagegen der vorherrschenden privatrechtlichen Auffassung vom Wesen des IPR folgt, muss den Grundrechten auch für das IPR Bedeutung beimessen[386]. Allerdings ist dies gelegentlich bezweifelt worden, weil das IPR mehr oder weniger neutrale technische Normen oder Ordnungsnormen enthalte, welche nur das anzuwendende Recht bestimmen, nicht aber unmittelbar der Gerechtigkeit dienen. Aber selbst wenn man unterstellte, es

---

384 Der völkerrechtliche Grundsatz der Inländergleichbehandlung findet sich sowohl in bilateralen als auch in multilateralen Verträgen, z.B. deutsch-französischer Niederlassungs- und Schifffahrtsvertrag; europäisches Niederlassungsabkommen vom 13. Dezember 1955.

385 Zu Beginn des vierten Jahrzehntes des neunzehnten Jahrhunderts erschien in den Vereinigten Staaten eine kurze Abhandlung, überschrieben mit der provozierenden Frage, ob das Internationale Privatrecht ein Zweig des Verfassungsrechts geworden sei. Dazu siehe Bernstein, Ein Kollisionsrecht für die Verfassung, in NJW 1965, S. 2273, Anm. 1.

386 Vgl. Beitzke, Grundgesetz und internationales Privatrecht, S. 14 ff..

handle sich beim IPR nur um Ordnungsvorschriften, so wäre dennoch die Beachtung der Grundrechte erforderlich.

Versteht man den allgemeinen Gleichheitssatz des Art.3 GG als Gerechtigkeitsgebot und Willkürverbot nicht nur für Verwaltung und Rechtsprechung, sondern auch für die Gesetzgebung, so ist dieser Satz auch für das IPR maßgebend[387].

Früher wurde angenommen, dass die Gleichbehandlungsbestimmungen keine Bedeutung für das Kollisionsrecht haben. Das wurde darauf zurückgeführt, dass der Gleichbehandlungsgrundsatz sich nur auf Sachnormen beziehe, also diskriminierende fremdenrechtliche Vorschriften verbiete. Vor gut dreißig Jahren kam die Frage, ob der Gleichbehandlungssatz sich auch auf das internationale Privatrecht erstrecken solle[388]. Heute ist diese Frage zu bejahen.

Die folgende Untersuchung wird sich darauf richten, ob Art.38 EGBGB (alte Fassung) gegen Art.3 GG verstößt, weil Art.38 EGBGB (alte Fassung) im neuen deutschen Kollisionsrecht durch Art.40 Abs. 3 EGBGB ersetzt wird, und Art.40 Abs. 3 EGBGB eine Inländerschutzklausel nicht mehr enthält[389].

II. Standpunkt der Rechtsprechung

In einem im Jahr 1961 vom BGH entschiedenen Fall hatte der Revisionskläger geltend gemacht, Art.12 EGBGB (frühere Fassung), wonach aus einer im Ausland begangenen unerlaubten Handlung keine weiteren Ansprüche gegen einen Deutschen geltend gemacht werden können, als nach den deutschen Gesetzen begründet sind, bedeute einen Verstoß gegen Art.3 GG, weil Art.12 EGBGB (frühere Fassung) dazu führe, dass ein deutscher Schädiger sich nach Bedarf sowohl auf die Höchsthaftungsgrenzen des ausländischen als auch des deutschen Rechts berufen könne, während der deutsche Geschädigte es in Kauf nehmen müsse, nach dem für ihn ungünstigsten Recht abgefunden zu werden[390].

Die Revision wollte daraus ableiten, dass das deliktsrechtliche Tatortsprinzip verfassungswidrig sei und es auf das Flaggenrecht der an einer Schiffskollision beteiligten Schiffe ankomme. Dieses Beispiel zeigt, wie in der Praxis die Verfassungswidrigkeit des deutschen IPR in Betracht gezogen wurde. Aber das Tatortsprinzip und die Privilegierung deutscher Schädiger sollten nicht zusammen beurteilt werden. Aus dieser Entscheidung ist nicht notwendig zu entnehmen, dass

387 Vgl. Beitzke, Grundgesetz und Internationales Privatrecht, S. 18.
388 Vgl. Makarov, Der Gleichbehandlungssatz und das Internationale Privatrecht, S. 231.
389 Dazu siehe Erster Teil. § 2..
390 BGH, Urteil v. 2.2. 1961, JZ 1961, S. 422.

Art.38 EGBGB (alte Fassung) gegen Art.3 GG verstößt, mit anderen Worten, dass die Privilegierung deutscher Schädiger gegen Art.3 GG verstößt. Eine solche Argumentation ist verfehlt[391].

III. Auffassungen im Schrifttum

In der Literatur werden die Vorbehaltsklauseln nicht immer unter dem Aspekt des Verstoßes gegen den in der Verfassung verankerten Gleichheitssatz behandelt. Die besonderen Vorbehaltsklauseln - werden von Kegel ganz allgemein missbilligt[392]. Anderer Auffassung sind Beitzke und Wengler.

Beitzke vertritt die Ansicht , dass im oben genannten Fall kein Verstoß gegen Art.3 GG vorliegt, schon weil Schädiger und Geschädigter sich in einer so ungleichartigen Position befinden, dass ihre Gleichstellung kaum sinnvoll erscheint; zudem ist gar nicht immer der deutsche Geschädigte dem ungünstigeren Recht unterworfen, da er bei einem in Deutschland begangenen Delikt gegen jeden Schädiger die vollen Ansprüche des deutschen Rechts hat. Dagegen muss sich bei dem im Ausland begangenen Delikt der ausländische Geschädigte ebenso gut wie der deutsche die Beschränkungen des Art.38 EGBGB (alte Fassung) von einem deutschen Schädiger entgegenhalten lassen[393].

Eine ähnliche Ansicht wird von Makarov vertreten. Er meint, dass eine unparitätische Kollisionsnorm schließlich auch Art.7 Abs. 3 EGBGB (heute Art.12 EGBGB) sei, aber niemand halte diese unparitätische Erweiterung des Anwendungsbereichs des inländischen Rechts unter Berufung auf den in der Verfassung verankerten Gleichheitsgrundsatz für verfassungswidrig. Die Auswirkung des Gleichheitsgrundsatzes auf die deutschen Kollisionsnormen werde nur in bezug auf die Deliktsobligationen behauptet. Die Anwendung des Gleichheitsgrundsatzes auf dem Gebiet des internationalen Privatrechts stellt aber eine Überspannung der Reichweite des Art.3 Abs. 1 GG dar[394]. Es liegt nahe, mit Makarov anzunehmen, dass der Gleichbehandlungsgrundsatz sich bis jetzt weder auf völkerrechtlicher noch auf verfassungsrechtlicher Ebene auf dem Gebiet des internationalen Privatrechts ausgewirkt hat.

Weiter als Beitzke geht Wengler in seiner Anmerkung zum Urteil des Bundesgerichtshofes vom 2. Februar 1961[395]. Wengler erblickt hier schon in der

---

391 Dazu vgl. Beitzke, Grundgesetz und Internationales Privatrecht, S. 20.

392 Dazu sehe Kegel, Internationales Privatrecht, 7. Aufl. 1995, S. 550.

393 Vgl. Beitzke, Grundgesetz und Internationales Privatrecht, S. 20.

394 Vgl. Makarov, Der Gleichbehandlungsgrundsatz und das internationale Privatrecht, S. 244 ff..

395 In JZ 1961, S. 242.

Anwendung des Art.38 EGBGB (alte Fassung) eine Verletzung des Gleichheitsgedankens, nämlich eine diskriminierende Behandlung der ausländischen Partei. Dagegen behandelt Wengler im Aufsatz „Rechtsgleichheit und Vielheit der Rechte“[396], die spezialisierten Vorbehaltsklauseln und die unparitätische Geltung des nationalen Kollisionsrechts im allgemeinen nicht unter dem Aspekt des verfassungsrechtlichen Gleichheitssatzes, sondern nur unter dem Aspekt der vertraglichen Verbote der diskriminierenden Behandlung von Ausländern.

IV. Stellungnahme und Kritik

Das Verbot von Diskriminierungen aufgrund der Staatsangehörigkeit verhindert also nicht, dass ein Staat in seinem internationalen Privatrecht bestimmt, dass entweder inländisches oder ausländisches Recht zur Anwendung gelangt, je nachdem ob die maßgebliche Anknüpfung zum Inland oder zum Ausland hinführt. Auch die Inländergleichstellungsklausel fordert nicht, dass ein Staat überhaupt nur noch sein eigenes Recht, wie bei ausschließlichen Inlandsanknüpfungen, zur Anwendung kommen lässt[397]. Es ist auch kaum anzunehmen, dass die Gerichte und die Verwaltungsstellen in diesen Fällen sich verpflichtet fühlen werden, allein unter Berufung auf den Gleichbehandlungsgrundsatz spezialisierte Vorbehaltsklauseln nicht anzuwenden[398].

Während der deutsche Beklagte gemäß Art.38 EGBGB (alte Fassung) sich unter der lex loci delicti und dem deutschen Recht das günstigere aussuchen kann, ist dies dem ausländischen Beklagten nicht gestattet. In der Tat ist schon die Anwendung der speziellen Schutzklausel gemäß Art.38 EGBGB (alte Fassung) eine Verletzung des Gleichheitsgedankens, nämlich eine diskriminierende Behandlung der ausländischen Partei. Trotzdem besteht Einvernehmen darüber, dass der Gleichheitssatz des Art.3 Abs. 1 GG keine Aufhebung des gesamten Fremdenrechts und kein Verbot, neue fremdenrechtliche Normen zu erlassen, fordert[399]. In Art.3 Abs.3 GG, in dem die absoluten Differenzierungsverbote aufgezählt sind, wird die Staatsangehörigkeit auch nicht erwähnt.

396 Wengler, Rechtsgleichheit und Vielheit der Rechte, in: Hundert Jahre Deutsches Rechtsleben, S. 291, 296.

397 Vgl. Wengler, Rechtsgleichheit und Vielheit der Rechte, in: Hundert Jahre Deutsches Rechtsleben, S. 242.

398 Vgl. Makarov, Der Gleichbehandlungsgrundsatz und das internationale Privatrecht, S. 239.

399 Wie Ipsen sagt, steht ein Gesetz, das nach der Staatsangehörigkeit differenziert, nicht deshalb im Widerspruch zum Gleichheitssatz, weil es dieses Unterschei-

Wengler schreibt in seiner Abhandlung über Rechtsgleichheit und Vielheit: „ ....die Tatsache, dass fast alle Staaten irgendwo in ihrem Kollisionsrecht unparitätische Elemente besitzen, und die Tatsache, dass alle mit Hilfe des ordre public ihrer lex fori einen erweiterten Anwendungsbereich vor ihren Gerichten verschaffen, zeigt, dass offenbar eine allgemeine Rechtsüberzeugung von der Zulässigkeit solchen Vorgehens besteht"[400]. Dieser Äußerung schließe ich mich an. Eine völlige Beseitigung einer solchen unparitätischen Behandlung ist aus Gründen des Schutzes des inländischen Rechtsverkehrs ausgeschlossen. Soweit ich es übersehen kann, werden aus entsprechenden verfassungsrechtlichen Grundsätzen anderer Länder ebenfalls keine kollisionsrechtliche Konsequenzen gezogen.

V. Zwischenergebnis

Zusammengefasst ergibt sich, dass ein Verstoß gegen Art.3 GG durch Art.38 EGBGB nicht angenommen werden kann. Art.3 GG steht nicht der in Art.38 EGBGB (alte Fassung) ausgesprochenen Bevorzug deutscher Schädiger entgegen. Eine Differenzierung der Rechtsfolgen nach Nationalität der Betroffenen bedeutet nicht notwendig ein Verstoß gegen Art.3 GG. Das hier die Differenzierung rechtfertigende Element ist auf jeden Fall die Inlandberührung, vermittelt durch die deutsche Staatsangehörigkeit[401].

§2. Verstoß gegen Art.7 Abs.1 EWG-Vertrag (Art.12 EGV) ?

I. Grundlage

Bei der Anwendung des deutschen IPR ist das im EG-Vertrag festgelegte allgemeine Diskriminierungsverbot zu beachten. Ergibt sich daraus ein Verbot oder eine Einschränkung der Vorbehaltsklausel im Verhältnis der Mitgliedstaaten zueinander? Hat die Gründung der EG einen Einfluss auf die Anwendbarkeit der speziellen Vorbehaltsklausel in Deutschland? Das neue deutsche Internationale Deliktsrecht führt eine spezielle Vorbehaltsklausel in Art.40 Abs. 3 EGBGB ein, der nicht auf die Staatsangehörigkeit des Anspruchsgegners abstellt. Es handelt

---

dungsmerkmal überhaupt verwendet. Ipsen, Die Grundrechte, S. 156. Im gleichen Sinne Beitzke, Grundgesetz und Internationales Privatrecht, 1961, S. 19.

400 Wengler, Rechtsgleichheit und Vielheit der Rechte, in: Hundert Jahre Deutsches Rechtsleben, S. 296.

401 Vgl. Bröcker, Möglichkeiten der differenzierten Regelbildung im internationalen Deliktsrecht, Diss. 1967, S. 232.

sich bei Art.40 Abs. 3 EGBGB um eine Konkretisierung des ordre public und offensichtlich wird es nicht für einen Verstoß gegen das allgemeinen Diskriminierungsverbot des EG-Vertrags angesehen. Wir behandeln deshalb hier allein die Frage, ob Art.38 EGBGB (alte Fassung) gegen das allgemeine Diskriminierungsverbot des EG-Vertrags verstößt.

A. Geltung von Art.7 EWGV (Art.12 EGV) für Kollisionsrecht

Der Vertrag zur Gründung der Europäischen Wirtschaftsgemeinschaft vom 25. 3. 1957 hat keine Regelung kollisionsrechtlicher Fragen zum Gegenstand und äußert sich auch nicht zur Vorbehaltsklausel[402]. Aber auch wenn man bei der Schaffung von Art.7 EWGV (Art.12 EGV) eher an fremdenrechtliche als an kollisionsrechtliche Regelungen gedacht hat, schließt dies eine Anwendung auf das Kollisionsrecht nicht aus. Auch Kollisionsnormen können die Freiheit des Wirtschaftsverkehrs innerhalb der Gemeinschaft behindern und müssen sich deshalb an den Diskriminierungsverboten des EG-Vertrags messen lassen[403].

B. Anwendungsbereich des Art.7 EWG-Vertrags (Art.12 EGV)

Art.7 EWGV (Art.12 EGV) beansprucht ausdrücklich nur Geltung „im Anwendungsbereich" des Vertrags. Unter dem Anwendungsbereich des Vertrags in Art.7 EWGV (Art.12 EGV) ist nicht nur der räumlich-persönliche Geltungsbereich der Bestimmungen zu verstehen, sondern auch die im Vertrag behandelten Sachgebiete[404]. Was den sachlichen Anwendungsbereich des EG-Vertrags betrifft, auf den sich auch das Diskriminierungsverbot beschränkt, ist im Schrifttum umstritten. Zur Auslegung des sachlichen Anwendungsbereich spricht Grabitz davon, dass „alle Gebiete, in denen die Gemeinschaft irgendwie tätig ist und sich Verpflichtungen für die Gemeinschaft ergeben"[405]. Wohlfahrt/Everling/Glaesner/Sprung sehen den Anwendungsbereich „im Wirtschaftsleben im weite-

402 Vgl. Meise, Zur Relativität der Vorbehaltsklausel im internationalen und interlokalen Privatrecht, S. 260.

403 Diese Auffassung gewinnt im Schrifttum überwiegend an Unterstützung, vgl. Steindorff, Der Gleichheitssatz im Wirtschaftsrecht des gemeinsamen Marktes, S. 47f.; Drobnig, RabelsZ 34 (1970) , 636, 640 ff.; Samtleben, RabelsZ 45 (1981) , S. 218, 244 ff.; v. Bar, IPR I, Rn. 167, 169 ff.; Fischer, Gemeinschaftsrecht und kollisionsrechtliches Staatsangehörigkeitsprinzip, S. 159. in: v. Bar (Hrsg.), Europäisches Gemeinschaftsrecht in IPR, 1991.

404 Vgl. Makarov, Der Gleichbehandlungsgrundsatz und das IPR, in: Eronion Maridakis III (1964), S. 235f.; Suhr, Das Recht des Personalstatuts im Zeichen der europäischen Integration, S. 20.

405 Grabitz, Kommentar zum EWG-Vertrag, Art.7 RzNr. 16.

sten Sinne des Wortes“[406], Bode „im Bereich des gemeinsamen Wirtschaftsverkehrs zwischen den Mitgliedstaaten“[407]. Abgesehen von verschiedenen Terminologien (Wirtschaftsleben oder Wirtschaftsverkehr) ist für beide entscheidend, ob diese die Diskriminierung sich auf das Wirtschaftsleben im gemeinsamen Markt unmittelbar auswirkt[408].

Eine direkt das Kollisionsrecht betreffende Regelung enthält der EG-Vertrag nicht. Aber eine unmittelbare Auswirkung auf das Wirtschaftsleben im gemeinsamen Markt wäre immerhin denkbar, da Kollisionsnormen in den zum Wirtschaftsleben gehörenden Bereichen für einen Ausländer diskriminierende Wirkung entfalten können.

C. Beziehung zwischen der deliktsrechtlichen Haftungsbeschränkung und dem allgemeinen Diskriminierungsverbot

1. Standpunkt der Rechtsprechung

In der Frage, ob Art.38 EGBGB (alte Fassung) gegen das in Art.7 EWGV (Art.12 EGV) enthaltene allgemeine Diskriminierungsverbot verstößt, hat die deutsche Rechtsprechung keine explizite Notiz genommen. Das wäre auch erst dann erforderlich, wenn es um die Inanspruchnahme eines Angehörigen eines Mitgliedstaates der EU durch den Angehörigen aus einem Drittstaat ginge. Aus Gründen der Zuständigkeit kommen solche Fälle verhältnismäßig selten vor deutsche Gerichte[409]. Der Bundesgerichtshof hat mit einem jungen Urteil aus dem Jahre 1996 diese Frage leider auch offen gelassen[410].

2. Auffassungen im Schrifttum

Im Schrifttum bestehen hierzu unterschiedliche Auffassungen. Der überwiegende Teil der deutschen Literatur vertritt die Auffassung, dass ein Sonderschutz

---

406 Wohlfahrt/Everling/Glaesner/Sprung, Die Europäische Wirtschaftsgemeinschaft, 1960, Art.7, Anm.10; vgl. auch Drobnig, Verstößt das Staatsangehörigkeitsprinzip gegen das Diskriminierungsverbot des EWG-Vertrags? RabelsZ 34 (1970), S. 645.

407 Bode, Die Diskriminierungsverbote im EWG-Vertrag, Diss. Göttingen 1968, S. 303.

408 Vgl. Fischer, Gemeinschaftsrecht und kollisionsrechtliches Staatsangehörigkeitsprinzip, S. 160.

409 Vgl. dazu v. Bar, IPR, S. 159. Fn. 212.

410 BGHZ 131, 332 (345F.) = NJW 1996, 1128 – Caroline von Moraco.

deutscher Schädiger gegenüber einem geschädigten Bürger eines EU-Staates diskriminierend wäre[411].

Allerdings haben die „inkriminierten“[412] Bestimmungen auch Verteidiger gefunden[413]. Diese Ansicht wird wie folgt begründet: Zunächst betreffe Art.7 EWGV (Art.12 EGV) nicht das gesamte Gebiet der unerlaubten Handlungen, denn der EGV beziehe sich nur auf wirtschaftliche Tätigkeiten[414]. Zum anderen könne auch nicht angenommen werden, dass Art.38 EGBGB (alte Fassung) überhaupt eine Diskriminierung enthalte. Ein ausländischer Kläger würde nicht dadurch diskriminiert, dass er sich Art.38 EGBGB (alte Fassung) entgegenhalten lassen muss, denn ein deutscher Kläger sei nicht besser gestellt, wenn er einen deutschen Beklagten wegen einer im Ausland begangenen unerlaubten Handlung in Anspruch nimmt[415].

Ferner Art.38 EGBGB (alte Fassung) solle nicht Ausländer diskriminieren, sondern Deutsche aus Delikt nicht weiter haften lassen als nach dem als weit empfundenen deutschen Deliktsrecht. Art.38 EGBGB (alte Fassung) sei eine spezielle Ausformung des nationalen deutschen ordre public[416], dessen Geltendmachung auch dem EGV gegenüber dem nationalen Gesetzgeber vorbehalten bleibe, und bleibe deshalb außerhalb des sachlichen Schutzbereichs des Art.7 Abs. 1 EWGV (Art.12 EGV)[417].

---

411 Diese Auffassung gewinnt im Schrifttum zunehmend Unterstützung, vgl. z. B. Wengler, Rechtsgleichheit und Vielheit der Rechte, in: 100 Jahre Deutsche Rechtleben, 1960, S. 298, Fn. 121; Zweiger, Einige Auswirkungen des Gemeinsamen Marktes auf das IPR des Mitgliedstaaten, S. 566f.; Drobnig, Verstößt das Staatsangehörigkeitsprinzip gegen das Diskriminierungsverbot des EWG-Vertrages?, RabelsZ 34 (1970), S. 660; Niessen, IPR für unerlaubte Handlungen im Wiederspruch zum Diskriminierungsverbot des EWG-Vertrages, NJW 1968, S. 2171; Meise, Zur Relativität der Vorbehaltsklausel im internationalen und interlokalen Privatrecht, S. 266f..

412 Der Begriff geht zurück auf Drobnig, Verstößt das Staatsangehörigkeitsprinzip gegen das Diskriminierungsverbot des EWG-Vertrages?, RabelsZ 34 (1970).

413 Hierzu Kropholler, Ein Anknüpfungssystem für das Deliktsstatut, RabelsZ 1969, S. 615; München/Kreuzer, 3. Aufl. 1998, RzNr. 304 zu Art.38 EGBGB.

414 Vgl. dazu Kropholler, Ein Anknüpfungssystem für das Deliktsstatut, RabelsZ 1969, S. 615.

415 Die Anwendung deutschen Rechts folgt in diesem Fall meist schon aus der Rechtsanwendungs-Verordnung von 1942 (aufgehoben am 1. 6. 1999). Deswegen erscheint diese Ansicht nicht undenklich. Vgl. etwa Bröcker, Möglichkeiten der differenzierten Regelbildung im internationalen Deliktsrecht, S. 232; Kropholler, aao RabelsZ 1969, S. 615.

416 Kegel, IPR 7. Aufl. S. 385; Soegel/Lüderitz, 12. Aufl. 1996, RzNz. 105 zu Art.38 EGBGB.

417 Zur Interpretation der Verhältnisses zwischen allgemeiner und spezieller ordre-public-Klausel unten Dritter Teil. § 2.

Schließlich werde auch ein ausländischer Beklagter vor einem deutschen Gericht nicht dadurch diskriminiert werden, dass ihm keine entsprechende Schutzklausel zur Seite steht. Art.38 EGBGB (alte Fassung) berufe das deutsche Recht als lex patriae und als lex fori; für einen ausländischen Beklagten fielen jedoch diese beiden Rechte nicht zusammen[418].

3. Stellungnahme und Kritik

Diesen Behauptungen (Nicht-Anwendungsbereich des EWG-Vertrags; spezielle Ausformung des ordre public und Kumulierung von lex patriae und lex fori) ist nicht zuzustimmen. Die Gemeinschaftswidrigkeit des Art.38 EGBGB (alte Fassung) lässt sich nicht mit der Behauptung bestreiten, dass das allgemeine Deliktsrecht nicht in den Anwendungsbereich des Vertrags falle. Es gibt zahlreiche Entscheidungen, die die wirtschaftliche Bedeutung des Art.38 EGBGB (alte Fassung) deutlich machen[419]. Es ist folglich nicht möglich, das Deliktsrecht aus dem Anwendungsbereich des EGV herauszunehmen; das Deliktsrecht wirkt sich in vielen Fällen unmittelbar auf die Errichtung oder das Funktionieren des gemeinsamen Marktes aus, gerade auch auf die Bereiche, die nach Art.2, Art.3 und Art.94 EGV vom Diskriminierungsverbot des Art.12 EGV erfasst werden[420].

Art.38 EGBGB ist auch nicht als spezielle Ausformung des nationalen deutschen ordre public, dessen Regelung dem deutschen Gesetzgeber dem EWGV gegenüber vorbehalten bleibt, anzusehen und liegt deshalb auch nicht außerhalb des sachlichen Anwendungsbereichs des Art.12 EGV. Art.12 EGV macht im Gegensatz zu anderen Bestimmungen des EGV keinen Vorbehalt zugunsten des nationalen ordre public, der die Überprüfung auf die Vereinbarkeit mit dem Diskriminierungsverbot hin der Gemeinschaft entzieht[421]. Deshalb muss Art.38 EGBGB (alte Fassung) als reine Inländerschutzklausel angesehen werden, deren Geltung gegenüber Art.12 EGV nicht unter Hinweis auf den nationalen ordre public verteidigt werden kann[422].

---

418 Vgl. jetzt Kropholler, aaO RabelsZ 1969, S. 615.

419 Vgl. OLG Hammburg, IPRspr. 1968/69 Nr. 173; OLG Düsseldorf, IPRspr. 1975 Nr. 8; OLG Oldenburg RIW/AWD 1983, S. 60; BGHZ 86 S. 234 ff..

420 Dazu zutreffend Roth, RabelsZ 55 (1991), S. 642; Staudinger/v. Hoffmann 1998, RzNr. 245 zu Art.38 EGBGB; v. Bar, IPR, S. 160.

421 Ausführlich hierzu Grabitz, Kommentar zum EWG-Vertrag, Loseblatt, Stand: September 1989 RzNr. 13 f. zu Art.7.

422 Vgl. hierzu Niessen, aaO NJW 1968, 2172; Meise, Zur Relativität der Vorbehaltsklausel im internationalen und interlokalen Privatrecht, S. 266; München/Kreuzer, 3. Aufl. 1998, RzNr. 304 zu Art.38 EGBGB; Staudinger/v. Hoffmann 1998, RzNr. 245 zu Art.38 EGBGB.

Dem lässt sich auch nicht entgegenhalten, dass wegen der VO von 7. 12. 1942 bei ausländischem Begehungsort auch ein inländischer Verletzter von einem inländischen Schädiger nie mehr Schadensersatz verlangen könnte, als ihm das deutsche Recht zuerkennt. Damit würde für den Vergleich ein falsches Objekt gewählt. Verglichen werden kann die Lage des Ausländer mit der des Inländers nur im Hinblick auf den gemeinsamen Anknüpfungspunkt, d.h. hier den Begehungsort der unerlaubten Handlung. Dieser gilt für die unerlaubten Handlungen im Ausland mit ausschließlich deutscher Beteiligung gerade nicht; für diese wird auf die gemeinsame Staatsangehörigkeit der Beteiligten abgestellt. Der Begehungsort als gemeinsamer Anknüpfungspunkt besteht also nur, wenn sich bei im Ausland begangenen unerlaubten Handlungen Ausländer und Inländer als Berechtigte und Verpflichtete gegenüberstehen. Zur Feststellung, ob eine Diskriminierung vorliegt, müssen deshalb die Rollen von Inländer und Ausländer vertauscht werden. Dann wird offensichtlich, dass durch Art.38 EGBGB (alte Fassung) in bezug auf den Schadenersatz für unerlaubte Handlungen im Ausland nicht nur der ausländische Schädigende gegenüber dem inländischen Verletzten, sondern auch umgekehrt der ausländische Verletzte gegenüber dem inländischen Schädiger benachteiligt ist[423].

D. Zwischenergebnis

Eine Diskriminierung setzt zunächst einmal eine Differenzierung, d. h. eine unterschiedliche Behandlung voraus. Jedoch ist nicht jede unterschiedliche Behandlung eine Diskriminierung, sondern nach h. M.[424] nur eine solche mit negativem Charakter, d. h. eine, die bestimmte Betroffene gegenüber anderen benachteiligt[425].

Wenn wegen einer im Ausland begangenen unerlaubten Handlung der deutsche Kläger sich gegenüber dem ausländischen Beklagten ohne Einschränkungen auf das ausländische Recht berufen darf, der Ausländer aber gegenüber dem deutschen Beklagten durch den deutschen Richter keinesfalls mehr zugesprochen erhält als nach deutschem materiellen Recht möglich wäre, so ist dies eine fremdenrechtliche Diskriminierung innerhalb des Kollisionsrechts, die aufgrund des europarechtlichen Diskriminierungsverbots zu Lasten von EU-Ausländern unzulässig ist. Für eine Bevorzugung deutscher Staatsangehöriger gibt es keine Rechtfertigung, die vor Art.7 EWGV (Art.12 EVG) Bestand haben könnte.

---

423 Zutreffend Niessen, aaO NJW 1968, S. 2172.

424 Grabitz, Kommentar zum Europarecht, 4. Aufl. 1985, RzNr. 5.

425 Vgl. Fischer, Gemeinschaftsrecht und kollisionsrechtliches Staatangehörigkeitsprinzip, S. 161.

II. Folgen des Verstoßes (Fortgeltung des Art.38 EGBGB)

Die Fortgeltung des Art.38 EGBGB (alte Fassung) ist im Schrifttum im Hinblick auf den Verstoß gegen das in Art.7 EWGV (Art.12 EVG) enthaltene Verbot der Diskriminierung von Angehörigen der Mitgliedstaaten umstritten. Die Praxis tendiert aber dahin, eine uneingeschränkte Fortgeltung dieser Norm zu bejahen[426]. Das Diskriminierungsverbot des EG-Vertrages bewirkt die Beseitigung der Benachteiligungen für EU-Bürger; also nur zugunsten der Angehörigen der Mitgliedstaaten, aber nicht der von Drittstaaten. Diese Unterscheidung führt zwangsläufig zu einer differenzierten Lösung des Problems des Fortbestandes von Art.38 EGBGB (alte Fassung)[427]. Von einer generellen Unwirksamkeit des Art.38 EGBGB (alte Fassung) kann also nicht ausgegangen werden.

Einer anderen Lehrmeinung zufolge soll Art.38 EGBGB (alte Fassung) insgesamt unwirksam sein[428]. M. E. ist Raape/Sturm nicht zuzustimmen, wenn er Art.38 EGBGB (alte Fassung) einem generellen Unwerturteil unterwirft. Vielmehr ist vonnöten, eine differenzierte Lösung zu finden.

III. Mögliche Lösungen

Aus dem Verstoß von Art.38 EGBGB (alte Fassung) gegen das Diskriminierungsverbot könnten die Konsequenzen abgeleitet werden, dass Art.38 EGBGB (alte Fassung) wegen Art.7 EWGV (Art.12 EGV) generell unanwendbar ist oder dass Art.7 EWGV (Art.12 EGV) die Begünstigung Deutscher im Verhältnis zu anderen EG-Angehörigen ausschließt[429] oder dass Art.7 EWGV (Art.12 EGV) umgekehrt dazu führt, dass Art.38 EGBGB (alte Fassung) auch bei Klagen von Personen aus Drittstaaten gegen EU-Bürger vor deutschen Gerichten Anwendung findet.

Der zweiten Lösung zufolge ist aufgrund der Ausdehnung des Anwendungsbereichs des Art.38 EGBGB (alte Fassung) auf alle EU-Bürger Art.38 EGBGB (alte Fassung) gegenüber einem EU-Bürger nicht mehr anwendbar; Angehörige von Drittstaaten gegenüber hingegen gilt Art.38 EGBGB (alte Fassung) weiter-

---

426 BGH NJW 1974, S. 410; BGH NJW 1978, S. 1426; BGH NJW 1983, S. 1623.

427 Diese Auffassung gewinnt im Schrifttum zunehmend Zustimmung, vgl. z. B. Niessen, aaO NJW 1968, S. 2172; Staudinger/v. Hoffmann 1998, RzNr. 245 zu Art.38 EGBGB; München/Kreuzer, 3. Aufl. 1998, RzNr. 304 zu Art.38 EGBGB.

428 Raape/Sturm, IPR Band I, 6. Aufl. S. 204.

429 Vgl. Meise, Zur Relativität der Vorbehaltsklausel im internationalen und interlokalen Privatrecht, S. 267.

hin[430]. So kann z. B. ein deutsches Gericht, vor dem ein Deutscher auf Schadensersatz wegen einer außerhalb der Bundesrepublik begangenen unerlaubten Handlung verklagt wird, Art.38 EGBGB (alte Fassung) wohl einem ukrainischen, nicht aber einem französischen Kläger entgegenhalten. Art.38 EGBGB (alte Fassung) schützt den deutschen Schädiger nicht gegenüber einem Verletzten, der einem anderen EU-Staat angehört, wohl aber gegenüber Angehörigen eines Drittstaates.

Auch nach der Auffassung der dritten möglichen Lösung dürfen Angehörige anderer EU-Staaten nicht schlechter stehen als Deutsche. Deshalb müssen auch sie wie Deutsche durch Art.38 EGBGB (alte Fassung) gegenüber Ansprüchen von Angehörigen aus Drittstaaten geschützt werden. So kann sich z. B. zwar der in Deutschland ansässige Franzose, der dort aus einer außerhalb der Bundesrepublik begangenen unerlaubten Handlung in Anspruch genommen wird, gegenüber einem anderen Franzosen ebenso wenig, wie dies ein Deutscher könnte, auf Art.38 EGBGB (alte Fassung) berufen. Dagegen kommt dem verklagten Franzosen die Vorschrift gegenüber einem Ukrainer in der gleicher Weise zugute, wie dies bei einem Deutschen der Fall wäre.

IV. Stellungnahme und Kritik

Die Aufgabe der Gemeinschaft ist es nach Art.2 des Vertrages, durch die Errichtung eines gemeinsamen Marktes und die schrittweise Annäherung der Wirtschaftspolitik der Mitgliedstaaten u. a. „eine harmonische Entwicklung des Wirtschaftslebens innerhalb der Gemeinschaft“ und „engere Beziehungen zwischen den Staaten zu fördern, die in dieser Gemeinschaft zusammengeschlossen sind“. Die Verwirklichung dieser Aufgaben kann zwar durch einzelne zivilrechtliche Urteile, in denen zur Durchsetzung eigener Grundanschauungen oder Ziele eines Mitgliedstaates im Bereich der Wirtschaft noch der ordre public angewandet wird, sicherlich nicht gestört werden. Aber nach Art.10 EG-Vertrags verpflichten sich die Mitgliedstaaten, der Gemeinschaft die Erfüllung ihrer Aufgabe zu erleichtern und alle Maßnahmen zu unterlassen, die die Verwirklichung der Ziele des Vertrags gefährden könnten. Für die staatlichen Gerichte ergibt sich daraus ein Gebot, die Anwendung der internationalprivatrechtlichen Vorbehaltsklausel gegenüber den anderen Mitgliedstaaten in den vom EG-Vertrag betroffenen Le-

---

430 Dazu Niessen, aaO NJW 1968 S. 2172; Wengler, Rechtsgleichheit und Vielheit der Rechte, S. 298 Fn. 121; Staudinger/v. Hoffmann 1998, RzNr. 245 zu Art.38 EGBGB (mit Lebensmittelpunkt in Inland).

bensbereichen einzuschränken und die Auslegung solcher Vorbehaltsklauseln mit dem Gemeinschaftsrecht zu harmonisieren[431].

Der ersten möglichen Lösung - generelle Unanwendbarkeit des Art.38 EGBGB (alte Fassung) - kann nicht gefolgt werden. Sie verkennt die räumliche und persönliche Beschränkung des Anwendungsbereichs des EG-Vertrags. Ein Diskriminierungsverbot besteht nur gegenüber Staatsangehörigen von EG-Staaten, nicht aber gegenüber Angehörigen von Drittstaaten.

Eine Korrektur des Art.38 EGBGB (alte Fassung) zugunsten in Anspruch genommener EU-Bürger im Sinne des Erstreckung des Deutschenprivilegs auf alle EU-Bürger, mag vielleicht logisch erscheinen, sie ist aber praktisch nicht akzeptabel. Sie würde dazu führen, dass die an sich schon unerwünschte Inländerschutzklausel den Bürgern aller EG-Staaten gegenüber den Angehörigen aller Nicht-EG-Staaten eröffnet wird. Damit aber würde die Ausnahmeklausel entgegen ihrer Tendenz erweitert, und es käme im Verhältnis zu Drittstaaten zu noch mehr unbilligen Ergebnissen[432].

Um die Vorbehaltsklausel des Artikel 38 EGBGB (alte Fassung) mit dem Diskriminierungsverbot des Art.7 EWG-Vertrags (Art.12 EGV) in Einklang zu bringen, wird von v. Hoffmann mit Recht empfohlen, den Anwendungsbereich auf Angehörige anderer Mitgliedsstaaten mit Lebensmittelpunkt in Deutschland auszudehnen[433]. Die von ihm empfohlene Beschränkung auf Personen mit einem Lebensmittelpunkt in Deutschland rechtfertigt sich daraus, dass aufgrund des Sinn und Zwecks des Artikel 38 EGBGB (alte Fassung), einen Deliktstäter davor zu schützen, nicht weitergehend als nach dem ihm am nächsten stehenden Recht in Anspruch genommen zu werden, die deutsche Rechtsordnung insoweit einen „Vertrauenstatbestand“[434] für alle Bürger, die ihren Lebensmittelpunkt in Deutschland haben und sich den deutschen Rechtsordnung angepasst haben, schafft. Diese Auffassung ist daher unseres Erachtens die einzige Lösung, die in jeder Hinsicht befriedigend ist.

Manche Autoren wie v. Bar und Steindroff haben den Vorschlag zur Normenreform gemacht[435], die Vorschrift des Art.38 EGBGB (alte Fassung) allseitig auszubauen, so dass der Beklagte sein Heimatrecht zur Haftungshöchstgrenze

431 Vgl. Brödermann, Europäisches Gemeinschaftsrecht versus IPR: Einflüsse und Konformitätsgebot, MDR 92, S. 90.

432 Vgl. Niessen, aaO, NJW 1968, 2172; Drobnig, aao RabelsZ 1970, S. 661; Kropholler, aaO RabelsZ 1969, S. 614.

433 Staudinger/v. Hoffmann 1998, RzNr. 245 zu Art.38 EGBGB.

434 Der Begriff geht zurück auf Staudinger/v. Hoffmann 1998, RzNr. 245 zu Art.38 EGBGB.

435 V. Bar, IPR, S. 159; Steindroff, Der Gleichheitssatz im Wirtschaftsrecht des Gemeinsamen Marktes, S. 47.

erheben kann. Diese Ansicht erscheint nicht unbedenklich. Eine allseitige Inländerschutzklausel offensichtlich verliert ihre originale Bedeutung, nämlich den Inländer zu schützen.

V. Zwischenergebnis

Als Zwischenergebnis ist festzuhalten, dass Art.38 EGBGB (alte Fassung) also gegen das in Art.7 Abs. 1 EWGV (Art.12 EGV) enthaltene Diskriminierungsverbot verstößt. Daher schließt Art.7 EWGV (Art.12 EGV) in gemeinschaftsrechtkonformer Weise die Begünstigung Deutscher im Verhältnis zu anderen EU-Bürger mit Lebensmittelpunkt in Deutschland aus, erweitert aber nicht den Anwendungsbereich solcher Privilegien auf alle EU-Bürgern.

§3. Völkerrechtswidrigkeit der Privilegierung der lex fori?

Die Normen des internationalen Privatrechts bestimmen das anzuwendende Recht in den Fällen, in denen der Sachverhalt, der rechtlich zu würdigen ist, Beziehungen zu mehreren Staaten aufweist. Ihrer Quelle nach können die internationalprivatrechtlichen Normen entweder innerstaatliche oder überstaatliche Normen sein. In der Regel ist das internationale Privatrecht innerstaatliches Recht[436]. Jeder Staat bestimmt seine eigenen internationalprivatrechtlichen Normen, sei es durch Gesetz, sei es durch das in der Rechtspraxis wurzelnde Gewohnheitsrecht. Es entsteht aber die Frage, ob das allgemeine Völkerrecht der einzelstaatlichen Gesetzgebung Schranken setzt.

I. Konkrete Vorschriften des Völkerrechts für den Inhalt der nationalen Kollisionsrechte?

Zu Begin der Untersuchungen im Einzelnen sind zwei Problembereiche (Völkerrecht und überstaatliches internationales Privatrecht) scharf voneinander zu unterscheiden. Das Völkerrecht - die Definierung des Völkerrechts bedarf hier keiner Darlegung - verpflichtet die beteiligten Staaten, das überstaatliche internationale Privatrecht hingegen nicht. Jeder Staat ist befugt, es aufzuheben und durch anderes Recht zu ersetzen, ohne sich einer Völkerrechtsverletzung schul-

436 Dazu auch Wolff, Das internationale Privatrecht Deutschlands, 1954, S. 7; Makarov, Grundriss des IPR, S. 32.

dig zu machen. Zum überstaatlichen internationalen Privatrecht gehören daher keineswegs gewisse Normen des Völkerrechts, die die Regelung von Privatrechtsverhältnissen mit Auslandsberührung zum Gegenstande haben. Solche Normen existieren, insbesondere auf dem Gebiet des Fremdenrechts (Behandlung der Fremden im Inland)[437].

Ob das allgemeine Völkerrecht konkrete Vorschriften für den Inhalt der nationalen Kollisionsrechte enthält, ist umstritten. Ein Überblick über die deutsche Literatur[438] zu dieser Frage zeigt, dass das allgemeine Völkerrecht keine festen Normen dafür entwickelt hat, in welchem Umfange ein Staat berechtigt und verpflichtet sei, sein eigenes Privatrecht bzw. ein fremdes Privatrecht auf Lebensverhältnisse mit Auslandberührung anzuwenden. Gründer des kollisionsrechtlichen Internationalismus war Savigny. Seiner grundlegenden Erörterung im 8. Band des „Systems des heutigen römischen Recht“ ist zu entnehmen, dass der Inhalt der einzelnen Kollisionsnormen durch den „Standpunkt der völkerrechtlichen Gemeinschaft“ bestimmt wird und dass jeder Staat sein IPR im Geist dieser Gemeinschaft gestalten soll. Allerdings hat Savigny noch keine einzelnen völkerrechtlichen Sätze des IPR behauptet[439]. Es ist sogar zweifelhaft, ob er die gleichberechtigte Anwendung fremder Gesetze überhaupt als Inhalt einer völkerrechtlichen Pflicht der Staaten angesehen hat[440]. Dennoch gibt es für das Rechtanwendungsrecht einige wenige Sätze des gemeinen Völkerrechts. Jedes Mitglied der Völkerrechtsgemeinschaft hat nicht nur die anderen Mitglieder als solche anzuerkennen, sondern auch deren Rechtsordnung zu respektieren. Daraus ergibt sich, dass kein Staat die Anwendung fremden Rechts prinzipiell oder im Einzelfall willkürlich verweigern darf[441].

II. Völkerrechtswidrigkeit auf dem Gebiet des IPR

Zur Völkerrechtswidrigkeit auf internationalprivatrechtlicher Ebene schreibt Wolff in seinem Lehrbuch „Das internationale Privatrecht Deutschlands“[442]:

437 Vgl. Wolff, Das internationale Privatrecht Deutschlands, 1954, S. 8.

438 Vgl. Neuhaus, Die Grundbegriffe des IPR, S. 32; Wolff, Das IPR Deutschlands, 1954, S. 8.

439 Savigny bezeichnet im 8. Bande seines "Systems des heutigen römischen Rechts" die "völkerrechtliche Gemeinschaft" der miteinander verkehrenden Nationen als "Grundlage und letztes Ziel unsrer ganzen Lehre".

440 Die gleiche Ansicht vertritt Neuhaus in: Die Grundbegriffe des IPR, S. 32.

441 Vgl. dazu Neuhaus, Die Grundbegriffe des IPR, S. 32.

442 Wolff, Das internationale Privatrecht Deutschlands, 1954, S. 10.

„Einige Pflichten, die die Gestaltung des internationalen Privatrechts betreffen, dürfen heute schon als Rechtspflichten jedes Staates angesehen werden:

1. Kein Staat darf die Anwendung ausländischen Rechts grundsätzlich ablehnen und seinen Gerichten die ausschließliche Anwendung des heimischen Rechts gebieten. Er hat vielmehr nach Grundsätzen, die er selbst aufstellen mag, die Anwendung ausländischen Rechts zu gewähren.

2. Kein Staat darf das nach seinen Grundsätzen an sich anwendbare ausländische Recht von der Anwendung willkürlich ausschließen. Solche Ausschließung ist ihm nur erlaubt, wenn die Anwendung zu Ergebnissen führen würde, die nach seiner Auffassung der inneren öffentlichen Ordnung (dem ordre public) widerstreiten. Rechtswidrig wäre insbesondere eine differenzierende Behandlung mehrerer ausländischer Rechte, also die Nichtanwendung des im Staat X geltenden Rechts, wenn die Rechtsordnungen anderer fremder Staaten bei entsprechender Sachlage angewendet werden.

3. Kein Staat darf sein internationales Privatrecht (wie übrigens auch sein materielles Privatrecht) so gestalten oder so anwenden, dass dadurch völkerrechtliche Pflichten in Anwendung des Fremdenrechts verletzt werden.“

Ich schließe mich dieser Äußerung vorbehaltlos an, so dass sich folgendes sagen lässt: Die Anwendung einer bestimmten fremden Rechtsordnung ist völkerrechtlich geboten, wenn der Sachverhalt nur zu dieser Rechtsordnung eine Anknüpfung aufweist, und die Anwendung der eigenen Rechtsordnung ist verboten, wenn der Sachverhalt keine Anknüpfung zum Inland aufweist.

III. Stellungnahme und Kritik

Das Hauptziel des internationalen Privatrechts, bei gleichem Sachverhalt übereinstimmende Urteile von Gerichten verschiedener Staaten herbeizuführen, kann nur durch eine Internationalisierung des Kollisionsrechts erreicht werden. Aber der Wunsch nach einer weitestgehenden Internationalisierung des Kollisionsrechts darf nicht dazu verleiten, die Bedeutung des Völkerrechts für das IPR zu überschätzen. Damit ist der nationalen Willkür nicht das Wort geredet; je weniger die Staaten in der möglichst weitgehenden Anwendung ihres eigenen Rechts völkerrechtlich beschränkt sind, um so stärker tritt die Notwendigkeit hervor, die sachgegebenen Grenzen der Anwendung eigenen Rechts einzuhalten[443].

Gerecht ist eine staatliche Ordnung des internationalen Privatrechts nur, wenn sie nach Grundsätzen erfolgt, von denen der Staat verständigerweise wünschen darf, dass sie auch in den übrigen Staaten der Völkergemeinschaft die

443 Vgl. Neuhaus, Die Grundbegriffe des IPR, S. 33.

Ordnung des internationalen Privatrechts leiten. Dennoch lässt sich heute nicht behaupten, dass ein solcher Leitsatz schon „Recht" oder „Völkerrecht" wäre. Wo gegen ihn gefehlt wird, wo in gemeinschaftswidriger Weise der Einzelstaat seinem Recht einen Bereich sichern will, den er anderen Staaten nicht gönnt, liegt nicht unbedingt eine Völkerrechtswidrigkeit vor, sondern meist nur eine Verletzung der Postulate der Gerechtigkeit[444].

Mit einiger Phantasie könnten wir uns vorstellen, dass die Beschränkung der Haftung eines Deutschen wegen eines im Ausland begangenen Delikts auf das nach deutschen Gesetzen mögliche Höchstmaß unter diesem Gesichtspunkt mit dem Satz von der völkerrechtlichen Gleichheit der Staaten und dem Grundsatz der Gleichberechtigung von Inländern und Ausländern als nicht mehr vereinbar angesehen werden könnte.

IV. Zwischenergebnis

Heute geht in Deutschland die überwiegende Auffassung dahin, dass nur dann ein Verstoß gegen das Völkerrecht vorliegt, wenn ein inländisches Gericht generell der Anwendung fremden Privatrechts versagt[445]. Dagegen hat Art.38 EGBGB (alte Fassung) oder Art.40 Abs. 3 EGBGB einen sachlichen Grund, der zur Legitimation vor dem Völkerrecht ausreichend ist.

444 Dagegen könnte z. B. im Wege der Retorsion eingeschritten werden, was aber kaum geschieht.

445 Vgl. aus dem umfangreichen Schrifttum insbesondere Brocker, Möglichkeiten der differenzierten Regelbildung im internationalen Deliktsrecht, S. 231; Neuhaus, Die Grundbegriffe des IPR, S. 28 ff.; Makarov, Grundriss des IPR, S. 32.

Dritter Teil: Rechtfertigung der Privilegierung der lex fori

§ 1. Deliktsrechtliches Privilegium der lex fori?

Bevor man die Rechtfertigungen direkt untersucht, scheint es also notwendig, zunächst die Rolle der lex fori, die in der Entwicklung des internationalen Deliktsrechts nicht übersehen werden sollte, festzustellen. Stellt man sich einmal auf den Standpunkt, dass die Ansprüche aus unerlaubten Handlungen der lex fori unterstehen sollten, dann macht es für ihre Privilegierung keinen Unterschied mehr, ob die lex fori als Deliktsstatut angewendet wird oder als spezielle Vorbehaltsklausel eingreift. Zuvor soll jedoch ein Überblick über die Maßgeblichkeit der lex fori und die Entwicklung des internationalen Deliktsstatuts gegeben werden.

I. Maßgeblichkeit der lex fori im internationalen Deliktsrecht

Systematisiert und eingehend begründet wird die Lehre von der Maßgeblichkeit der lex fori durch ihre Hauptvertreter Wächter und Savigny. Ansatz und Begründung beider Autoren zeigten Unterschiede, in den Ergebnissen stimmen sie miteinander überein[446].

A. Wächter

Den Ausgangspunkt der Wächter'schen Auffassung bildet sein Generalsatz, dass der Richter, wie dies grundsätzlich immer der Fall ist, über die vor ihn gebrachte Obligation nach dem Recht seines Staates zu entscheiden hat. Für die Deliktsobligation wird dieser Grundsatz der Wächter'schen Lehre auf die entsprechende Regelung in den überkommenen Strafrechtsanwendungsnormen präzisiert. Wächter geht von der damals – Mitte des 19. Jahrhunderts - überwiegend geltenden Systematik des Strafanwendungsrechts aus, die auf dem durch das aktive Personalprinzip ergänzten Hauptgrundsatz des Territorialitätsprinzips beruhte. Ohne nähere Begründung wird die hiernach übliche Anwendung eigenen Rechts

446 Vgl. Hohloch, Das Deliktsstatut, 1984, S. 41.

auch für die zivilrechtlichen Deliktsobligationen empfohlen[447]. Zur dieser Frage gelangt Wächter freilich, so dass zivilrechtliche Delikte gar nicht anderes behandelt werden könnten als strafrechtliche.

B. Savigny

Die bei Wächter noch nicht ausformulierte Begründung für die Anwendung nur eigenen Rechts auf Deliktsobligationen wird durch Savigny angeführt. In Savignys Lehre ist der Anwendung des Rechts, in dessen Geltungsbereich das Rechtsverhältnis seinen Sitz hat, zugunsten der lex fori eingeschränkt, „wenn der Gültigkeit der Obligation ein Gesetz von streng positiver, zwingender Natur entgegengesetzt wird"[448]. Unter dieser Ausnahme reiht Savigny auch diejenigen über Deliktsobligationen ein, da die auf Delikt bezüglichen Gesetze stets unter die zwingenden, streng positiven zu rechnen sind[449]. Deliktsobligationen werden also in jedem Fall anhand der lex fori beurteilt. Eine Parallele zum Strafrecht ist hier auch nicht zu verkennen, obwohl Savigny sich nicht darauf beruft[450].

Im übrigen verweist Savigny auf die enge Verwandtschaft mit der Frage der extraterritorialen Reichweite des Strafrechts[451]. Dass dann der Kläger mittels Wahl des deliktischen oder des allgemeinen Gerichtsstands die jeweils einschlägige lex fori beeinflussen kann, hält Savigny wegen des besonderen Charakters des Deliktsrechts für unvermeidlich[452].

C. Anwendung der lex fori in der deutschen Praxis

In der Gerichtspraxis hat sich die von Savigny und Wächter befürwortete Regel der Maßgeblichkeit der lex fori nicht durchgesetzt. Die unumstrittene Basis bildet die lex fori lediglich in der Praxis zum Sächsischen BGB von 1863, dessen § 19 im Sinne von Savignys Auffassung ausgelegt wird[453]. Deliktsansprüche werden im Geltungsbereich dieses Gesetzes von den sächsischen Gerichten aus-

---

447 Vgl. Hohloch, Das Deliktsstatut, 1984, S. 41; Delachaux, Die Anknüpfung der Obligationen aus Delikt und Quasidelikt im IPR (1960), S. 88; Rohe, Zu den Geltungsgründen des Deliktsstatuts, S. 159.

448 Savigny, System des heutigen römischen Rechts, Band 8, Berlin 1849, S. 278.

449 Vgl. Savigny, System des heutigen römischen Rechts, Band 8, Berlin 1849, S. 280.

450 Vgl. Hohloch, Das Deliktsstatut, 1984, S. 42; Delachaux, Die Anknüpfung der Obligationen aus Delikt und Quasidelikt im IPR (1960), S. 89.

451 Savigny, System des heutigen römischen Rechts, Band 8, Berlin 1849, S. 280.

452 Vgl. Rohe, Zu den Geltungsgründen des Deliktsstatuts, S. 159.

453 § 19 Sächsisches BGB: „Ausländische Gesetze sind nicht anzuwenden, wenn deren Anwendung durch inländische Gesetze nach der Vorschrift oder nach dem Zweck derselben ausgeschlossen ist".

schließlich nach sächsischem Recht beurteilt. Außerhalb Sachsens hat sich die Lehre von der Maßgeblichkeit der lex fori lediglich vereinzelt im Gebiet des gemeinen Rechts durchgesetzt[454]. Die Auffassung von der Maßgeblichkeit der lex fori blieb damals durchaus in der Minderheit. Ihr steht eine unerschütterliche Praxis und Doktrin gegenüber, die von den Parteigängern der lex loci delicti commissi beherrscht wird[455].

D. Weitere Entwicklung der lex fori

Mit der steigenden praktischen Bedeutung des Deliktsrechts wird der im 19. Jahrhundert wesentlich theoretische Konflikt zwischen lex loci und lex fori brisant. Die im 19. Jahrhundert auf dem Kontinent überwiegend angenommene Lehre der „lex loci“ als Grundregel wird nicht durchbrochen. Aber uneingeschränkte Anwendung in der kollisionsrechtlichen Praxis findet diese Grundregel nirgendwo und niemals. Vielfältige Techniken führen in weitem Umfang zur letztendlichen Maßgeblichkeit des eigenen Rechts und nicht der lex loci. An diesem Punkt treffen sich die Systeme des Kontinents mit dem „Conflict of Torts“ des angloamerikanischen Rechtskreises bis vor dem letzten Jahrzehnt[456].

Die Entwicklungen des deutschen Rechtskreises im 19. Jahrhundert wiederholen sich in der Kodifikationswelle. Die erste Epoche ist noch durch ein Schwanken zwischen lex fori und lex loci delicti commissi gekennzeichnet; später hat sich dann die Tatortregel im wesentlich durchsetzt. Nach 1900 entstandene Gesetzbücher bekennen sich nur in wenigen Einzelfällen noch zur Maßgeblichkeit der lex fori.

E. Vereinzelte Anerkennung des Prinzips der lex fori

Abgesehen von § 19 des sächsischen BGB von 1863, der sich im deutschen Rechtsgebiet ausdrücklich zur ausschließlichen Maßgeblichkeit der lex fori bekannt hatte, wurde dieses Prinzip lediglich noch in einigen wenigen außerdeutschen Kodifikationen beherzigt. Beeinflusst durch den Teil der deutschen Doktrin, der sich im Anschluss an Wächter und Savigny für die Maßgeblichkeit der lex fori aussprach, befahl Art. 6 des alten griechischen ZGB von 1856 die ausschließliche Anwendung griechischen Rechts auf unerlaubte Handlungen. Dem entsprach bis zur Inkraftsetzung des ZGB von 1940, das sich dann zum Tatort-

---

454 Z. B. Obertribunal Stuttgart von 25. 6. 1856, SeuffA 11 Nr. 3; von 3. 1. 1871, SeuffA 25 Nr. 115.

455 Vgl. Hohloch, Das Deliktsstatut, 1984, S. 43.

456 Hierzu im Einzelnen oben Erster Teil. § 3. I.

prinzip bekannte, auch die gerichtliche Praxis[457]. Daneben fand dieses Prinzip gesetzliche Niederlegung noch im Recht der ehemaligen Sowjetunion[458]. Eine internationalprivatrechtliche Regelung findet sich freilich lediglich, und naturgemäß auf den Teilbereich des Seerechts begrenzt, im Gesetzbuch der Seehandelsschifffahrt der UdSSR vom 14. 6. 1929 für Schiffszusammenstöße. Die sonstigen positiv fixierten Bestimmungen, d. h. die Richtlinien des 32. Plenums des Obersten Gerichts der UdSSR vom 10. 2. 1932 hatten lediglich interlokale, d. h. auf das Verhältnis zwischen den Unionsrepubliken beschränkte Bedeutung[459].

II. Herrschaft der Tatortregel im internationalen Deliktsrecht

A. Erste Epoche – Antike bis 18. Jahrhundert

Bis ins 18. Jahrhundert existiert kein selbständiges Deliktsstatut des Privatrechts[460]. Die gesamte Vorzeit, einschließlich der bis zum Ende des 18. Jahrhunderts in voller Geltung stehenden Statutentheorie, kannte im Grunde lediglich internationales Strafrecht, aber kein davon unterschiedenes Statut der zivilrechtlichen unerlaubten Handlung. Die Frage, nach welcher Rechtsordnung im Schadensfalle mit Auslandsberührung der Schadensersatzanspruch des Geschädigten gewährt werde, wurde nicht gesondert gestellt.

B. 19. Jahrhundert – Zeit der Entstehung des heutigen Deliktsstatuts

Das 19. Jahrhundert ist im Rückblick die Epoche, in der sich in den wesentlichen Rechtsordnungen des Kontinents das Deliktsrechtsstatut vom Strafrecht gelöst hat und das heutige Deliktsstatut entstand. Die Theorien Wächters und Savignys vermochten die Rechtsprechung und die Wissenschaft auf dem Gebiet der Deliktsobligationen nur vorübergehend zu beeinflussen. Um die Jahrhundertwende finden sich deutsche Urteile sowie einige Autoren, die sich an diese Lehre hiel-

---

457 Dazu siehe Binder, Zur Auflockerung des Deliktsstatuts, RabelsZ 20 (1955), S. 455 m. w. N.

458 Das neue internationale Privatrecht Weißrussland von 1. Juli 1999 enthält eine einzige Vorschrift (Art. 1129) für das Deliktsrecht, nach der die Schuldverhältnisse aus unerlaubter Handlung grundsätzlich dem Recht des Tatorts unterliegen. Dazu siehe, Mosgo, Das neue internationale Privatrecht Weißrusslands, IPRax 2000, Heft 2, S. 154.

459 Hierzu Binder, Zur Auflockerung des Deliktsstatuts, RabelsZ 20 (1955), S. 455 f.

460 Dazu siehe Hohloch, Das Deliktsstatut, 1984, S. 7 ff..

ten[461]. Aber ihr steht eine feste Praxis und Doktrin gegenüber, die von den Parteigängern der lex loci delicti commissi regiert wird[462]. Beachtenswert ist, dass in dieser Epoche, in der sich die Anhänger der lex fori um eine schlagkräftige Begründung ihrer Anknüpfungsregel bemühten, die lex loci durchweg ohne Begründung als überkommene Rechtsregel angewandt wurde. Sie hat sich damit in dieser Zeit den ersten Platz erobert, ohne dass sachliche Begründungen gefordert wurden[463].

C. 20. Jahrhundert – Herrschaft der Tatortregel im entwickelten Deliktsstatuts

Die Tatortregel hat am Ende des 20. Jahrhunderts umfassende Bedeutung gewonnen und das Gegenprinzip der lex fori in der meisten Rechtspraxis zurückgedrängt. Sie hat in ihrem Anwendungsbereich Geltung für alle Einzelfragen, die im Zusammenhang mit einer unerlaubten Handlung kollisionsrechtlich relevant werden können. Unterschiede ergeben sich hier lediglich insofern, als die Bestimmung des Begehungsortes von Rechtsordnung zu Rechtsordnung verschieden ausfallen kann[464]. Als sachliche Rechtfertigung der Tatregel wird zunächst angeführt, dass sie einen neutralen Interessensausgleich zwischen den divergierenden Rechtsanwendungsinteressen der Beteiligten gibt[465]. Ebenso wahrt sie das Ordnungsinteresse des Tatortstaates bei der Befolgung der von ihm aufgestellten Verhaltensnormen[466]. Sie ermöglicht auch – in Verbindung mit der Bereitstellung eines Gerichtsstandes am Tatort – die Entscheidung eines sachnahen Gerichts nach eigenem Recht[467]. Darüber hinaus bleiben noch die praktischen Überlegungen, dass die lex loci Regel einfach anzuwenden sei und die Entscheidungsharmonie und Voraussehbarkeit des Ergebnisses gewährleiste[468].

Die Tatortregel beherrscht seit mehr als 100 Jahren auch die deutsche Praxis und Lehre. Sie war bereits vor Inkrafttreten des EGBGB in nahezu allen Partikularrechtsgebieten anerkannt[469] und wurde insbesondere in Rechtsprechungen

---

461 Dazu siehe oben Dritter Teil. § 1. I.

462 Vgl. v. Bar, Lehrbuch, S. 123; Hohloch, Das Deliktsstatut, 1984, S. 43 f..

463 Vgl. Hohloch, Das Deliktsstatut, 1984, S. 44; Rohe, Zu den Geltungsgründen des Deliktsstatuts, S. 169.

464 Hierzu siehe, Hohloch, Das Deliktsstatut, 1984, S. 103 ff.

465 Vgl. Kegel, IPR 7. Aufl., S. 533.

466 Vgl. Koziol, Verhaltensunrechtslehre und Deliktsstatut, in: FS für Beitzke (1979), S. 577 f..

467 Staudinger/v. Hoffmann 1998, RzNr. 111 b zu Art.38 EGBGB.

468 Vgl. Delachaux, Die Anknüpfung der Obligationen aus Delikt und Quasidelikt im IPR (1960), S. 107, 109; dagegen aber Trutmann, Das internationale Privatrecht der Deliktsobligationen (1973), S. 15, 16.

469 Vgl. Hohloch, Das Deliktsstatut, 1984, S. 43 f. mit umfassenden Nachweisen.

vom RG schon vor 1900 vertreten[470]. Angesichts des Verzichts auf eine generelle gesetzliche Regelung des internationalen Deliktsrechts im EGBGB hielt die herrschende Meinung auch nach Inkrafttreten der Kodifikation an dieser Anknüpfung fest[471]; man sieht die Tatregel in Art.38 (alte Fassung; früher: Art.12) EGBGB voraus. Mit dem Gesetz zum Internationalen Privatrecht für außervertragliche Schuldverhältnisse und Sachen vom 21. Mai 1999, das am 1. Juni 1999 in Kraft getreten ist[472], ist auch das Deliktskollisionsrecht kodifiziert. Trotz der Tatsache, dass das neue deutsche internationale Deliktsrecht die Auflockerung durch eine vorrangige Sonderanknüpfung an den gemeinsamen gewöhnlichen Aufenthalt der Beteiligten in demselben Staat (Art.40 Abs. 2), eine Ausweichklausel (Artt.41) und die Möglichkeit einer Rechtswahlvereinbarung(Art.42) einführt, wird die Tatortregel als Generalklausel in Art.40 Abs. 1 beibehalten.

III. Stellungnahme und Kritik

Die Auffassungen Wächters und Savignys werden heute allgemein zurückgewiesen. Wächter und Savigny knüpfen nur an die lex fori an. Die Wächter'sche Auffassung von der Maßgeblichkeit der lex fori beruht noch nicht auf einer ins Detail gehenden Begründung. Ihr ist zwar als Grundthese der Gedanke der prinzipiellen Maßgeblichkeit des eigenen Rechts immanent, die tragende Begründung ist freilich die von Wächter noch für selbstverständlich genommene Parallelität von zivilrechtlicher Deliktsfolge und strafrechtlicher Würdigung einer Tat. Internationalprivatrechtlich ist diese Haltung unerfreulich. Die Parallele zum Strafrecht passt nicht, da es etwas ganz anderes ist, ob ein Staat kriminelle Strafen auferlegt oder lediglich zur Schadensersatzleistung verurteilt.

Der von Savigny hervorgehobene „zwingende, streng positive“ Charakter des Deliktsrechts dürfte die Anwendung fremden Deliktsrechts im Forum auch nicht so einfach ausschließen. Als Teil der materiellen Zivilrechtsordnung ohne straf- oder öffentlich-rechtlichen Sanktionscharakter darf es wie andere zivilistische Materien ohne Sondervorbehalt den Maximen eines IPR unterstellt werden, wo der internationale Entscheidungseinklang regiert und die Anwendung fremden Rechts selbstverständlich ist[473].

---

470 Vgl. z. B. RGZ 7, 374; 378; 37, 181.

471 Vgl. Hohloch, Das Deliktsstatut, 1984, S. 55 mit umfassenden Nachweisen von Rechtsprechung und Literatur.

472 BGBl. 1999 I S. 1026 = IPRax 1999, 285.

473 Delachaux, Die Anknüpfung der Obligationen aus Delikt und Quasidelikt im IPR (1960), S. 92; Bröcker, Möglichkeiten der differenzierten Regelbildung im interna-

Im übrigen folgt solche zwingende, streng positive Natur der Deliktsnormen grundsätzlich aus der fehlenden internationalen Harmonie dieses Rechtsgebiets. Der Mangel an Harmonie, der Grundlage von Savignys Bereitschaft zur Anwendung fremden Rechts, macht die stringente Forderung nach Anwendung des eigenen Rechts erst richtig erklärlich[474]. Andererseits ist es der Fall des außerehelichen Beischlafes, der als Delikt, bei den damaligen Auslandbeziehungen typischerweise gegeben sein konnte, angeführt wird. Die Disharmonie zeigt sich in dem Gegensatz des damaligen französischen und des deutschen gemeinen Rechts: Während es im Gebiet des deutschen gemeinen Rechts gerade die Klagen gegen den „stuprator" waren, die die Entwicklung des Deliktsstatuts vorantrieben, verbietet in der Zeit Savignys der Code civil derartige Klagen: „La recherche de la paternité est interdite" (Art. 340 C. c.)[475]. In beiden Rechtsauffassungen kommen für Savigny grundsätzliche Anschauungen zum Tragen, deren Widerspruch nicht überbrückbar ist und deren Gegensätzlichkeit die Anwendung des einen Rechts durch den Richter des jeweils anderen Rechtskreises ausschließt[476]. Mit dieser Darlegung ist Savigny nicht eines Irrtums überführt. Das zivile Deliktsrecht seiner Zeit war noch nicht als völlig reine zivilistische Materie herausgearbeitet. Elemente straf – und öffentlichrechtlichen Charakters waren nicht restlos ausgeschieden, die Zeit für eine rein zivilistische Lösung war noch nicht reif[477]. Aber solche historischen Umstände existieren heutzutage nicht mehr.

Trotz dieser engen Bindung an der lex fori verhindert Savigny aber, dass ein Delikt von irgendeiner Rechtsordnung beurteilt werde. Bei Obligationen erklärt er nämlich den Gerichtsstand als zugleich maßgebend für das anwendbare Recht. Er lässt für die Anbringung der Schadensersatzklage nur zwei Gerichtsstände bestehen: denjenigen am Begehungsort der Tat und den allgemeinen am Wohnsitz des Schuldners. Dem Kläger steht ein freies Wahlrecht zu. Im ersteren Falle ist die lex fori dann identisch mit der lex loci, im letzteren Falle ist noch eine starke materielle Verbindung zum Forumstaat gegeben, da im System Savignys der Wohnsitz nach dem Heimatrecht eines Rechtssubjekts bestimmt[478]. Von ei-

---

tionalen Deliktsrecht, 1967, S. 8; Binder, Zur Auflockerung des Deliktsstatuts, RabelsZ 20 (1955), S. 459.

474 Vgl. Hohloch, Das Deliktsstatut, 1984, S. 42.

475 Für die Klage gegen den „stuprator" siehe Hohloch, Das Deliktsstatut, 1984, S. 30 ff..

476 Vgl. Savigny, System des heutigen römischen Rechts, Band 8, Berlin 1849, S. 279 f.; Hohloch, Das Deliktsstatut, 1984, S. 42.

477 Die Herausbildung rein zivilistischer unerlaubter Handlung war erst mit den modernen Kodifikationen abgeschlossen.

478 Vgl. Savigny, System des heutigen römischen Rechts, Band 8, Berlin 1849, S. 95.

ner verabsolutierten Anwendung der lex fori kann somit bei Savigny keine Rede sein[479].

Zusammenfassend ist festzuhalten, dass eine Rechtfertigung für die Anwendung der lex fori auf Deliktsansprüche nicht gefunden werden kann; insbesondere sind die Deliktsnormen nicht in dem Sinne „von streng positiver, zwingender Natur“[480], dass sie als Bestandteil der öffentlichen Ordnung und als Ausdruck eines unabdingbaren Gerechtigkeitsempfinden auf alle in einem Land zur Entscheidung gelangenden Fälle angewendet werden müssten, sondern sie dienen ebenso wie andere Gebiete des Privatrechts dem Interessenausgleich zwischen Privaten. Dessen Interessen würde die Anwendung der lex fori im Gegenteil zuwiderlaufen, indem sich die Parteien Bestimmungen gegenüber sähen, mit denen sie nicht rechnen mussten und die manchmal in keinem Zusammenhang mit den zur Entstehung des Deliktsanspruchs führenden Umständen stehen[481].

Die innere Rechtfertigung der Anwendung der lex loci delicti liegt auf der Stufe des Staats, in dem sich die Tat ereignet hat, und noch mehr auf derjenigen der beteiligten Parteien. Grundsätzlich ist jedermann der Rechtsordnung jenes Landes unterworfen, in dem er sich aufhält. Und in jedem Staat gelten im allgemeinen die Normen für alle auf dem Staatsgebiet Anwesenden. Dafür, dass die Rechtsordnung des Tatortes für den Schädiger maßgebend sein muss, spricht auch, dass jeder Staat Regelungen trifft, inwieweit seine Bürger und deren Rechte bzw. Rechtsgüter Dritter Schutz genießen sollen. Es vertraut daher auch jedermann darauf, dass seine Rechte und Güter in diesem Umfang respektiert werden. Dieses Vertrauen kann nur geschützt werden, indem der Schutz gegenüber jedermann besteht, unabhängig von dessen Staatsbürgerschaft oder gewöhnlichen Aufenthaltsort und auch unabgängig davon, wo der Schädiger verklagt wird. Soll der Gefährdete im Zeitpunkt, in dem das gefährliche Verhalten gesetzt wird, wissen können, inwieweit ihm Unterlassungsansprüche und Abwehrrechte gegen den Handelnden zustehen, so setzt dies selbstverständlich voraus, dass ihm diese Rechte gegen jedermann gleichermaßen zustehen und nicht von der ihm unerkennbaren Staatsbürgerschaft oder dem gewöhnlichen Aufenthaltsort des Täters abhängig sind[482]. Es verlangen daher sowohl die Interessen des Schädigers als auch jene des Geschädigten ein grundsätzliches Abstellen auf

479 Vgl. Savigny, System des heutigen römischen Rechts, Band 8, Berlin 1849, S. 246, 248, 261, 278.

480 Savigny, System des heutigen römischen Rechts, Band 8, Berlin 1849, S. 32.

481 Trutmann, Das internationale Privatrecht der Deliktsobligationen (1973), S. 79-80.

482 Vgl. Koziol, Verhaltensunrechtslehre und Deliktsstatut, in: FS für Beitzke (1979), S. 578; Delachaux, Die Anknüpfung der Obligationen aus Delikt und Quasidelikt im IPR (1960), S. 109.

das Ortrecht. Dessen Heranziehung ist keineswegs zufällig, sondern entspricht voll dem Grundsatz der engsten Beziehung.

Gestützt wird dieses Ergebnis auch durch die Verhaltensunrechtslehre. Sie geht davon aus, dass ein Verhalten, welches untersagt werden soll, ex ante als verboten bezeichnet sein muss. Das ergibt sich insbesondere daraus, dass es dem Handelnden im Zeitpunkt seines Handelns schon möglich sein muss, festzustellen, ob er sich rechtswidrig verhält, da er sonst keinerlei Richtschnur dafür hat, wie er sich verhalten soll. Überdies muss der Gefährdete schon vor Schadenseintritt wissen, welche Abwehrrechte er gegen den Täter hat. Diese Argumente haben auch für das internationale Deliktsrecht Bedeutung: Der Täter darf nur nach einer Rechtsordnung beurteilt werden, die schon im Zeitpunkt der Tat feststeht. Daher scheidet sicherlich die Möglichkeit aus, die Schadensersatzpflichten nach jeweiligen, im Begehungszeitpunkt oft nicht vorhersehbaren lex fori zu beurteilen[483].

Heute wird überwiegend ein starres Festhalten am Grundsatz der lex loci delicti abgelehnt und eine Auflockerung des Deliktsstatuts befürwortet. Diese Tendenz hat nunmehr ihren Niederschlag in vielen neuen IPR-Kodifikationen[484] gefunden, insbesondere im neuen deutschen Gesetz zum internationalen Privatrecht für außenvertragliche Schuldverhältnisse und für Sachen vom 21. Mai 1999 (Art.40-42). Nach dessen Art.40 Abs. 2, Art.41 und Art.42 kann unter bestimmten Voraussetzungen statt dem Recht des Tatortes (Recht des Handlungsortes oder des Erfolgsortes) das Recht des gemeinsamen Aufenthaltsortes der Parteien, das mit dem Sachverhalt wesentlich eng verbundene Recht oder das von den Parteien gewählte Recht anzuwenden sein.

IV. Zwischenergebnis

Die Theorien von Wächter und Savigny, welche Deliktsansprüche aufgrund einer ausdrücklichen oder stillschweigend unterstellten Parallele zum Strafrecht nach lex fori beurteilen wollten, dürfen heute als überwunden betrachtet werden. Eine Rechtfertigung für die Anwendung der materiellen lex fori auf Deliktsansprüche kann nicht gefunden werden. Beim internationalen Deliktsrecht ist ein Anknüpfungsprivilegium der lex fori daher nicht gegeben. Die lex fori kommt

483 Vgl. Koziol, Verhaltensunrechtslehre und Deliktsstatut, in: FS für Beitzke (1979), S. 577.

484 Z. B. schweizerisches IPRG (Art.133); neuer Code civil von Quebec (Art.3126-3129).

somit in der Praxis der kontinentaleuropäischen Länder in erster Linie aufgrund der Vorbehaltsklausel zum Zuge.

§ 2. Verhältnis von ordre public zur Privilegierung der lex fori

Sucht man nach einer Rechtfertigung der Privilegierung der lex fori, so werden Anklänge an die parallele Diskussion um die Rechtfertigung des ordre public im internationalen Privatrecht deutlich. In Deutschland gibt es neben dem allgemeinen (oder generellen) ordre public noch einige Vorbehaltsklauseln, die den in Art. 6 EGBGB (ordre public) enthaltenen allgemeinen Gedanken für besondere Sachverhalte ausformen: Ein Beispiel für das internationale Deliktsrecht ist Art.38 EGBGB (alte Fassung), der als spezieller ordre public gezeichnet wird, oder Art.40 Abs. 3 EGBGB, der aber als Konkretisierung des ordre public gilt. Rechtspolitisch sei die spezielle Vorbehaltsklausel grundsätzlich auch zulässig, wenn der allgemeine ordre public internationalprivatrechtlich zulässig ist[485], weil sie den allgemeinen Gedanken des ordre public ausformt, es sei denn, dass sie gegen andere Gesetze oder Rechtsätze verstößt und daher unanwendbar wird. Oben im zweiten Teil dieser Arbeit wurde schon herausgearbeitet, dass die deliktsrechtlich spezielle Vorbehaltklausel gegen Art.3 GG nicht verstößt; sie ist nicht völkerrechtswidrig und sie ist auch nicht wegen Art.7 EWG-Vertrag generell unanwendbar geworden, obwohl Art.38 EGBGB (alte Fassung) von manchen Autoren für rechtspolitisch unbillig gehalten wird [486]. Soweit sie den ordre public inhaltlich konkretisiert und die für das Eingreifen des Vorbehalts vorausgesetzten Binnenbeziehungen festlegt, mag sie von Nutzen sein[487]. Fraglich kann nur noch sein, ob die allgemeine Vorbehaltsklausel allein ausreicht, um einer unerträglichen Anwendung ausländischer Gesetze über unerlaubte Handlungen vorzubeugen.

I. Rechtfertigung der allgemeinen Vorbehaltsklausel des ordre public[488]

Unter ordre public im internationalen Privatrecht wird allenthalben der Inbegriff jener innerstaatlichen Normen verstanden, welche die Anwendung des nach der

485 Diese Frage wird im Dritter Teil. § 2. I. diskutiert.

486 Dazu siehe oben Zweiter Teil: Kritik an der Privilegierung der lex fori.

487 Vgl. München/Sonnenberger, Aufl. 3 (1998), RzNr. 26 zu Art.6 EGBGB.

488 Es soll nicht Aufgabe der Darstellung des folgenden Abschnitts sein, eine detaillierte Konfrontation mit den Theorien der Lehre zum ordre public zu geben; hier bedarf es nur einer kurzen Darstellung.

Kollisionsnorm an sich zuständigen ausländischen Rechts ausschließen, weil eine solche Anwendung aus bestimmten Gründen mit der eigenen staatlichen Ordnung unvereinbar erscheint[489].

Die internationalprivatrechtliche Methode, die mittels einer Kollisionsnorm die anzuwendende Rechtsordnung ermittelt, ist wie ein „Sprung ins Dunkle“[490]. Daher macht der ordre public von der grundsätzlichen Anwendbarkeit des ausländischen Rechts eine Ausnahme. Die Berechtigung und Notwendigkeit eines Vorbehaltes ergibt sich daraus, dass inländische Richter ausländisches Recht, das gegen die fundamentalen Grundsätze inländischer Rechtsordnung verstößt, nicht anwenden sollen[491]. Manche Privatrechtssätze gibt jeder Staat um der Gerechtigkeit willen nicht preis. Solche Interessen der materiellprivatrechtlichen Gerechtigkeit sind gerade von dem Prinzip des ordre public geschützt.

Wegen seines Ausnahmecharakters wird der ordre public auch durch ein systemwidriges Institut gekennzeichnet. Er durchbricht das System der Kollisionsregeln, sofern es exzeptionellerweise das durch die Kollisionsnorm für anwendbar erklärte ausländische Recht für unanwendbar erklärt. Freilich wird man zugestehen müssen, dass dieser systembrechende Faktor ein notwendiges Übel ist, zumal in einer Zeit, in der die Welt sich anscheinend weltanschaulich und politisch auseinanderentwickelt statt zu einer Einheit zu streben, also das für das Funktionieren der Konfliktregeln unentbehrliche Minimum einer „communauté juridique“ nicht vorhanden zu sein scheint[492].

Manche Kodifikationen haben das ordre public-Prinzip in gesetzlichen Regeln wie z. B. Art. 6 EGBGB formuliert[493], aber auch dort, wo dies nicht geschehen ist, z. B. in England, Frankreich, den Vereinigten Staaten usw. ist es anerkannt. So findet man ihn darüber hinaus nicht nur in der Rechtsordnung der Bundesrepublik Deutschland, sondern das Rechtgefüge jedes Staates enthält eine entsprechende Vorbehaltsklausel[494], so dass es sich um einen allgemeinen Rechtsgrundsatz handelt.

---

489 Vgl. Dölle, Der ordre public im internationalen Privatrecht, in: Wolff, Deutsche Landesreferate zum III. Internationalen Kongress für Rechtsvergleichung (1950), S. 397.

490 Raape/Sturm, Internationales Privatrecht, Band I: Allgemeine Lehren, 6. Aufl., 1977, S. 199.

491 Vgl. Staudinger/Blumenwitz 1995, RzNr. 15 zu Art.6 EGBGB.

492 Vgl. Dölle, Der ordre public im internationalen Privatrecht, in: Wolff, Deutsche Landesreferate zum III. Internationalen Kongress für Rechtsvergleichung (1950), S. 399.

493 Auch § 6 österreichisches IPR-Gesetz, Italienische Cod. Civ. Art.31 usw.

494 Vgl. Palandt-Heldrich, 60. Aufl. 2001, RzNr. 1 zu Art.6 EGBGB; Schemmer, Der ordre public-Vorbehalt unter der Geltung des Grundgesetzes, 1994, S. 93.

II. Hätte die allgemeine Vorbehaltsklausel ausgereicht?

Die Privilegierung der lex fori gewährt dem Ersatzpflichtigen einen prinzipiellen Schutz, der möglicherweise auch mittels der allgemeinen Vorbehaltsklausel des Art.6 EGBGB (ordre public) erreicht werden könnte. Daraus hat sich das Problem der Abgrenzung zwischen ordre public (allgemeine Vorbehaltsklausel) und besonderer Vorbehaltsklausel ergeben. Ob es eine Rechtfertigung für die Privilegierung der lex fori gibt, hängt auch vom Verhältnis zwischen beiden Prinzipien ab. Reicht die allgemeine Vorbehaltsklausel aus, um einer unerträglichen Anwendung ausländischer Gesetze über unerlaubte Handlungen vorzubeugen, ist die Bestimmung der speziellen Vorbehaltsklausel durch ein dringendes praktisches Bedürfnis dann nicht geboten.

A. Funktion der allgemeinen Vorbehaltsklausel

Art.6 EGBGB befasst sich mit dem Ergebnis der Anwendung vom IPR berufener Normen eines anderen Staates. Verweisen die Kollisionsnormen des IPR auf fremdes Recht, so geschieht dies zunächst ohne Rücksicht auf dessen Inhalt und den Inhalt entsprechender deutscher Bestimmungen. Die Verweisung kann daher zu Ergebnissen führen, die aus deutscher Sicht unerträglich erscheinen. Hier soll die ordre public-Klausel des Art.6 EGBGB Abhilfe schaffen. Art.6 EGBGB stellt die Anwendung fremden Rechts unter den Vorbehalt der Vereinbarkeit des Verweisungsergebnisses mit der inländischen öffentlichen Ordnung[495]. Als Einfallstor für materielle Interessen bildet Art.6 EGBGB ein notwendiges Korrektiv zu den internationalprivatrechtlichen Kollisionsnormen, die selbst nicht vorrangig auf den materiellrechtlichen Inhalt des ausländischen Rechts blicken[496].

B. Funktion der besonderen Vorbehaltsklausel

1. Funktion des Art.38 EGBGB (alte Fassung)

Im Gegensatz zu Art.6 EGBGB, der nur dann eingreift, wenn ein tragendes Prinzip der inländischen öffentlichen Ordnung verletzt wurde, will Art.38 EGBGB (alte Fassung) den deutschen Staatsangehörigen, der vor einem deutschen Gericht wegen eines im Ausland verübten Deliktes schuldig erklärt wird, vor einer Verurteilung schützen, die vom deutschen Recht als zu hart empfunden wird. Unabhängig von der Frage, ob ein Grundprinzip der inländischen Rechtsordnung

495 Eine ausführliche Darstellung des Art.6 EGBGB ist hier nicht beabsichtigt.
496 Vgl. München/Sonnenberger, Aufl. 3 (1998), RzNr. 1 und 2 zu Art.6 EGBGB.

verletzt wurde, greift Art.38 EGBGB (alte Fassung) immer dann ein, wenn ein nach ausländischem Recht begründeter Anspruch weiter geht als nach deutschem Deliktsrecht. Rappe hat Art.38 EGBGB (alte Fassung) als „spezialisierte Vorbehaltsklausel" – entgegen der allgemeinen Vorbehaltsklausel (ordre public) - bezeichnet[497].

2. Funktion des Art.40 Abs. 3 EGBGB (neue Fassung)

Gemäß neuem Art.40 EGBGB Abs. 3 Nr. 1 und 2 ist der Ersatzpflichtige nicht zu Leistungen nach fremdem Recht verpflichtet, soweit sie den eingetretenen Schaden wesentlich überschreiten oder offensichtlich anderen Zwecken als einer angemessenen Entschädigung des Verletzten dienen. Und Art.40 Abs. 3 Nr. 3 EGBGB (neue Fassung) schränkt die Anwendbarkeit ausländischen Rechts zum Schutz des Ersatzpflichtigen ein, wenn es nicht mit den haftungsrechtlichen Bestimmungen derjenigen multilateralen völkerrechtlichen Verträge übereinstimmt, die für die Bundesrepublik Deutschland in Kraft getreten sind.

C. Unterschied zwischen der allgemeinen Vorbehaltsklausel und der besonderen Vorbehaltsklausel

1. Negative und positive Funktion

Die Vorbehaltsklausel selbst wird als Kollisionsnorm betrachtet[498]. Eine Kollisionsnorm hat die Funktion auszusagen, welches Recht angewandt werden soll. Diese Funktion ist bei der allgemeinen Vorbehaltsklausel vorwiegend negativer Art; sie ordnet an, dass das durch die gewöhnliche Kollisionsnorm berufene ausländische Recht nicht angewandt werden soll, sie sagt aber nicht, dass die lex fori anzuwenden sei. Hierbei entsteht eine Lücke, welche mittels des ausländischen Rechts auszufüllen ist[499], soweit dies dazu geeignet ist.

Im Gegensatz dazu ist die spezielle Vorbehaltsklausel des Art.38 EGBGB (alte Fassung) bzw. Art.40 Abs. 3 EGBGB teils negativ, teils positiv gefasst; negativ insofern, als dass auch sie dem ausländischen Recht die Wirkung versagen, wenn es mehr als das deutsche Recht zubilligt. Positiv ist, dass das deutsche Recht im Wege der Kumulation zur Anwendung berufen wird, allerdings nur teilweise und nicht in vollem Unfang. Daher sind die Wirkungen der speziellen

497 Staudinger/Raape, 9. Aufl. (1931), RzNr. 209 zu Art.12 EGBGB.

498 Vgl. Zitelmann, IPR I, S. 332, 334.

499 Dazu ausführlich siehe, Staudinger/Blumenwitz, Aufl. 12 (1996), RzNr. 16 ff. zu Art.6 EGBGB; München/Sonnenberger, Aufl. 3 (1998), RzNr. 90 zu Art.6 EGBGB.

Vorbehaltsklauseln des Art.38 EGBGB (alte Fassung) bzw. Art.40 Abs. 3 EGBGB und der allgemeinen des Art.6 EGBGB verschieden, soweit sie die technische Seite der Rechtsanwendung betreffen[500].

2. Materiell-rechtliche und prozessuale Wirkung

Wenn im Einzelfall die spezielle Vorbehaltsklausel angewandt worden ist und dies ergeben hat, dass der der lex loci unterstehende Anspruch weiter geht als nach deutschem Recht bzw. wesentlich weiter geht als zur angemessenen Entschädigung des Verletzten erforderlich oder offensichtlich anderen Zwecken als einer angemessenen Entschädigung des Verletzten dient, dann entfaltet Art.38 EGBGB (alte Fassung) bzw. Art.40 Abs. 3 EGBGB seine Sperrwirkung. Der Kläger erhält nur den Schadensersatz zugesprochen, der ihm nach deutschem Recht zusteht. Wie ist diese Anspruchskürzung aufzufassen? Handelt es sich um eine materiell-rechtliche Einwirkung der lex fori auf den Anspruch oder ist diese nur prozessualer Art?

Die Funktion der speziellen Vorbehaltsklausel besteht darin, dass der Anspruch durch das deutsche Recht reduziert wird. Hierbei handelt sich um einen der Angleichung entsprechenden Vorgang. Für diese ist nicht bezweifelt worden, dass das durch sie erzielte Ergebnis dem materiellen Recht zuzurechnen ist[501]. Die Einschränkung des ausländischen Anspruchs durch die lex fori ist also als materiell-rechtliche Sperre anzusehen[502]. Eine prozessuale Wirkung hat Art.38 EGBGB (alte Fassung) auch, da er rückwirkend anzuwenden ist. Bei der Einführung des BGB wurde indes sowohl von Kahn[503] als auch von Habicht[504] vertreten, dass dies auch auf die vor Inkrafttreten des BGB entstandenen Sachverhalte Art.12 EGBGB (frühe Fassung) anzuwenden sei. Es ist ein Grundsatz des intertemporalen Rechts, dass prozessuale Vorschriften rückwirkend anzuwenden sind, nicht aber materiell-rechtliche Bestimmungen. Daraus könnte man den

500 Vgl. Birk, Schadensersatz und sonstige Restitutionsformen im internationalen Privatrecht, S. 269.

501 Vgl. Birk, Schadensersatz und sonstige Restitutionsformen im internationalen Privatrecht, S. 270.

502 So auch Soegel/Kegel, Aufl. 9 (1961), Art.12 Anm. 55; Staudinger/Raape, BGB, 9. Aufl. (1931), Art.12 RzNr. 215; Birk, Schadensersatz und sonstige Restitutionsformen im internationalen Privatrecht, S. 270; Lüderitz, Kumulation und Grundsatz des schwächeren Rechts im IPR, 1957, S. 25.

503 Abhandlung Bd. I, S. 450.

504 Internationales Privatrecht nach dem EGBGB, 1907, S. 98.

Schluss ziehen, dass es sich bei Art. 38 EGBGB nicht nur um einen prozessualen Eingriff handle, sondern auch um einen materiell-rechtlichen[505].

Nach deutscher Auffassung[506] ist die allgemeine Vorbehaltsklausel des Art.6 EGBGB eine Norm des materiellen Rechts. Sie gibt Auskunft über Anwendung oder Nichtanwendung fremden sachlichen Rechts. Vor allem bedeutet eine Entscheidung, die auf der Anwendung der allgemeinen Vorbehaltsklausel beruht, eine sachliche Entscheidung und betrifft nicht die prozessuale Zulässigkeit oder Unzulässigkeit des durch den ordre public berührten Angriffs- oder Verteidigungsmittels. Wird die Klage abgewiesen, weil der Anspruch aus Gründen des ordre public nicht gebilligt werden kann, so ist damit rechtskräftig festgestellt, dass der Kläger im Zeitpunkt der letzten mündlichen Tatsachenverhandlung den erhobenen Anspruch nicht gehabt hat. Wird der geltend gemachte Anspruch dem Kläger zuerkannt, weil der Beklagte mit einer Einwendung wegen des ordre public nicht gehört werden kann, so steht rechtskräftig fest, dass der Kläger den Anspruch im Zeitpunkt der letzten mündlichen Tatsachenverhandlung gehabt hat[507]. Ob solche Entscheidungen im Ausland anerkannt werden, ist eine ganz andere Frage.

3. Verzichtbarkeit

Der Schutz, den Art.38 EGBGB (alte Fassung) dem deutschen Täter zukommen lässt, wird als verzichtbar angesehen[508]. Dies ergebe sich daraus, dass der Grundsatz der lex loci selbst nicht zwingend sei[509], weil die Parteien sich auch über den Anspruch selbst vergleichen könnten. Das Hauptziel des Art.38 EGBGB ist, nur den deutschen Beklagten vor einer Verurteilung zu schützen, die vom deutschen Recht als zu hart empfunden wird, nicht aber die inländische öffentliche Ordnung zu schützen, obwohl Art.38 EGBGB (alte Fassung) eine Schutzklausel aus ordre public ist. Indes wird man annehmen dürfen, dass der

---

505 Birk, Schadensersatz und sonstige Restitutionsformen im internationalen Privatrecht, S. 270.

506 In manchen ausländischen Rechten wird die Zugehörigkeit des ordre public zum Prozess gelegentlich behauptet.

507 Dölle, Der ordre public im internationalen Privatrecht, Deutsche Landesreferate zum III. Internationalen Kongress für Rechtsvergleichung im London 1950, S. 409.

508 Staudinger/Raape, 9. Aufl. (1931), Art.12 Anm. B IX (S.215); Soegel/Lüderitz, 12. Aufl. RzNr. 110 zu Art.38 EGBGB; Lüderitz, Kumulation und Grundsatz des schwächeren Rechts im IPR, 1957, S. 25; Staudinger/v. Hoffmann 1998, RzNr. 253 zu Art.38 EGBGB; München/Kreuzer, 3. Aufl. 1998, RzNr. 305 zu Art.38 EGBGB; a. A: Birk, Schadensersatz und sonstige Restitutionsformen im internationalen Privatrecht, S. 271.

509 Staudinger/Raape, 9. Aufl. (1931), Art.12 Anm. A III 8s. 196).

deutsche Beklagte auf den Schutz des Art.38 EGBGB (alte Fassung), ähnlich wie auf eine Einrede, verzichten kann. Das gilt auch für den neuen Art.40 Abs. 3 EGBGB, der nicht nur den deutschen Beklagten schützt, sondern einfach den allgemeinen Beklagten. Der Verzicht ist nur insofern unbeachtlich, als die Anwendung des ausländischen Rechts schon nach Art.6 EGBGB ausgeschlossen ist.

Dagegen bezweckt die ordre public-Klausel, das durch Kollisionsnormen berufene fremde Recht abzuwehren, wenn dessen Anwendung im Einzelfall zu Ergebnissen führen würde, „die den Kernbestand der inländischen Rechtsordnung antasten“[510]. Daher soll der inländische Richter ausländisches Recht, das gegen die fundamentalen Grundsätze inländischer Rechtsordnung verstößt, nicht anwenden. Im Inland soll auch keine Entscheidung ergehen, die inländischen Rechtsanschauungen grob widerspricht. Daher handelt es sich bei der allgemeinen Vorbehaltsklausel nicht um das Recht des Beklagten, sondern um die Pflicht des Richters. Art.6 EGBGB ist also von Amts wegen anzuwenden und seine Anwendung ist unabhängig von der Berufung oder dem Verzicht des Beklagten.

4. Zwischenergebnis

Aus diesen Unterschieden ergibt sich schon die Konsequenz, dass die spezielle Vorbehaltsklausel vom allgemeinen ordre public nicht ersetzt werden kann.

D. Verhältnis zwischen Art.6 EGBGB und Art.38 EGBGB (alte Fassung) bzw. Art.40 Abs. 3 EGBGB (neue Fassung)

Ausgehend von einer unklaren Vorstellung über das Verhältnis von Art.6 EGBGB und Art.38 EGBGB (alte Fassung) bzw. Art.40 Abs. 3 EGBGB (neue Fassung) wird in der Literatur oft geprüft, ob Art.38 EGBGB (alte Fassung) bzw. Art.40 Abs. 3 EGBGB (neue Fassung) über Art.6 EGBGB hinaus greife oder ob er sie einschränke. Einer besonderen Aufklärung bedarf das Verhältnis zwischen beiden Vorbehaltsklauseln.

1. Verhältnis zwischen Art.6 EGBGB und Art.38 EGBGB (alte Fassung)

Art.38 EGBGB (alte Fassung) gilt allgemein[511] als spezielle Vorbehaltsklausel, die aber teilweise über die Generalnorm des Art. 6 EGBGB hinausgeht. Auf das

510 Regierungsbegründung, BT-Drucks 10/504, S. 42.

511 Z. B. München/Kreuzer, 3. Aufl. 1998, RzNr. 303 zu Art.38 EGBGB; Ferid, Internationales Privatrecht, Berlin 1975, S. 3-39; Kegel, Internationales Privatrecht,

Verhältnis zwischen Art.38 EGBGB (alte Fassung) und Art.6 EGBGB lässt sich demnach nur unter Vorbehalt der Grundsatz „lex specialis derogat legi generali" anwenden. Wenn Art.38 EGBGB (alte Fassung) im konkreten Fall angewendet wird, dann bleibt für eine Anwendung des Art.6 EGBGB kein Platz mehr. Damit ist aber nicht gesagt, dass bei internationalrechtlich gelagerten Fällen aus dem Deliktsrecht nur Art.38 EGBGB (alte Fassung) anwendbar wäre. Dieser ist natürlich allein dann anwendbar, wenn dessen spezifische Voraussetzungen gegeben sind[512]. Außerhalb des Anwendungsbereichs von Art.38 EGBGB (alte Fassung) bleibt Art.6 EGBGB maßgebend.

2. Verhältnis zwischen Art.6 EGBGB und Art.40 Abs. 3 EGBGB (neue Fassung)

An die Stelle des alten Art.38 EGBGB, der nur Deutsche im Falle einer im Ausland begangenen unerlaubten Handlung vor weitergehenden Ansprüchen als nach deutschem Recht schützt, ist nun mit Art.40 Abs. 3 EGBGB (neue Fassung) eine besondere Vorbehaltsklausel getreten. Ansprüche nach fremdem Recht dürfen nicht wesentlich weiter gehen als zur angemessenen Entschädigung des Verletzten erforderlich, und sie dürfen nicht offensichtlich anderen Zwecken als einer angemessenen Entschädigung des Verletzten dienen. Ansprüche dürfen auch nicht den staatsvertraglichen Regelungen widersprechen. Spickhoff hat den Art.40 Abs. 3 EGBGB (neue Fassung) als „eine ausschnittweise Konkretisierung von ordre public" bezeichnet[513]. Im Vergleich zum alten Art.38 EGBGB schützt Art.40 Abs. 3 EGBGB (neue Fassung) nicht nur deutsche Beklagte, sondern auch ausländische. Und die Eingriffsvoraussetzung – Abweichung von inländischem Recht – wird durch die Formulierung „wesentlich" bzw. „offensichtlich" verschärft. Zusätzlich normiert Art.40 Abs. 3 Nr. 3 EGBGB (neue Fassung) den Vorrang der staatsvertraglichen Regelungen, der sich nicht im alten Art.38 EGBGB finden kann.

Solche inhaltliche Änderung ändert nicht den recht-systematischen Charakter einer speziellen Vorbehaltsklausel. Daher verdrängt Art.40 Abs. 3 EGBGB

München 1995, S. 385; Erman/Arndt, 7. Aufl. RzNr. 7 zu Art.38 EGBGB; Soegel/Lüderitz, 12. Aufl. RzNr. 64 zu Art.38 EGBGB; Lewald, Das deutsche internationale Privatrecht, 2. Teil Leipzig 1930/31, S. 268/269; a.A. Neuhaus, Die Grundbegriffe des Internationales Privatrecht, Tübingen 1976, S. 384 f. (bloße Inländerschutzklausel); Zekoll, US-Amerikanisches Produkthaftpflichtrecht vor deutschen Gerichten, S. 26; einschränkend Birk, Schadensersatz und sonstige Restitutionsformen im internationalen Privatrecht, S. 249.

512 Vgl. Birk, Schadensersatz und sonstige Restitutionsformen im internationalen Privatrecht, S. 249.

513 Spickhoff, Die Rechtkodifikation des Internationalen Privatrechts, NJW 1999, 2213.

(neue Fassung) als spezielle Vorbehaltsklausel in seinem Anwendungsbereich die allgemeine Vorbehaltsklausel des Art.6 EGBGB. Liegen die Voraussetzungen des Art.40 Abs. 3 EGBGB vor, so ist dieser anzuwenden, auch wenn Art.6 EGBGB nicht eingreifen würde. Art.40 Abs. 3 EGBGB (neue Fassung) versperrt aber nicht den Rückgriff auf Art.6 EGBGB, denn er regelt nur einen Teilausschnitt der Haftungsausfüllung; übermäßig scharfe Haftungsgründe oder ein anstößig erscheinendes Fehlen von Haftungsgründen können demgegenüber den allgemeinen Vorbehalt des Art.6 EGBGB auslösen[514].

III. Abgrenzung zur allgemeinen Vorbehaltsklausel des ordre public

Wie sich schon aus den bisherigen Darlegungen ergab, ist Art.6 EGBGB auch für das internationale Deliktsrecht von Bedeutung, wenngleich dieser durch die spezielle Vorbehaltsklausel des Art.38 EGBGB (alte Fassung) bzw. des Art.40 Abs. 3 EGBGB einigermaßen eingeschränkt wird. Es ist daher erforderlich, auf die Abgrenzung zwischen ordre public und spezieller Vorbehaltsklausel im Einzellfall näher einzugehen.

A. Anspruchsbegrenzende Funktion

Art.38 EGBGB (alte Fassung) ist eine Inländerschutzvorschrift, die nur zugunsten des deutschen Täters – genau gesagt EU-Bürgers mit Lebensmittelpunkt im Deutschland[515] – wirkt. Es können gegen einen Deutschen bzw. EU-Bürger mit Lebensmittelpunkt in Deutschland keine weitergehenden Ansprüche geltend gemacht werden, als nach deutschem Recht. Im Vergleich zu Art.38 EGBGB (alte Fassung) kommt Art.6 EGBGB weiterhin zur Anwendung, wenn eine Person, die nicht von Art.38 EGBGB (alte Fassung) geschützt wird, vor deutschen Gerichten aufgrund ausländischen Deliktsrechts in Anspruch genommen wird. Art.6 EGBGB kann hier – wie Art.38 EGBGB (alte Fassung) gegenüber deutschen Beklagten – anspruchsbegrenzend wirken, wenn der gegen einen Ausländer geltend gemachte Anspruch in ordre public-widriger Weise zu weit geht.

Im Gegensatz zu Art.38 EGBGB (alte Fassung) gilt Art.40 Abs. 3 EGBGB allgemein für alle, die in Deutschland Beklagte einer internationalen deliktischen Tatsache sind, nicht nur für Inländer. Danach ist der Ersatzpflichtige nicht zu Leistungen nach fremdem Recht verpflichtet, soweit sie den eingetretenen Scha-

---

514 Vgl. Spickhoff, Die Rechtkodifikation des Internationalen Privatrechts, NJW 1999, 2213.

515 Siehe Erster Teil. § 1. I. C. 3. (Geschützter Personenkreis).

den wesentlich überschreiten oder offensichtlich anderen Zwecken als einer angemessenen Entschädigung des Verletzten dienen. Wenn Art.40 Abs. 3 EGBGB im konkreten Fall angewandt wird, dann kommt nach dem Grundsatz „lex specialis derogat legi generali“ Art.6EGBGB eine anspruchsbegrenzende Funktion nicht mehr zu. Ob der Beklagte hier ein Ausländer oder Inländer ist, ist nicht zu beachten.

B. Anspruchsbegründende und Anspruchserweiternde Funktion

Eine anspruchsbegründende oder anspruchserweiternde Funktion des Art.38 EGBGB (alte Fassung) wird im Schrifttum[516] überwiegend abgelehnt. Einziger Verteidiger ist Schmidt[517]. Er betont, dass Art.12 EGBGB (frühere Fassung) auch zu Ungunsten eines Deutschen angewendet werden kann; verlangt das ausländische Recht zu wenig Schadenersatz, so kann der Betrag bis auf das Maß der deutschen Gesetze erhöht werden[518]. Begründet wurde diese Auffassung nicht, da eine solche Funktion nicht das Hauptziel einer Vorbehaltsklausel ist. Im neueren Schrifttum wird die Ansicht vertreten, dass die Erhöhung der Haftungssumme nur auf Art.6 EGBGB zurückführt. Das gilt auch für Art.40 Abs. 3 EGBGB.

Art.6 EGBGB kommt daher zunächst in Betracht, wenn ein Ausländer vor deutschen Gerichten aufgrund ausländischen Deliktsrechts in Anspruch genommen wird. Art.6 EGBGB kann hier – neben der Anspruchsbegrenzung beim Anwendungsfall des Art.38 EGBGB (alte Fassung) – auch zu einer Anspruchsbegründung führen, wenn das ausländische Recht überhaupt keine Schadensersatzverpflichtung vorsieht – z.B. wenn am Begehungsort noch der alte Common-Law-Grundsatz gilt, dass die Tötung eines anderen keinerlei Schadensersatzansprüche begründet. Schließlich kann Art.6 EGBGB hier noch anspruchserweiternd wirken, wenn der nach ausländischem Recht begründete Anspruch bei

516 Vgl. Wolff, Das internationale Privatrecht Deutschlands, 3. Aufl. 1954, S. 167; Fischer, Der Schiffszusammenstoss im deutschen internationalen Privatrecht, Diss. 1937, S. 40; München/Kreuzer, 3. Aufl. 1998, RzNr. 319 zu Art.38 EGBGB; Staudinger/v. Hoffmann 1998, RzNr. 248 zu Art.38 EGBGB.

516 München/Kreuzer, 3. Aufl. 1998, RzNr. 319 zu Art.38 EGBGB; Staudinger/v. Hoffmann 1998, RzNr. 248 zu Art.38 EGBGB; Soegel/Lüderitz, 12. Aufl. 1996, RzNr. 80 zu Art.38 EGBGB.

517 Schmidt, Der Ort der unerlaubten Handlung im internationalen Privatrecht, FS für Lehmann 1937, S. 192.

518 Vgl. Delachaux, Die Anknüpfung der Obligationen aus Delikt und Quasidelikt im internationalen Privatrecht, 1979, S. 69.

weitem zu gering ist[519]. Anspruchsbegründende bzw. anspruchserweiternde Funktion kann Art.6 EGBGB auch bei Inanspruchnahme eines Deutschen vor deutschen Gerichten aufgrund ausländischen Deliktsrechts zukommen[520]. Demnach haften Deutsche zumindest in dem Umfang, den der inländische ordre public verlangt.

C. Bei Verjährung

Ob die Verjährung als ein Institut des öffentlichen Prozessrechtes aufzufassen ist, und folglich nach lex fori zu beurteilen ist, oder ob sie ein Institut des Privatrechts sei, und sich demgemäss die Frage der Rechtsanwendung nach international-privatrechtlichen Regeln entscheide, war umstritten. Die letztere Auffassung hat sich in Kontinentaleuropa und bei einigen englischen und amerikanischen Autoren durchgesetzt, während die erstere im anglo-amerikanischen Rechtskreis allgemein vorherrscht[521]. Die deutsche international-privatrechtliche Praxis und Lehre tritt hier überwiegend dafür ein, dass die Verjährung lediglich die Frage des Bestehens des Rechts, keineswegs die der Form und Weise, in welcher im Prozesse zu verhandeln ist, betrifft. Daher herrscht das Deliktsstatut auch über die Verjährung[522]. Dabei sollen die Fristen, der Beginn, die Gründe und Wirkungen von Unterbrechung und Hemmung sowie entsprechende Auslösungshandlungen, soweit sie nicht prozessualer Natur sind, nach dem Deliktsstatut beurteilt werden.

Hier bedarf es noch weiterer Überlegung, ob ein nach dem Deliktsstatut noch nicht verjährter Anspruch aufgrund der speziellen Vorbehaltsklausel des Art.38 EGBGB (alte Fassung) oder der allgemeinen Vorbehaltsklausel des Art.6 EGBGB in Deutschland nicht mehr geltend gemacht werden kann, wenn er dem

519 Vgl. München/Kreuzer, 3. Aufl. 1998, RzNr. 319 zu Art.38 EGBGB; Staudinger/v. Hoffmann 1998, RzNr. 248 zu Art.38 EGBGB.

520 München/Kreuzer, 3. Aufl. 1998, RzNr. 319 zu Art.38 EGBGB; Staudinger/v. Hoffmann 1998, RzNr. 248 zu Art.38 EGBGB; Soegel/Lüderitz, 12. Aufl. 1996, RzNr. 80 zu Art.38 EGBGB.

521 Vgl. Fick, Zur Verjährung von Ansprüchen aus unerlaubten Handlungen (insbesondere unlauterem Wettbewerb) im internationalen Recht , SJZ 20(1923), S. 21 ff..

522 Vgl. RG 18. 9. 1925, IPRspr 1926-27 Nr. 161; RG 29. 9. 1927, IPRspr 1926-27 Nr. 46; BGH 12. 12. 1957, IPRspr 1956-57 Nr. 40; BGH 29. 3. 1978, BGHZ 71, 175, 176; BGH 14. 7. 1980, IPRspr 1980 Nr. 49 b; München/Kreuzer, 3. Aufl. 1998, RzNr. 282 zu Art.38 EGBGB; Staudinger/v. Hoffmann 1998, RzNr. 200 zu Art.38 EGBGB; Erman/Arndt, 7. Aufl. RzNr. 2 zu Art. 12 EGBGB; Walker, IPR, S. 463; Fisching, Einführung in IPR, 1981, S. 250; v. Bar, IPR, Bd. 2, RzNr. 714; Trutmann, Das internationale Privatrecht der Deliktsobligationen, S. 117; Delachaux, Die Anknüpfung der Obligationen aus Delikt und Quasidelikt im IPR, S. 211.

deutschen Recht zufolge bereits verjährt wäre. Dementsprechend erklärte das Reichsgericht im Jahre 1927: „Es ist richtig, dass an sich die Verjährung nach demjenigen Recht zu beurteilen ist, das überhaupt auf das Rechtsverhältnis Anwendung findet, dass dies aber bei unerlaubten Handlungen nach Art.12 EGBGB (frühere Fassung) seine Grenze an den deutschen Gesetzen hat, sofern die Klage gegen einen Deutschen gerichtet ist“[523]. Diese weitere Auslegung mag mit dem Wortlaut von Art. 38 EGBGB (alte Fassung) vereinbar sein, da er sich nicht ausdrücklich auf das Deliktsrecht beschränkt, sondern sich „nach den deutschen Gesetzen“ richtet. Damit hat das Reichsgericht[524] zwar angedeutet, dass die Unverjährbarkeit einer schweizerischen Forderung, die gegen den deutschen ordre public verstieß, zu dem § 194 BGB gezählt wird; dagegen bestehen keine Bedenken gegen eine von deutschem Recht abweichende Verjährungsregelung.

Es bleibt schließlich zu erwägen, ob diese vom Reichsgericht gemachte Auslegung der deliktsrechtlich speziellen Vorbehaltsklausel des Art.12 EGBGB (frühere Fassung), nach der eine längere Verjährungsfrist des ausländischen Rechts von der Anwendung durch deutsche Gerichte ausgeschlossen ist, auch für die neue Vorbehaltsklausel des Art.40 Abs. 3 EGBGB gilt. Wegen seinem Neuinkrafttreten wurde diese Frage in der deutschen Rechtsprechung und Literatur meines Wissens noch nie ausdrücklich gestellt. Um auf diese Frage zu antworten, ist es nötig, den Hauptgrund des Reichsgerichts und die Änderungen der neuen Vorbehaltsklausel des Art.40 Abs. 3 EGBGB zusammen zu prüfen.

Der von dem Reichsgericht aufgestellte Grundsatz besagt, dass die Schranke des Art.12 EGBGB (frühere Fassung) auch hier wirkt; wo die Verjährungsfrist nach der lex loci delicti länger als nach deutschem Recht ist, wird die Vorschrift der lex fori angewandt. Der Hauptgrund liegt darin, dass das auf das Rechtsverhältnis anzuwendende ausländische Recht bei unerlaubten Handlungen nach Art.12 EGBGB (frühere Fassung) seine Grenze an den deutschen Gesetzen hat. Die Klage gegen einen Deutschen zu richten, wurde vom Reichsgericht als eine Voraussetzung der Anwendung des Art.12 EGBGB (frühere Fassung) angesehen. Der Schutzkreis des Art.40 Abs. 3 EGBGB erstreckt sich schon auf den allgemeinen Beklagten, und beschränkt sich nicht mehr auf den Deutschen. Diese Änderung sollte den von dem Reichsgericht aufgestellten Grundsatz nicht beeinflussen. Die andere Änderung der neuen Vorbehaltsklausel ist die Verschärfung der Eingriffsvoraussetzung. Danach greift lex fori nur in dem Fall ein, dass das ausländische Deliktsstatut „wesentlich“ oder „offensichtlich“ von der lex fori abweicht. Die Verschärfung der Eingriffsvoraussetzung führt wohl nicht dazu, die Grenze der Anwendung des ausländischen Deliktsstatuts bei unerlaubten

523 RGZ 118, 141, 143 f..
524 RGZ 106, 82 ff..

Handlungen zu beseitigen, und die Schranke des Art.40 Abs. 3 EGBGB für die Verjährungsfrist außer Geltung zu setzen. Aber eine gewisse Beschränkung des Eingriffs sei dadurch nötig. Jede längere Verjährungsfrist ausländischen Rechts mit Hilfe des Art. 40 Abs. 3 EGBGB auszuschalten, ist aber nicht stattzugeben.

Es verdient hier festgehalten zu werden, dass Art.38 EGBGB (alte Fassung) bzw. Art.40 Abs. 3 EGBGB zwar eine Spezialnorm des ordre public darstellt, die aber teilweise über die Generalnorm des Art.6 EGBGB hinausgeht. So kann wohl kaum mit Art.6 EGBGB gerechtfertigt werden, dass eine längere Verjährungsfrist des ausländischen Rechts von der Anwendung durch deutsche Gerichte ausgeschlossen sei, gleichwohl ist dies nach Art.38 EGBGB (alte Fassung) bzw. Art.40 Abs. 3 EGBGB möglich. Im diesen Sinne ist Art.38 EGBGB (alte Fassung) bzw. Art.40 Abs. 3 EGBGB nicht überflüssig.

§ 3. Art.38 EGBGB (alte Fassung) bzw. Art.40 Abs. 3 EGBGB (neue Fassung) als Anerkennungshindernis ausländischen Urteils?

Für die Rechtfertigung der Privilegierung der lex fori sei noch die Frage erörtert, wie sich Art.38 EGBGB (alte Fassung) bzw. Art.40 Abs. 3 EGBGB (neue Fassung) zu § 328 Abs. 1 Nr. 4 ZPO verhält. Es geht hier um die Diskussion darüber, ob der Sonderschutz von Art.38 EGBGB (alte Fassung) bzw. Art.40 Abs. 3 EGBGB (neue Fassung) im Rahmen eines Exequaturverfahrens (§§ 328, 722, 733 ZPO) eingreifen kann. Zur praktischen Bedeutung dieser Fragestellung ist anzumerken, dass die Privilegierung der lex fori gerechtfertigt werden könnte, wenn Art.38 EGBGB (alte Fassung) bzw. Art.40 Abs. 3 EGBGB (neue Fassung) als ein Anerkennungshindernis für ausländische Urteile angesehen würde.

I. Auffassungen im Schrifttum

Die Frage, ob ausländischen Entscheidungen wegen Art.38 EGBGB (alte Fassung) über die ordre-public-Vorschrift des § 328 Abs. 1 Nr. 4 ZPO die Anerkennung versagt werden kann, soweit dem Verletzten mehr als nach deutschem Recht zugesprochen wurde, ist im deutschen Schrifttum strittig. Nach der Meinung Stiefels[525] ist einem ausländischen Urteil gegen einen Deutschen im Hinblick auf Art.38 EGBGB (alte Fassung) die Anerkennung zu versagen, wenn dies über den Rahmen des deutschen Schadensersatzrechtes hinausgeht. Eine solche Anerkennung würde nach § 328 Abs. 1 Nr. 4 ZPO gegen den Zweck ei-

525 Vgl. Stiefel//Hofmann, Kraftfahrtversicherung, 16. Aufl., 1995, § 2 AKB, Anm. 4.

nes deutschen Gesetzes verstoßen. Auch Schack folgt dieser Ansicht. Er weist darauf hin, dass Art.38 EGBGB (alte Fassung) nicht auf die mittelbare Geltendmachung qua Anerkennung eines ausländischen Urteils zu erstrecken wäre, so würde Art.38 EGBGB (alte Fassung) praktisch bedeutungslos - wie „ein Gebiss ohne Zähne" – werden, da der Kläger in fast allen Fällen in der Lage ist, am ausländischen Gerichtsstand der unerlaubten Handlungen ein Urteil ohne Berücksichtigung des Art.38 EGBGB (alte Fassung) zu erwirken. Besonders in der EU wird das Zuständigkeitstor für das Deliktsrecht (Art.5 Nr. 3 EuGVÜ) weit geöffnet, etwa wenn als Tatort wahlweise der oder die Handlungs- oder Erfolgsorte genügen[526]. Art.38 EGBGB (alte Fassung) steht somit über § 328 Abs. 1 Nr. 4 ZPO der Anerkennung eines ausländischen Urteils entgegen[527].

Während die Ansicht, bei Anerkennung ausländischer Urteile über Deliktshaftung der Gleichlauf deutsch-rechtlicher Haftung Bestandteil des deutschen ordre public in Sinne des § 328 Abs. 1 Nr. 4 ZPO zu sein, in der Tat in deutscher Literatur vielfach vertreten wird, findet man auch die dogmatisch abweichende Auffassung[528], dass Art.38 EGBGB (alte Fassung) der Anerkennung einer ausländischen Entscheidung, die den inländischen Schädiger zu mehr verurteilt als er nach deutschem Recht zu zahlen verpflichtet wäre, nicht entgegensteht. Wenn man nicht der Anwendung des Art.38 EGBGB (alte Fassung) im Rahmen des § 328 Abs. 1 Nr. 4 ZPO ins Wort fallen will, so sprechen dafür systematische und rechtspolitische Gründe. Zunächst verweist die Neufassung des § 328 Abs. 1 Nr. 4 ZPO für den ordre public auf die offensichtliche Unvereinbarkeit des fremden Urteils mit den Grundsätzen des deutschen Rechts und nimmt damit nur die allgemeine ordre-public-Vorschrift des IPR (Art.6 EGBGB) ins Prozessrecht auf, nicht aber ihre spezielle deliktsrechtliche Ausformung in Art.38 EGBGB (alte Fassung); dies obwohl dem Gesetzgeber der Streitstand bekannt war. Zum anderen sprechen für einen zurückhaltenderen Maßstab des international-prozessrechtlichen ordre public verglichen mit dem kollisionsrechtlichen ordre public die besseren sachlichen Argumente. Letztlich gerät eine sehr enge ordre-public-Kontrolle, die praktisch nur kongruentes fremdes Recht anerkennt, immer in

---

526 Vgl. Schack, Art.12 EGBGB in deutschen Urteilsanerkennungs- und Regressverfahren, VersR 1984, S. 423.

527 Bejahend noch: München/Kreuzer, 3. Aufl. 1998, RzNr. 318 zu Art.38 EGBGB; Habicht, IPR 1907, S. 97 f.; Staudinger/Rappe, Art.12 EGBGB B VIII; Walker, IPR 5. Aufl. Wien 1934, S. 534; Lüderitz, Kumulation und Grundsatz des schwächeren Rechts im IPR, Diss. Köln 1957, S. 91 f.; Hoechst, Zur Versicherbarkeit von punitive damages, VersR 1983, S. 13, 15 f.; Frankenstein, IPR II, S. 381; Ruhr, Der Einfluss der Vorbehaltsklausel auf die Deliktsobligationen, 1930, S. 51.

528 Staudinger/v. Hoffmann 1998, RzNr. 248 b zu Art.38 EGBGB; Zöller/Geimer, ZPO 21. Aufl. 1999, § 328 ZPO, N VI 5.

Widerspruch zu der gemäß § 328 Abs. 1 Nr. 1 ZPO vorgesehenen Anerkennung fremder Gerichtshoheit.

II. Standpunkt der Rechtsprechung

Der Bundesgerichtshof hat mit seinem Urteil aus dem Jahre 1983[529] deutlich gemacht, dass der Gleichlauf deutschrechtlicher Haftung nicht Bestandteil des deutschen ordre public im Sinne von § 328 Abs. 1 Nr. 4 ZPO ist. Im diesen Fall ging es um die inländische Anerkennung eines rechtskräftigen Urteils des LG Florenz. Der nach einem Autounfall in Italien schwer verletzten Klägerin wurde das beantragte Armenrecht in der beabsichtigten Klage gegen den Unfallgegner wegen mangelnder Erfolgsaussicht sowohl vom LG Frankfurt als auch vom OLG Frankfurt versagt. Das italienische Gericht verurteilte die beiden Beklagten – Fahrer und Halter des Unfallfahrzeugs – zur Zahlung von Schadensersatz in Höhe von DM 300.000,- plus 5 % Zinsen vom Tag des Unfalls an. Der BGH bestätigte in letzter Instanz, dass dieses Urteil mit einer Vollstreckungsklausel zu versehen sei. Hintergrund für diese Entscheidung bildet das EuGVÜ[530]. Bedenken dagegen, dass die italienische Entscheidung weitergehende Ansprüche zusprach, als nach deutschen Vorstellungen gerechtfertigt erscheint, verwarf das Gericht. Im wesentlichen stützte es sich dabei auf das in Art.29 EuGVÜ festgelegte Verbot der „révision au fond“ und verwies auf die im Abkommen enthaltene ordre public-Vorschrift des Art.27 Nr. 1 EuGVÜ, die nicht verletzt sei, da die italienische Entscheidung keine Haftungsfolgen enthalte, die schlechthin mit deutsch-rechtlichen Vorstellungen unvereinbar wären. Hiernach fände ein ausländisches Urteil nur dann in Deutschland keine Anerkennung, wenn das Ergebnis mit der Anwendung des ausländischen Rechts zu den Grundgedanken der deutschen gesetzlichen Regelung und den in ihnen liegenden Gerechtigkeitsvorstellungen in so starkem Widerspruch stehen würde, dass es für untragbar angesehen würde.

Das Landgericht Berlin hat auch in einem Fall, in dem das Gericht die Klage auf Vollstreckung eines in den USA ergangenen Schadensersatzurteils gegen einen deutschen Hersteller als unbegründet abgewiesen hat[531], angedeutet, dass Art.38 EGBGB (alte Fassung) im deutschen Exequaturverfahren nicht anzuwenden ist. Nach Art.38 EGBGB (alte Fassung) können aus einer im Ausland be-

529 BGH v. 22. 6. 1983, BGHZ 88, 17=VersR 1983, 903.

530 EU Übereinkommen über die gerichtliche Zuständigkeit und die Vollstreckung gerichtlicher Entscheidungen in Zivil- und Handelssachen v. 27. 9. 1968, BGBl. 1972 II, 774.

531 LG Berlin 13. 6. 1989, RIW 1989, S. 988.

gangenen Handlung gegen einen Deutschen nicht weitergehende Ansprüche geltend gemacht werden, als nach deutschen Gesetzen begründet sind. Diese kollisionsrechtliche Vorbehaltsklausel begrenzt die Anwendung ausländischen Rechts durch deutsche Gerichte, die gehalten sind, Ansprüche sowohl nach dem an sich anwendbaren fremden Deliktsstatut als auch nach deutschem Recht vergleichend zu prüfen. Ansprüche, die danach aus deutscher Sicht als überhöht oder unbegründet gelten, werden reduziert oder abgelehnt. Die Anerkennung und Vollstreckung rechtskräftiger ausländischer Entscheidungen folgt dagegen eigenen Regeln. Insbesondere darf eine ausländische Entscheidung grundsätzlich gerade nicht daraufhin überprüft werden, ob sie nach deutschen Maßstäben in tatsächlicher, materiellrechtlicher oder verfahrensrechtlicher Hinsicht zu Recht ergangen ist. Daher kommt Art.38 EGBGB (alte Fassung) bei § 328 Abs. 1 Nr. 4 ZPO keine Sperrwirkung zu.

Zuzustimmen ist dem BGH zunächst darin, dass nicht schon die Abweichung vom deutschen Kollisionsrecht den ordre public auf den Plan ruft[532]. Danach hat das Landgericht Berlin auch folgerichtig das Verbot einer „révision au fond" gegen die Anwendung von Art.38 EGBGB (alte Fassung) ins Feld geführt und festgestellt, dass eine ordre public-Kontrolle der ausländischen Entscheidung nur nach der anerkennungsrechtlichen Vorbehaltsklausel des § 328 Abs. 1 Nr. 4 ZPO durchzuführen sei, und dass die ordre public Vorschrift nur in ganz krassen Fällen der Anerkennung und Vollstreckung fremder Entscheidungen im Wege stünde. Ein Verstoß gegen zwingende deutsche Vorschriften allein reiche nicht aus. Es müsse sich vielmehr um einen Verstoß handeln, der so schwerwiegend ist, dass er schlechthin unvereinbar mit der Werteordnung des deutschen Rechts sei. Dies gebietet bereits der Respekt vor der ausländischen res iudicata, der es erforderlich macht, bei der Anerkennung einer ausländischen Entscheidung größere Abweichungen zu tolerieren als bei der Anwendung fremden Rechts[533]. Diesbezüglich sind die gleichen Grundsätze heranzuziehen, die der BGH zu Art.27 Nr. 1 EuGVÜ entwickelt hat[534]. Die ordre public-Klausel des Art.27 Nr. 1 EuGVÜ ist nicht enger als die des § 328 Abs. 1 Nr. 4 ZPO[535]. Dort wird auf den Verstoß gegen die guten Sitten oder den Zweck eines deutschen Gesetzes abgestellt. Diese beiden Fragenkomplexe fallen unter den Begriff des ordre public, wie er im internationalen Zivilprozessrecht aller EU-Staaten verwendet wird.

532 Vgl. Schack, Art.12 EGBGB in deutschen Urteilsanerkennungs- und Regressverfahren, VersR 1984, S. 422.
533 Zekoll, US-Amerikanisches Produkthaftpflichtrecht vor deutschen Gerichten, S. 29.
534 Staudinger/v. Hoffmann 1998, RzNr. 248 b zu Art.38 EGBGB.
535 Vgl. Geimer, Internationale Urteilsanerkennung, 1983, S. 1058.

Die oben aufgeworfene Frage nach Berücksichtigung von Art.38 EGBGB (alte Fassung) im Rahmen eines Anerkennungsverfahrens stellt sich immer dann, wenn das ausländische Gericht mehr zuspricht, als nach deutschen Gesetzen vorgesehen ist. Sie ist zu bejahen, wenn man annimmt, die ausländische Entscheidung verstoße dadurch gegen den „Zweck eines deutschen Gesetzes“ im Sinne von § 328 Abs. 1 Nr. 4 ZPO, so dass sie Art.38 EGBGB (alte Fassung) nicht beachtet habe. Nach Art.38 EGBGB (alte Fassung) können aus einer im Ausland begangenen unerlaubten Handlung gegen einen Deutschen nicht weitergehende Ansprüche als nach deutschem Recht geltend gemacht werden. Der Vorschrift kann aber nicht entnommen werden, dass der Gleichlauf deutschrechtlicher Haftung Bestandteil des deutschen ordre public im Sinne von § 328 Abs. 1 Nr. 4 ZPO wäre. Der Schluss, die Anerkennung eines ausländischen Urteils mit Hilfe des Art. 38 EGBGB (alte Fassung) als spezialgesetzliche Ausprägung von Art. 6 EGBGB abzuwehren, setzt voraus, dass die Anwendungsvoraussetzungen der allgemeinen ordre public-Klausel des § 328 Abs. 1 Nr. 4 ZPO und des Art.6 EGBGB identisch sind, und dass Art. 38 EGBGB (alte Fassung) tatsächlich lex specialis zu Art. 6 EGBGB ist.

Nach § 328 Abs. 1 Nr. 4 ZPO ist die Anerkennung des Urteils eines ausländischen Gerichts ausgeschlossen, wenn die Anerkennung des Urteils gegen die guten Sitten oder den Zweck eines deutschen Gesetzes verstoßen würde. Der Begriff der Sittenwidrigkeit ist der gleiche wie der in § 138 und § 826 BGB. Die Anerkennung eines ausländischen Urteils verstößt dann gegen den Zweck eines deutschen Gesetzes, „wenn die Anerkennung einem deutschen Gesetz widersprechen würde, mit welchem die deutsche Gesetzgebung ein bestimmtes Ziel in einer, die Grundlagen des staatlichen und wirtschaftlichen Lebens bildenden Frage aus bestimmten staatspolitischen, sozialen oder wirtschaftlichen Anschauungen, nicht jedoch aus Zweckmäßigkeitserwägungen verfolgt“[536]. Nur untragbar erscheinende Verstöße gegen das inländische Recht berechtigen zur Ablehnung der Anerkennung. Nicht jede Abweichung vom inländischen Recht führt also zu einer Verletzung des ordre public. Es müssen „wesentliche Grundsätze der inländischen Rechtsordnung“ betroffen sein. Die Tatsache allein, dass ein ausländisches Urteil zwingendes deutsches Recht nicht beachtet oder falsch anwendet, reicht nicht aus, um § 328 Abs. 1 Nr. 4 ZPO zu bejahen. Die nichtbeachtete, falsch angewandte deutsche Norm muss vielmehr vom Standpunkt der Werteordnung des deutschen Rechts schlechthin von elementarer Bedeutung sein und deshalb absolut und in allen Fällen Durchsetzung erreichen. Hervorzu-

---

536 BGH 22, 24.

heben ist, dass der ordre-public-Vorbehalt nur in ganz krassen Fällen eingreifen kann[537].

Im Verhältnis zur kollisionsrechtlichen Vorbehaltsklausel des Art. 6 EGBGB ist zu beachten, dass auch in den Fällen, in denen die Anwendung eines ausländischen Gesetzes durch den deutschen Richter wegen Art. 6 EGBGB ausscheidet, die Anerkennung eines ausländischen Urteils, das auf einem solchen Gesetz beruht, nicht von vornherein ausgeschlossen ist. Entscheidend ist jedoch, dass sich die allgemeinen Vorbehaltsklauseln von § 328 Abs. 1 Nr. 4 ZPO und Art.6 EGBGB – trotz aller Ähnlichkeit – in ihren Anforderungen unterscheiden[538]. Die Divergenz in den Prüfungsmaßstäben ist darauf zurückzuführen, dass das deutsche Gericht grundsätzlich nicht eine „révision au fond" vornimmt, also nicht eine ausländische Entscheidung darauf prüfen darf, ob sie in verfahrensrechtlicher, tatsächlicher oder materiellrechtlicher Hinsicht zu Recht ergangen ist[539]: Bei § 328 Abs. 1 Nr. 4 ZPO als Ausnahme zu diesem strikten Grundsatz kommt ein abgeschwächter ordre public zum Tragen[540], der unter noch engeren Voraussetzungen eingreift als die international-privatrechtliche Vorbehaltsklausel des Art.6 EGBGB. Für die Anerkennung einer ausländischen Entscheidung sind mithin größere Abweichungen hinzunehmen als bei der Anwendung fremden Rechts. Die hohe Toleranzschwelle, die ihre Berechtigung im wesentlichen aus dem völkergewohnheitsrechtlich bedingten Respekt vor der ausländischen res iudicata bezieht[541], wird danach nicht schon immer dann überschritten, wenn der ausländischen Entscheidung ein Verstoß gegen eine zwingende deutsche Vorschrift zugrunde liegt. Es muss sich vielmehr um einen Verstoß handeln, der so schwerwiegend ist, dass er schlechthin unvereinbar mit der Werteordnung des deutschen Rechts ist[542].

Nach Art.38 EGBGB (alte Fassung) können aus einer im Ausland begangenen unerlaubten Handlung gegen einen Deutschen nicht weitergehende Ansprüche als nach deutschem Recht geltend gemacht werden. Als Ausprägung des deutschen ordre public stellt dieser Artikel gar nicht auf das anwendbare Recht ab, ebensowenig darauf, in welchem Ausmaß das ausländische Ergebnis zu

537 Vgl. Zöller/Geimer, ZPO 21. Aufl. 1999, § 328 ZPO, N. VI. 2.

538 Ausführlich dazu Geimer, in: Geimer/Schütze, Internationale Urteilsanerkennung, Bd. I. 2., 1984, 1583 ff..

539 Vgl. Zöller/Geimer, ZPO 21. Aufl. 1999, § 328 ZPO, N. VI. 5.

540 Vgl. Martiny, Anerkennung ausländischer Entscheidungen nach autonomem Recht, Tübingen 1984, RzNr. 1014.

541 Vgl. Martiny, Anerkennung ausländischer Entscheidungen nach autonomem Recht, Tübingen 1984, RzNr. 1014; Roth, Der Vorbehalt des ordre public gegenüber fremden gerichtlichen Entscheidungen, S. 34, Fn. 8.

542 Vgl. Zöller/Geimer, ZPO 21. Aufl. 1999, § 328 Anm. 152f..

missbilligen und für deutsche Gerechtigkeitsvorstellungen untragbar ist. Er führt auch nicht zu einer (verbotenen) Nachprüfung der ausländischen Entscheidung, sondern nur zu einem Ergebnisvergleich mit dem deutschen Recht als allgemeinem Maßstab. Im Verhältnis zur allgemeinen Vorbehaltsklausel des Art. 6 EGBGB ist zu beachten, dass Art.38 EGBGB (alte Fassung) zwar eine Spezialnorm des ordre public darstellt, die aber teilweise über die Generalnorm des Art.6 EGBGB hinausgeht. Beispielweise kann wohl kaum mit Art.6 EGBGB gerechtfertigt werden, dass eine längere Verjährungsfrist des ausländischen Rechts von der Anwendung durch deutsche Gerichte ausgeschlossen sei; gleichwohl ist dies nach Art.38 EGBGB (alte Fassung) möglich[543].

Die Ansicht, wonach Art.38 EGBGB (alte Fassung) den deutschen Schädiger noch schützen soll, wenn es nicht mehr um den Erlass eines deutschen, sondern um die Anerkennung eines ausländischen Urteils geht, übersieht zunächst den Unterschied zwischen Art.6 EGBGB und § 328 Abs. 1 Nr. 4[544]. Es ist hier zuzugeben, dass sich die allgemeinen Vorbehaltsklauseln von § 328 Abs. 1 Nr. 4 ZPO und Art.6 EGBGB in ihren Anforderungen unterscheiden. Für die Anerkennung einer ausländischen Entscheidung aufgrund des Respekts vor der ausländischen res iudicata sind mithin größere Abweichungen hinzunehmen als bei der Anwendung fremden Rechts. Zum anderen wird die für eine solche Ansicht notwendige Voraussetzung, dass Art. 38 EGBGB (alte Fassung) tatsächlich lex specialis zu Art. 6 EGBGB ist, nicht erfüllt. Dies ist nur bedingt so, wie gezeigt wurde[545], da Art.38 EGBGB (alte Fassung) in vielen Fällen über die Vorschrift der allgemeinen Vorbehaltsklausel hinausgeht, d.h. nicht immer mit dieser dekkungsgleich ist. Nach § 328 Abs. 1 Nr. 4 ZPO ist die Anerkennung des Urteils eines ausländischen Gerichts ausgeschlossen, wenn die Anerkennung des Urteils gegen die guten Sitten oder den Zweck eines deutschen Gesetzes verstoßen würde. Eine derartige Missachtung internen Rechts wird aber kaum anzunehmen sein, wenn das ausländische Gericht Art.38 EGBGB (alte Fassung) nicht beachtet hat, also etwa höhere Schadensersatzsummen ausgeurteilt hat. Die Durchsetzung des Art.38 EGBGB (alte Fassung) auch gegenüber ausländischen Entscheidungen erscheint weder im Hinblick auf die Sittenordnung noch im Hinblick auf wesentliche Grundsätze der inländischen Rechtsordnung geboten. Exorbitante Abweichungen des ausländischen Deliktsrechts vom deutschen können nur über die allgemeine ordre-public-Klausel des §328 Abs. 1 Nr. 4 ZPO abgewehrt werden.

---

543 Zu dem Verhältnis zwischen Art.6 EGBGB und Art.38 EGBGB (alte Fassung) ausführlich siehe oben Dritter Teil. § 2.

544 Auch Sack, Die kollisions- und wettbewerbsrechtliche Beurteilung grenzüberschreitender Werb- und Absatztätigkeit, GRUR Int. 1988, S. 331.

545 Oben Dritter Teil. § 2.

IV. Zwischenergebnis

Die Anerkennung von ausländischen Deliktshaftungsurteilen wird nur selten am ordre public des § 328 Abs. 1 Nr. 4 ZPO scheitern und zwar nur dann, wenn mit der Anerkennung gegen fundamentale Grundprinzipen der Werteordnung des deutschen Rechts verstoßen würde. Der Grund für die hohe Toleranzschwelle dieser Vorschrift liegt in dem Verbot der „révision au fond" begründet – ein ausländisches Urteil darf nicht daraufhin überprüft werden, ob es in tatsächlicher oder materiellrechtlicher Hinsicht zu Recht ergangen ist. Der ordre public des § 328 Abs. 1 Nr. 4 ZPO ist insoweit schwächer ausgeprägt als der des Art.6 EGBGB. Art.38 EGBGB (alte Fassung) kann bei der Prüfung der Anerkennungsfähigkeit des ausländischen Urteils deshalb selbst dann nicht berücksichtigt werden, wenn man in dieser Vorbehaltsklausel die spezialgesetzliche Ausprägung der allgemeinen ordre public-Vorschrift des Art.6 EGBGB sieht. Eine ausländische Entscheidung verstößt nicht in unerträglicher Weise gegen deutsche Rechtsgrundsätze, wenn sie die Vorschrift des Art.38 EGBGB (alte Fassung) nicht beachtet hat.

Im neuen Gesetz zum internationalen Privatrecht für außervertragliche Schuldverhältnisse und für Sachen vom 21. 5. 1999 wird der alte Art.38 EGBGB durch Art.40 Abs. 3 ersetzt. Im Vergleich zur alten Vorschrift verschärft Art.40 Abs. 3 Nr. 1 und 2 schon die Eingriffsvoraussetzungen der lex fori und gilt dagegen allgemein für alle, die in Deutschland Beklagte bei einer internationalen deliktischen Tatsache sind, nicht nur für Inländer. Art.40 Abs. 3 Nr. 3 des neuen Gesetzes enthält einen zusätzlichen Vorbehalt zugunsten haftungsrechtlicher Regelungen in Übereinkommen, die für die Bundesrepublik Deutschland in Kraft getreten sind. Daher handelt es sich bei Art.40 Abs. 3 EGBGB um eine Konkretisierung des ordre public[546]. Trotz seinen Änderungen – im Vergleich zum alten Art.38 EGBGB – ändert sich die systematische Einordnung des Art.40 Abs. 3 EGBGB aber nicht, so dass man ihn als eine spezielle Vorbehaltsklausel des kollisionsrechtlichen ordre public anzusehen hat. Die Antwort unserer Ausgangsfrage bei neuer Vorschrift, ob Art.40 Abs. 3 EGBGB im Rahmen eines Exequaturverfahrens (§§ 328, 722, 733 ZPO) eingreifen kann, ändert sich auch nicht. Daher ist zu konstatieren, dass § 328 Abs. 1 Nr. 4 ZPO mit dem ihm eigenen abgeschwächten ordre public-Gedanken keinen Raum für Art.38 EGBGB (alte Fassung) bzw. Art.40 Abs. 3 EGBGB im Urteilsanerkenntnisverfahren lässt.

546 Ausführlich siehe oben, Erster Teil. § 2.

Als Zwischenergebnis ist festzuhalten, dass man eine Rechtfertigung der Privilegierung der lex fori im Verhältnis von Art.38 EGBGB (alte Fassung) bzw. Art.40 Abs. 3 EGBGB zur § 328 Abs. 1 Nr. 4 ZPO nicht finden kann.

§ 4. Politisierung des IPR

Die Konzeption des traditionellen IPR ist nicht immer zweifellos, insbesondere im Hinblick auf „Politisierung des IPR". Es soll hier aber nicht in erster Linie die Tragfähigkeit des Theorieansatzes der „politischen Schule" ausgelotet werden, sondern ihr Hintergrund untersucht werden. Durch solche Untersuchung versuchen wir, die Privilegierung der lex fori zu rechtfertigen.

Auf Grund des Strukturwandels des Privatrechts ist das Kollisionsrecht auch berufen, sich auf eine neue Rechtslage einzustellen. Für das internationale Deliktsrecht bedarf es selbstverständlich nicht, das traditionelle Kollisionsrecht grundlegend zu verändern. Aber um Einzelfallgerechtigkeit zu erzielen, scheint es uns nötig, einen verstärkten Einfluss des ordre public, der von der ihm im BGB eingeräumten Ausnahmefunktion zum Regelungsprinzip wird, zu haben, durch den das Ergebnis traditioneller Rechtsanwendungsentscheidung kontrolliert und gegebenenfalls korrigiert würde. Eine Begründung der Privilegierung des lex fori könnte auch dadurch gegeben werden.

I. Die „politische Schule" des IPR

A. Bedeutung der Politisierung des IPR

Nach der traditionellen (klassischen), auf Savigny zurückgehenden Konzeption, ist IPR Rechtsanwendungsrecht. Es regelt die Sachverhalte mit internationaler Berührung nicht unmittelbar, sondern dadurch, dass es eine der berührten Rechtsordnungen für anwendbar erklärt, dass es auf sie verweist. Hinsichtlich des materiellen Entscheidungsergebnisses ist das IPR im Grundsatz wertneutral. Es verwirklicht nach der Zielvorstellung der Entscheidungsharmonie internationalprivatrechtliche Gerechtigkeit vornehmlich im Parteiinteresse, indem es die räumlich beste Rechtsordnung auswählt. Dagegen fragt es nicht nach den Zweck der kollidierenden materiellen Rechtsnormen, der Verfassungsmäßigkeit oder dem materiellen Gerechtigkeitsgehalt der so gewonnenen Falllösung[547].

547 Vgl. Neuhaus, Die Grundbegriffe des IPR, 1962, S. 34 -35.

Diese Konzeption des traditionellen IPR ist freilich nicht unbestritten. Insbesondere unter dem Einfluss der modernen amerikanischen kollisionsrechtlichen Entwicklung zeigte sich in den siebziger Jahren des letzten Jahrhunderts in Kontinentaleuropa die Tendenz zur Politisierung des IPR, die man damals als „neue Schule" bezeichnete. Sie gefährdete sogar das traditionelle IPR, weil sie sich auf eine Analyse des Funktionswandels der Privatrechtsordnung stützt, die außerhalb des traditionellen IPR im Grundsatz akzeptiert ist. Politisierung des IPR heißt eine Konzeption, die im modernen Privatrecht nicht mehr allein privaten Interessenschutz, sondern auch staatliche Sozialgestaltung sieht und dementsprechend dem IPR die Aufgabe stellt, die Kollision der Interessen zweier oder mehrerer Staaten an der Durchsetzung ihrer Sozialordnung gegenüber Sachverhalten mit Auslandsbeziehungen zu lösen. Als eine Sonderform der Politisierung kann man die unlimitierte Einführung inländischer politischer Normen zur Korrektur des materiellen Entscheidungsergebnisses bei Berufung ausländischen Privatrechts bezeichnen[548].

B. Begründung der Politisierung des IPR

Mit den Namen Kronstein, Wiethölter, Gutzwiller, und Joerges ist eine von Rehbinder sorgfältig analysierte politische Denkrichtung verknüpft, deren Vertreter untereinander allerdings voneinander abweichen. Sie gehen aber überwiegend von einer neuen Auffassung des Privatrechts aus.

Bereits im Jahre 1949 hat Kronstein[549] das traditionale IPR grundsätzlich kritisiert und gefordert, dass das Kollisionsrecht der Funktion des Rechts als Instrument gesellschaftlicher Ordnung Rechnung zu tragen habe. Deshalb müsse stets eine inländische Ordnung betroffen sein, ohne dass damit eine Harmonisierung von Entscheidungen und Rechten verschiedener Rechtsordnungen ausgeschlossen sei.

Wiethölter[550] hat stärker als Kronstein den Verfall der staats- und gesellschaftstheoretischen Prämissen des traditionellen IPR betont: Savignys IPR sei an einem reinen Privatrechtsmodell orientiert, für das das Privatrecht vorstaatliches Produkt einer bürgerlichen Gesellschaft sei und das auf der Trennung von Staat und Gesellschaft beruhe. Die Aufhebung der Trennung von Staat und Gesellschaft, die Ablösung konstitutioneller durch demokratische Staatlichkeit, die Zertrümmerung des Gegensatzes von privatem und öffentlichem Recht und die

548 Für die Bedeutung der Politisierung des IPR siehe, Rehbinder, Zur Politisierung des internationalen Privatrecht, JZ 1973, S. 151.

549 Kronstein, Recht und wirtschaftliche Macht, 1962, S. 289 f..

550 Wiethölter, Vorschläge und Gutachten zur Reform des deutschen und internationalen Erbrechts, 1969, S. 141 ff..

Politisierung des Privatrechts seien die Gesichtspunkte, denen sich ein modernes Kollisionsrecht zu stellen hätte.

Danach stellt P. M. Gutzwiller in seinem Aufsatz „Von Ziel und Methode des IPR“[551] dem IPR wie dem internen Recht die Aufgabe, Interessenkonflikte zu regeln. Das IPR habe nicht nur die kollidierenden Parteiinteressen auszugleichen, sondern auch die materiellrechtlichen und die internationalrechtlichen Interessen der betroffenen Rechtsgemeinschaften zu regeln. Die Rechtanwendung müsse daher unter Berücksichtigung der materiellen Politik und der Interessen der Staaten, diese Politik auch im internationalen Bereich durchzusetzen, erfolgen.

Joerges geht in seiner Arbeit „Zum Funktionswandel des Kollisionsrechts“[552] den modernen, amerikanischen kollisionsrechtlichen Theorien, insbesondere von Currie, von Mehren/Trautman und Cavers, nach. Er definiert die Aufgabe des Kollisionsrechts auch unter dem Einfluss amerikanischer kollisionsrechtlicher Theorien. Er meint, dass im Sozialstaat das Gemeinwesen ein Interesse an der Realisierung staatlicher Politik durch Privatrechtsnormen habe. Angesichts des gewandelten Verhältnisses von Staat und Gesellschaft und der sozialen Funktion des Privatrechts müsse die Rechtsanwendungsentscheidung durch die regulativen Zwecke und Funktionen der kollidierenden Sachnormen bestimmt werden. Dabei werden offenbar private Interessen aus dem Kollisionsrecht völlig eliminiert; sie sind Teil der politischen Gemeininteressen und diesen letztlich untergeordnet[553].

C. Strukturwandel des Privatrechts und IPR

Über Rechtsverständnis ging Savigny von der Trennung von Staat und Gesellschaft aus. Er betrachtete die Privatrechtsordnung dementsprechend als vorstaatliche Ordnung der bürgerlichen Gesellschaft, die sich zwar mit den staatlichen Grenzen deckte, aber grundsätzlich mit ausländischen Privatrechtsordnungen äquivalent war. Außerdem sah Savigny im Privatrecht ein System, das vom abstrakt-formalen, neutralen Leitgedanken – Freiheit, Eigentum und Gleichheit – ohne Rücksicht auf die soziale Einbettung der Rechtsverhältnisse beherrscht war[554]. Savignys IPR kam in diesem System die instrumentale Funktion zu,

---

551 SJIR 25/1968 (1970), S. 161 ff..

552 Joerges, Zum Funktionswandel des Kollisionsrechts, 1971.

553 Joerges, Zum Funktionswandel des Kollisionsrechts, 1971, S. 111 ff..

554 Vgl. M. Gutzwiller, Der Einfluss Savignys auf die Entwicklung des modernen Internationalprivatrechts, 1923, S. 40 ff.; Steindorff, Sachnormen im IPR, 1958, S. 45 ff.; Neuhaus, Savigny und die Rechtsfindung aus der Natur der Sache, RabelsZ 15 (1949/50), 364 ff..

„Rahmenregeln für den internationalen Verkehr bereitzuhalten“[555]. Dementsprechend war sein Leitgedanke nicht die Sicherung eigenstaatlicher Interessen und der Ausgleich zwischen ihnen, sondern die Entscheidungsharmonie, die mit dem Streben nach einer einheitlichen Entscheidung unabhängig vom jeweiligen Forum die Wertungen der heimischen Rechtsordnungen nicht höher einschätzte als die anderer Rechtsordnungen[556].

Die Prämissen, auf denen das traditionelle IPR aufbaut, sind indes ein Opfer der grundlegenden strukturellen Veränderungen von Staat und Gesellschaft und damit des Privatrechts seit dem letzten Drittel des 19. Jahrhunderts geworden. Im 20. Jahrhundert löst sich die Einheit der liberalen Gesellschaft national- und sozialstaatlich auf. Demokratisch-rechtsstaatliche Strukturen treten an die Stelle konstitutioneller Staatlichkeit. Die Lebensstellung des einzelnen zur staatlichen Gesamtordnung wird enger. Öffentliche Kontrollen und Bindungen im Allgemeininteresse verstärken sich. Das politische System benutzt auch das Privatrecht als Instrument staatlicher Sozialordnung. Es bilden sich deshalb neue Interdependenzen, Abhängigkeiten und Kooperationen zwischen Staat und Gesellschaft; die Trennung von Staat und Gesellschaft, und die dieser Trennung entsprechende Unterscheidung zwischen öffentlichem Recht und Privatrecht wird eingeebnet. Daraus folgt insbesondere die Verschiebung ökonomischer, sozialer und politischer Machtentfaltung, der industrialisierte Wirtschafts-, Finanz-, Sozial- und Verwaltungsstaat, die Politisierung der Wirtschaft, die Ökonomisierung der Politik und Verwaltung, die Privatisierung des öffentlichen Rechts, die Publizierung des privaten Rechts und die internationale Wirtschaftsverflechtung[557].

Für das Kollisionsrecht steht genau wie für die nationalen Rechte heute auch die Verklammerung von Einzel- und Gemeinschaftsinteressen zur Debatte, die Masse des Arbeits-, Wirtschafts-, Sozial-, Finanz- und Verwaltungsrechts, für die eine saubere Spaltung in Privatinteressen und Staatsinteressen an den letzten einhundert Jahren vorbeigeht. Das Kollisionsrecht ist daher berufen, sich auf politische Regelungsgehalte einzustellen[558].

---

555 Rehbinder, Zur Politisierung des internationalen Privatrecht, JZ 1973, S. 153.

556 Neuhaus, Savigny und die Rechtsfindung aus der Natur der Sache, RabelsZ 15 (1949/50), 376.

557 Vgl. Rehbinder, Zur Politisierung des internationalen Privatrecht, JZ 1973, S. 153; Wiethölter, Deutsches Verwaltungsblatt 1967, 465.

558 Vgl. Wiethölter, Deutsches Verwaltungsblatt 1967, 465; Schurig, Kollisionsnormen und Sachrecht, S. 278.

D. Kritik und Stellungnahme

Die Kritik wird zunächst positiv zu vermerken haben, dass der Versuch gemacht wird, in grundsätzlicher theoretischer Auseinandersetzung mit dem Verhältnis von Staat und Gesellschaft sowie Recht und Gesellschaft die Funktionen des materiellen Rechts zu bestimmen und von hier aus die Konfliktsnormen zu entwickeln. Man wird gewiss auch mit Erleichterung feststellen, dass mit der Überwindung der Dichotomie von Staat und Gesellschaft auch der Gegensatz von öffentlichem und privatem aufgeben werden soll, mitsamt den komplizierten Konsequenzen im Bereich des Kollisionsrechts. Fruchtbar kann die Auseinandersetzung mit der neuen politischen Schule nur werden, wenn sie bei deren rechts- und gesellschaftstheoretischen Prämissen einsetzt[559]. Dazu wäre etwa zu fragen, ob nicht auch traditionelles Privatrecht Gesellschaftsordnung bewirkt und ob die heutige Situation von konkreten Privatrechtsbeziehungen der Vergangenheit völlig abweicht und damit modernes Kollisionsrecht sich umschreiben ließe.

Das Privatrecht hat sich gewiss gewandelt, aber es handelt sich nicht um eine durchgängige Entwicklung. Einige Schwerpunkte des IPR liegen im Ehe- und Familienrecht und Erbrecht. Hier sind die Interessen der Gesellschaft insofern gewährt, als (beispielsweise) der deutsche Gesetzgeber durch ein Normengefüge die Anknüpfungspunkte in diesem Bereiche selbst bestimmt hat. Diese Regelung mag vielleicht im einzelnen einer Korrektur bedürfen, aber im ganzen gesehen sind sie weitgehend unversehrt. Im Sachenrecht gilt der Territorialitätsgrundsatz, was auch die neue Schule nicht beanstanden kann. Es bleibt nur das Schuldrecht. Bei den heutigen Schuldrechtsbeziehungen geht es nicht immer nur um den Ausgleich privater Interessen, vielmehr treffen sie auf Interessen eines staats-, sozial- und wirtschaftspolitischen Ordnungsgefüges. Und weite Bereiche gesellschaftlichen Handelns können heute auch nicht mehr als rein privat, als ausschließlich eigene Angelegenheiten des Bürgers angesehen werden. Sie sind vielmehr als öffentlich im dem Sinne zu bezeichnen, dass zwar die Sachverhalte ihrem Status nach private sind, ihr Handeln aber öffentlich verantwortet werden muss und öffentlicher Kontrolle und Bindungen im Gemeinschaftsinteresse unterliegen[560]. Fraglos dürfen solche privatrechtlichen Wandlungen nicht schlechthin ignoriert werden, sondern es bedarf auch einer kollisionsrechtlichen Anpassung. Aber hier dürfte es an einem wirklich drängenden Bedürfnis fehlen, das traditionelle Kollisionsrecht grundlegend zu verändern.

---

559 Vgl. Steindorff, Entwicklungen des deutschen internationalen Privatrechts, in: Deutsche Beiträge zum IX internationalen Kongress für Rechtsvergleichung 1974, S. 158.

560 L. Raiser, Die Zukunft des Privatrechts, 1971, S. 23 ff..

Die Ausformungen der Politisierung des IPR lassen sich nicht auf einen einheitlichen Nenner bringen. Angebracht sind: Das Eindringen materiellrechtlicher, teilweise auf mehr Einzelfallgerechtigkeit zielender Wertungen in das IPR, das mit dem Verhältnis des Privatrechts als Instrument der Sozialgestaltung verbunden ist, oder ein verstärkter Einfluss des ordre public, der von der ihm im BGB eingeräumten Ausnahmefunktion zum Regelungsprinzip wird[561]. Nach diesen Maßstäben würde das Ergebnis traditioneller Rechtsanwendungsentscheidung kontrolliert und gegebenenfalls korrigiert.

Allerdings darf die Politisierung des IPR nicht in eine simple Nationalisierung oder einen Protektionismus ausarten[562]. Im Verhältnis zur Außenwelt muss Politik heute vor allem dem Frieden dienen, und dazu gehört Rücksichtnahme auf die Vorstellungen und Interessen anderer Völker, wie das klassische IPR sie weitgehend übt. Nicht nur zwischen den Interessen der Einzelnen, sondern auch zwischen den Interessen der jeweils beteiligten Rechtsgemeinschaften hat das Gericht einen angemessenen Ausgleich zu suchen.

II. Gegenwärtiger Einfluss der Politisierung des IPR

A. Allgemeiner Einfluss auf das IPR

Theoretisch scheint der Ansatz der „politischen Schule" zwar bestehend, aber praktisch kaum durchführbar. Die Versuche einer globalen Umwälzung der Ziele und Methoden des deutschen IPR sind gescheitert. Sie haben aber Spuren hinterlassen.

Die allgemeine Methodendiskussion ist zwar mit der IPR-Reform abgeklungen, die Aufmerksamkeit der Literatur hat sich aber nur verlagert. Die Erörterungen finden jetzt im Rahmen verschiedener spezieller Normbereiche statt. Mit unterschiedlicher dogmatischer Begründung werden Überlegungen aus dem Einfluss der „politischen Schule" immer wieder auf Teilgebieten wie dem vertragsrechtlichen Schutz des sozial Schwächeren, der Produzentenhaftung, dem Arbeitsrecht, dem Kapitalanlegerschutz usw. vertreten[563]. Nur solche Felduntersuchungen können auch erweisen, inwieweit tatsächlich ein legitimes Interesse an

561 Vgl. München/Sonnenberger, 3. Aufl. 1998, Einleitung RzNr. 19.

562 Vgl. auch Neuhaus, Neue Wege im europäischen internationalen Privatrecht, RabelsZ 1971, S. 414; M. Gutzwiller, Von Ziel und Methode des IPR: Schweizerisches Jahrbuch für internationales Recht 25/1968 (1970), S. 193.

563 Kühne, Cal. L. Rev. 1 (1972), S. 60; v. Hoffmann, RabelsZ 38 (1974), S. 396 ff.; Däubler, RIW/AWD 1972, S. 1 ff.; Kropholler, RabelsZ 42 (1978), 634 ff.; Kiel, Internationales Kapitalanlegerschutzrecht, 1994.

Rechtssicherheit und Voraussehbarkeit des Rechts besteht, welchen Stellenwert neben Privatinteressen staatliches Rechtsanwendungsinteresse besitzt, welches das Verhältnis der neuen Lösungen zu den vorhandenen gesetzlichen oder judiziellen Kollisionsnormen ist. Möglichweise würde sich dabei ergeben, dass die „politische Schule" in den oben erwähnten Gebieten von recht unterschiedlicher Relevanz ist[564].

B. Einfluss auf das internationale Deliktsrecht - Eine Begründung der Privilegierung des lex fori

Unzweifelhaft kommt dem Recht wie den Sitten als soziale Ordnungsmacht die Aufgabe zu, durch Gebot und Verbot das Leben der Gesellschaft in geordnete Bahnen zu lenken. Dass das IPR als Teil der allgemeinen Rechtsordnung hierin eine Ausnahme mache, ist nie behauptet worden; so ist festzustellen, dass es keineswegs auf diese Aufgabe reduziert ist[565].

Wenn man – im Zuge analytischer Verschmelzung von Staat und Gesellschaft zum politischen Gemeinwesen – Staat und Private durch Grundrechte nicht getrennt, sondern verbunden sieht, muss man bedenken, dass die Kollisionsnormen von vornherein nicht schlechthin unpolitisch oder neutral waren, sondern – ihrer Funktion nach – den Rechtsanwendungsinteressen des inländischen Gemeinwesens an der Verwirklichung der diesen Rechtsgebieten zugrundeliegenden generellen regulativen Zwecke Rechnung tragen[566]. Zweifellos stehen die Entscheidungen der IPR – besonders die Wahl seiner Anknüpfungen – in einer gewissen Beziehung zu den Wertentscheidungen des materiellen Rechts[567]. Und es ist eine durchaus politische Entscheidung, wenn sich der Gesetzgeber durch ein System allseitiger Kollisionsnormen entschließt, das eigene Recht nur bei Vorliegen bestimmter Eigenschaften eines Sachverhalts eingreifen zu lassen und im übrigen die Gerichte zur Anwendung eines entsprechend indizierten ausländischen Rechts anzuweisen[568]. Daher wurde das IPR selbst bei der Kodifi-

564 Vgl. Rehbinder, Zur Politisierung des internationalen Privatrecht, JZ 1973, S. 158.

565 Vgl. M. Gutzwiller, Von Ziel und Methode des IPR: Schweizerisches Jahrbuch für internationales Recht 25/1968 (1970), S. 161f..

566 Vgl. Rehbinder, Zur Politisierung des internationalen Privatrecht, JZ 1973, S. 154; Neuhaus, Die Grundbegriffe des IPR, 1962, S. 36, 234 ff..

567 Vgl. auch Neuhaus, Neue Wege im europäischen internationalen Privatrecht, RabelsZ 1971, S. 417.

568 Vgl. auch Harwieg, RabelsZ 42 (1978), 436 ff.; Rehbinder, Zur Politisierung des internationalen Privatrecht, JZ 1973, S. 151, 153; München/Sonnenberger, 3. Aufl. 1998, Einleitung RzNr. 34.

zierung eher zu politisch gesehen[569]. Das wird in der Kritik am traditionellen IPR leicht übersehen.

Bei den privaten Rechtsbeziehungen geht es heute nicht immer nur um den Ausgleich privater Interessen, den man diesem oder jenem Recht entnehmen mag. Diese Beziehungen treffen vielfältig auf Interessen eines staats-, sozial- und wirtschaftspolitischen Ordnungsgefüges, die als Gemeinschaftsinteressen[570] bezeichnet werden und auf deren Gewährleistung kein Staat verzichten kann. Akzeptiert man, dass das Privatrecht heute nicht mehr allein privatem Interessensausgleich dient, sondern in wesentlichen Teilen auch bewusste Sozialgestaltung ist, so wird es unabweisbar, den internationalen Geltungswillen der Privatrechtsnormen entgegen der traditionellen Methode des IPR zumindest unter Berücksichtigung der sozialen, ökonomischen und politischen Aufgaben und Funktionen des Privatrechts zu bestimmen. So erweist sich das Kollisionsrecht als durchaus darauf vorbereitet, auch mit einem „politisierten" Privatrecht fertig zu werden.

Es kann deshalb angenommen werden, dass neben Gemeinschaftsinteressen, die sich aus regulativen Zwecken und Funktionen der Rechtsnormen und allgemein akzeptierten kollisionsrechtlichen Prinzipien herleiten lassen, auch politische Interessen allgemeiner Art, wie Export- oder Importinteresse, Interessen an eigener Industrieentwicklung, an Abwehr finanzieller Belastungen durch die vom ausländischen Recht ungedeckten Folgen eines Unfalls, an niederen Raten eigener Versicherungsunternehmen oder an Unterstützung eigener Entwicklungshilfe usw. als relevante Gemeinschaftsinteressen deklariert und in den Abwägungsprozess hineingenommen werden[571]. Daher mag das IPR etwa als Mittel der Politik[572] oder der Außenwirtschaft[573] eingesetzt werden. Aber in diesen

569 Auch Schurig, Kollisionsnormen und Sachrecht, S. 273 Fn. 16.

570 München/Sonnenberger, 3. Aufl. 1998, Einleitung RzNr. 34.

571 Auch Joerges, Zum Funktionswandel des Kollisionsrechts, 1971, S. 111 f., 155 f., 163f.; andere Meinung Rehbinder, Zur Politisierung des internationalen Privatrecht, JZ 1973, S. 158.

572 Kodifizierte Beispiele gibt es überall in der Welt. Im Bereich des internationalen Deliktsrechts finden sie sich z. B. in folgenden Artikeln: Art. 12 EGBGB vom 18. 8. 1896; Art. 11 Abs. 2 und Abs. 3 der japanischen Horei vom 21. 06 1898; Art. 9 des taiwanesischen IPR vom 6. 6. 1953; Art.13 Abs. 2 und Abs. 3 des südkoreanischen IPR vom 15. 1. 1962 und Art. 146 Abs. 2 des chinesischen IPR vom 12. 4. 1986.

573 Im Bereich des internationalen Deliktsrechts sind Beispiele die Art. 135 Abs. 2 und Art. 137 des schweizerischen IPRG von 1987; Art. 116 des rumänischen IPRG von 1992; Art. 3129 des Code civil du Quebec von 1994 und Art. 40 Abs. 3 des deutschen Gesetzes zum Internationalen Privatrecht für außervertragliche Schuldverhältnisse und für Sachen vom 21. 5. 1999. Ihre gesetzgebenden Begründungen ba-

Fällen geht es gerade nicht darum, das IPR zum Refugium des Protektionismus werden zu lassen, sondern darum, gewisse materiellrechtlichen und internationalen Interessen der betroffenen Staaten oder Rechtsgemeinschaften zu berücksichtigen.

Die „Politisierung" des Zivilrechts empfinden wir heute vornehmlich auf dem gesamten Gebiete des Rechts der Wirtschaft, wo dem freien Spiel der Kräfte zunehmend eine Ordnung entgegengesetzt wird, um den einzelnen und die Gesamtheit vor Schäden zu schützen. Zu Savignys Zeiten waren es vielleicht eher andere Normen, die als „politisch" und damit von „streng positiver Natur" empfunden wurden, beispielsweise solche des Deliktsrechts[574]. In diesem Bereich, insbesondere in der internationalen Produkthaftung[575], können wir auch die politischen Momente nicht schlechthin ignorieren. Aber wir müssen versuchen, nicht nur die privaten Parteieninteressen auszugleichen, sondern auch die vernünftigen Interessen der an einem Rechtsverhältnis beteiligten Staaten.

Wenn wir durch Kollisionsrecht die Anwendung eines berufenen materiellen Rechts als insgesamt unbefriedigend empfinden, dann liegt das entweder daran, dass diese Sachnorm andere kollisionsrechtliche Interessen auf den Plan ruft, die zu berücksichtigen gewesen wären, oder dass eine andere Anknüpfung als kollisionsrechtlich gleichwertig hätte beurteilt werden müssen, so dass es richtigerweise zu einer Anknüpfungshäufung mit „Stichentscheid"[576] nach dem materiellen Regelungsgehalt gekommen wäre, oder dass eine kumulative Anknüpfung für bestimmte Grundprinzipien der lex fori besteht (hier ordre public)[577]. Für das internationale Deliktsrecht ist die Tatortregel immer noch das Grundprinzip in den gesamten europäischen Kontinents, trotz der sehr unterschiedlichen Gesetzesformen der jeweiligen Deliktsstatuten. Um die Interessen der jeweils beteiligten Staaten - vornehmlich Forumstaat - auszugleichen, reicht die Tatortregel allein nicht aus, obwohl sie schon durch „Auflockerung" und (oder) „Sonderanknüpfung" ergänzt wird. Demgegenüber dominiert die lex fori, die von Savigny und Wächter unterstützt wurde, in den meisten Ländern nicht mehr für das internationale Deliktsrecht[578]. Unter der grundsätzlichen Unentbehrlichkeit der Tat-

---

sieren meistens darauf, die exorbitanten „punitive damages" der US-amerikanischen Produkthaftung zu unterbinden.

574 Vgl. Auch Schurig, Kollisionsnormen und Sachrecht, S. 277.

575 Z. B. führen „punitive damages" des US-amerikanisch Rechts bei Produkthaftungsklagen immer zu einem für deutschen Exporteur untragbaren Ergebnis und verhindert inländische wirtschaftliche Entwicklung.

576 Schurig, Kollisionsnormen und Sachrecht, S. 286.

577 Auch M. Gutzwiller, Von Ziel und Methode des IPR: Schweizerisches Jahrbuch für internationales Recht 25/1968 (1970), S. 174.

578 Dazu sieh oben, Dritter Teil. § 1. (Deliktsrechtliches Privilegium der lex fori?).

ortregel ist es beim internationalen Deliktsrecht folgerichtig und unvermeidbar, neben dem unbefriedigenden Deliktsstatut – meistens leitet dies sich aus der Tatortregel ab – einen Eingriff der lex fori in gewissem Maße einsetzen zu müssen.

Kann die Tatortregel als Grundprinzip des internationalen Deliktsrechts keineswegs durch lex fori ersetzt werden, denkt man selbstverständlich an den ordre public. Aber ein allgemeiner Vorbehalt des ordre public kann unser Problem hier nicht anpacken, weil er entweder durch seine positive Funktion das aus Tatortregel abgeleitete Deliktsstatut völlig verdrängt oder die politischen Betrachtungen seine strengen Bedingungen nicht erfüllen können[579]. Eine richtige Lösung dafür ist der Eingriff der lex fori in Form einer besonderen Vorbehaltsklausel. Nach dieser können wesentlich weitergehende Ansprüche nicht geltend gemacht werden, als sie nach lex fori begründet sind. Solche forumstaatliche Kontrolle dürfte aber nicht eine Inländerschutzklausel wie Art. 38 EGBGB (alte Fassung) verfolgen, der als ein „Schandfleck“ des EGBGB angesehen wird[580]. Es ist wohl der einfachste Weg, um diesem Dilemma gerecht zu werden. Er bricht nicht die Tatortregel einerseits, die bei dem Bereich internationalen Deliktsrechts als Grundregel angenommen wird; er trägt andererseits zugleich auch den Interessen des Forumstaats Rechnung.

Übrig bleibt jedoch die Meinung, auch wenn man in Teilbereichen des IPR vom System „relativ wertneutraler“ Rechtsanwendungsentscheidung zugunsten einer Rücksichtnahme auf regulative Zwecke und Funktionen kollidierender Sachnormen abgeht, dass keineswegs eine Rückkehr zu einer kollisionsrechtlichen „Politisierung“ zu befürchten ist. Man akzeptiert vielmehr die Möglichkeit von Konflikten zwischen Rechtsanwendungsinteressen verschiedener Staaten und versucht sie zu schlichten, anstatt sie zu ignorieren. Tatsächlich werden solche Konflikte, wenngleich verschleiert und mit dementsprechenden Resultaten, auch bereits bei Anwendung des traditionellen IPR ausgetragen. Außerdem ist es ein Gebot juristischer Entwicklungshilfe, das IPR der führenden Staaten nicht völlig zu einer Funktion der jeweiligen inländischen Gegebenheiten – hier wie die Inländerschutzklausel - zu degradieren, sondern internationalisierungsfähige, auch für die übrige Welt akzeptable Regeln zu entwickeln[581].

---

579 Über die Unterschiede zwischen allgemeinem ordre public und spezieller Vorbehaltsklausel siehe oben, Dritter Teil. § 2.

580 V. Hoffmann, Internationales Haftungsrecht im Referentenentwurf des Bundesjustizministeriums vom 1. 12. 1993, IPRax 1996, S. 7.

581 Vgl. auch Neuhaus, Neue Wege im europäischen internationalen Privatrecht, RabelsZ 1971, S. 414.

III. Zwischenergebnis

Trotz der dominierenden Ausgleichsfunktion unter Privaten ist nicht zu übersehen, dass auch Staatsinteressen in kollisionsrechtliche Entscheidungen involviert sind. Zumindest im Deliktskollisionsrecht sind also Rechtsanwendungsinteressen mit zu berücksichtigen. Darin liegt kein Widerspruch zu der Aussage, dass auch das IPR vorrangig dazu bestimmt ist, einen Interessensausgleich zwischen Privaten zu lösen. Staatliche Regulierungen typischer, massenweise auftretender Haftungslagen auf der Sachrechtsebene verfolgen mittels standardisierter Ausgleichssysteme denselben Zweck. Schließlich sind staatliche Interessen erkennbar, wenn entweder eigene Angehörige durch Haftungshöchstgrenzen geschützt werden sollen, oder wenn ein Hinüberwirken strenger Haftungsmaßstäbe über die Staatsgrenzen hinweg beabsichtigt ist. Ob diese Interessen im Einzelnen rechtspolitisch zu billigen sind oder nicht, ist damit noch nicht entscheiden. Staatsinteressen dürfen allerdings nicht schlicht unterstellt werden, wenn ihre Bedürfnisse sich nicht hinreichend deutlich zeigen. Bei konsequenter Beachtung dieses Satzes wird eine weitgehende Harmonisierung der unterschiedlichen Ansätze für das Deliktsrecht herbeizuführen sein[582].

§ 5. Andere Versuche der Rechtfertigung der Privilegierung der lex fori

I. Vorhersehbarkeit des anzuwendenden Rechts und Berechenbarkeit der Entscheidung

Um die Privilegierung der lex fori zu rechtfertigen, wird noch die Untersuchung bedeutsam, wie Vorhersehbarkeit des anzuwendenden Rechts und Berechenbarkeit der Entscheidung im internationalen Deliktsrecht gewertet werden. Bröcker hatte in seinem „Möglichkeiten der differenzierten Regelbildung im internationalen Deliktsrecht“ darauf hingewiesen, dass bei bestimmten Fallgruppen, nämlich Autohalter- und Tierhalterhaftung, die Wertung des Art.38 EGBGB (alte Fassung) eingreifen sollte, weil der Erfolgsort für den Tier- und Autohalter unvorhersehbar und die Anwendung des dort geltenden Haftungsrechts für sie somit unzumutbar ist[583]. Außerdem vertritt Schack[584] noch eine interessante Meinung, dass die Vorhersehbarkeit des Ergebnisses und damit Rechtssicherheit für

582 Vgl. Rohe, Zu den Geltungsgründen des Deliktsstatuts, S. 221.

583 Bröcker, Möglichkeiten der differenzierten Regelbildung im internationalen Deliktsrecht, Diss. 1967, S. 116f.; 119f.; 186f..

584 Schack, Art.12 EGBGB in deutschen Urteilsanerkennungs- und Regressverfahren, Vers R 1984, S. 424.

alle Beteiligten bei praktisch nichtbestehender Nachprüfbarkeit der ausländischen Entscheidung (Art. 26-29 GVÜ) durch die Anwendung des Art.38 EGBGB (alte Fassung) gewährleistet werden könnte. Diese beiden Ansichten mögen die folgende Untersuchung leiten.

A. Vorhersehbarkeit des anzuwendenden Rechts und Berechenbarkeit des Ergebnisses im internationalen Deliktsrecht

Internationales Privatrecht ist als Kollisionsrecht nur zu legitimieren, wenn und soweit besondere Interessen befriedigt werden sollen. Diese Interessen sind in erster Linie privat, solche von Individuen. In der Entwicklung des internationalen Privatrechts könnte das Parteiinteresse aber nicht von Anfang an als ein Grundsatz der Rechtsfindung betrachtet werden. Erstmals nennt Beitzke ausdrücklich „die Parteiinteressen“, schätzt sie aber gering, da er sie auf das materielle Recht beschränkt[585]. Endlich bestimmt Kegel diese Interessen rein kollisionsrechtlich[586]. Die Parteien seien an einer Regelung ihrer persönlichen Verhältnisse durch das Recht interessiert, mit dem sie am engsten verbunden sind[587]. Dies wird später konkretisiert: Man glaube, dass der Einzelne ein Interesse daran habe, nach einem materiellen Recht beurteilt zu werden, dem man aus Gründen des Vertrauens nahe stehe[588]. Eine konkrete Bestimmung der Parteiinteressen ist Parteiwille, der im internationalen Vertragsrecht von den meisten IPR-Kodifikationen seit langem als Hauptanknüpfungselement angenommen wird.

Im internationalen Deliktsrecht könnte man das Vertrauensprinzip etwa in folgende Kurzformel fassen: Das anwendbare Recht ist in derjenigen Rechtsordnung zu suchen, die einerseits für den Schädiger voraussehbar und damit zumutbar ist und die andererseits zugleich im Erwartungsbereich des Geschädigten liegt[589]. Es ist ziemlich unverständlich, dass den Erwartungen der Parteien im internationalen Deliktsrecht eine so geringe Bedeutung beigemessen wird und vor allem die modernen Autoren immer wieder geltend machen, die Vorhersehbarkeit des anwendbaren Rechts spiele im Deliktsrecht kaum keine Rolle. Be-

585 Beitzke, Betrachtung zur Methodik im Internationalprivatrecht, in: Festschrift für Smend, S. 19.

586 Kegel, Begriffs- und Interessenjurisprudenz im IPR, in: Festschrift für Lewald, Basel 1953, S. 270-273.

587 Kegel, Begriffs- und Interessenjurisprudenz im IPR, in: Festschrift für Lewald, Basel 1953, S. 274.

588 Vgl. Lüderitz, Anknüpfung im Parteiinteresse, in: Festschrift für Kegel (1977), S. 34.

589 Vgl. Heini, Die Anknüpfungsgrundsätze in den Deliktsnormen eines zukünftigen schweizerischen IPR-Gesetzes, FS für Mann, S. 197 Fn. 20.

gründet wird diese Ansicht gewöhnlich damit, dass im Gegensatz zu vertraglicher Haftung eine unerlaubte Handlung unerwartet sei, nicht im voraus in Hinblick auf ein anwendbares Recht geplant werde und nicht auf einer Willenseinigung beruhe[590].

Dem treten die Befürworter der Vorhersehbarkeit entgegen. Auch im internationalen Deliktsrecht seien berechtigte Erwartungen der Parteien zu berücksichtigen. Ausgehend von der Überlegung, dass mindestens einer der Gründe für die Notwendigkeit des Kollisionsrechts darin liegt, dass es eine unerträgliche Ungerechtigkeit bedeuten würde, wenn die Rechtsverhältnisse eines Menschen unerwartet nach einem Recht beurteilt würden, mit dem er nicht rechnen musste, hat sich Rheinstein[591] eingehend mit der Bedeutung der berechtigten Erwartungen der Parteien für die Anknüpfung der Delikte befasst. Als berechtigte Erwartungen bezeichnet Rheinstein Erwartungen, die das Verhalten motivieren. Der Täter zieht bei seinem Verhalten die Vorschriften desjenigen Landes in Betracht, in dem er handelt, sowie des Landes, von dem er vernünftigerweise erwarten muss, dass seine Handlungen dort Schaden stiften können. Ebenso kommt Trutmann zu der Feststellung, dass sich der Schädiger vor allem an den Vorschriften desjenigen Landes, in dem er handelt, orientiert. Zusätzlich erwarte er eine Haftung auch nach dem Recht des Landes, in dem er den Erfolgseintritt seiner Handlung vernünftigerweise vorhersehen konnte[592].

Die Vorhersehbarkeit des anzuwendenden Rechts und damit die Berechenbarkeit der Entscheidung dürfen m. E. auch im Deliktsrecht nicht unterbewertet werden. Soweit Deliktsnormen ein bestimmtes Verhalten erzwingen wollen, muss der Täter (Schädiger) im voraus wissen, nach welcher Rechtsordnung er sich zu richten hat, und im übrigen muss er, nach dem eine unerlaubte Handlung geschehen ist, das Risiko eines Prozesses abwägen können. Aber auch der Geschädigte könne hier Erwartungen an das anwendbare Recht stellen. Er dürfe auf die Rechts- und Sozialordnung des Landes vertrauen, in dem er der Gefahr einer Rechtsgutverletzung ausgesetzt sei[593].

---

590 Vgl. Delachaux, Die Anknüpfung der Obligationen aus Delikt und Quasidelikt im IPR, S. 110.

591 Vgl. Rheinstein, The Place of Wrong: A Study in the Method of Case Law, Tulane Law Review 1944, S. 181 ff..

592 Trutmann, das internationale Privatrecht der Deliktsobligationen, 1973, S. 86 ff..

593 Auch Trutmann, das internationale Privatrecht der Deliktsobligationen, S. 87; ähnlicher Meinung ist Czempiel, Das bestimmbare Deliktsstatut zur Zurechnung im internationalen Deliktsrecht, 1991, S. 46, aber beim Kollidieren zwischen Schädigererwartung und Geschädigtenerwartung wird der Schädiger bevorzugt.

B. Auffassung Schacks

Bei einer Diskussion über die Frage, ob ausländischen Entscheidungen wegen Art.38 EGBGB (alte Fassung) über die ordre-public-Vorschrift des § 328 Abs. 1 Nr. 4 ZPO die Anerkennung versagt werden kann, soweit dem Verletzten mehr als nach deutschem Recht zugesprochen wurde, hat Schack darauf hingewiesen, dass die Anwendung des Art.38 EGBGB (alte Fassung) im Urteilsanerkennungsverfahren der einzige „Damm" ist, der für die Beteiligten Vorhersehbarkeit des Ergebnisses und damit Rechtssicherheit gewährleisten kann[594]. Gestützt wird dieses Ergebnis durch die Überlegungen, dass das EuGVÜ (Art.5 Nr. 3) die Anerkennung ausländischer Urteile erleichtert und die deutschen Gerichte die ausländischen Entscheidungen gemäß Art.26-29 EuGVÜ nicht nachprüfen dürfen. Daher ist eine materiell-rechtliche Kontrolle notwendig.

C. Auffassung Bröckers

Bei der Kfz-Halterhaftung spricht sich die herrschende Meinung für eine Anwendung der Tatortregel aus[595]. Hinsichtlich der Frage, wo der Tatort bei der Kfz-Halterhaftung zu lokalisieren ist, stellt Bröcker gegenüber der herrschenden Meinung, welche besagt, dass der Tatort überwiegend als Handlungsort (trotz unterschiedlicher Definition des Handlungsorts) definiert wurde, im Grundsatz allein auf den Verletzungsort ab, da dies der Ort ist, wo der Verletzte den Schutz seiner Rechtsposition nach der ihm umgebenden Umwelt erwarten darf. Soweit der Verletzungsort und der Ort der Ursache auseinanderfallen, bleibt letzterer unberücksichtigt[596].

Derjenige, der als Halter haften soll, könnte kollisionsrechtlichen Vertrauensschutz verdienen, weil die Gefährdungshaftung eine Haftung ohne das Korrektiv des Verschuldens ist. Er soll nur haften, wenn er nach dem ihm vertrauten Recht damit rechnen muss, für das Kfz verantwortlich zu sein. Auf dieser Überlegung basiert das von Bröcker vorgeschlagene Anknüpfungssystem für die Verschuldens- und Gefährdungshaftung; und nach diesem System wird der Vertrauensschutz des Halters und die subjektive Vorhersehbarkeit des anwendbaren Rechts für diesen berücksichtigt[597]. Kommt das Kraftfahrzeug ohne oder gar gegen den

594 Schack, Art.12 EGBGB in deutschen Urteilsanerkennungs- und Regressverfahren, Vers R 1984, S. 424.

595 Ausführlich dazu Staudinger/v. Hoffmann 1998, RzNr. 218 zu Art.38 EGBGB.

596 Bröcker, Möglichkeiten der differenzierten Regelbildung im internationalen Deliktsrecht, Diss. 1967, S. 120f..

597 Bröcker, Möglichkeiten der differenzierten Regelbildung im internationalen Deliktsrecht, Diss. 1967, S. 112f..

Willen des Halters in den Bereich einer fremden Rechtsordnung, wo es in einen Unfall verwickelt ist, so ist eine Anwendung des Rechts am Verletzungsort für den Halter nicht zumutbar, und es greift eine Haftungsbegrenzung nach Art.38 EGBGB (alte Fassung) zu seinen Gunsten ein. Dies trifft einmal für den Fall zu, dass der Wagen entwendet und ins Ausland verbracht wird[598]. Wird z. B. ein Fahrzeug in München entwendet und verursachen die Diebe in Saudi-Arabien einen Unfall, so darf der Halter nicht mit höheren Anforderungen konfrontiert werden als nach deutschem Recht[599]. Darüber hinaus soll die Anwendung des Rechts am Tatort aber auch dann unzumutbar sein, wenn der Halter seinen Wagen ohne besondere Abmachung verliehen hat, und dieser anschließend zu einer Fahrt in das weiter entfernte Ausland benutzt wird[600]. Art.38 EGBGB (alte Fassung) ist daher auf solche Fälle zugeschnitten.

Ähnlich wie bei der Kfz-Halterhaftung will Bröcker[601] auch bei der Tierhalterhaftung grundsätzlich nur an den Erfolgsort anknüpfen. Sei dieser Ort jedoch für den Tierhalter unvorhersehbar und die Anwendung des dort geltenden Haftungsrecht für ihn somit unzumutbar, so solle zu seinen Gunsten die Wertung des Art.38 EGBGB (alte Fassung) eingreifen. Dies wäre in den Fällen von Bedeutung, in denen ein Tier seinem Halter entläuft und durch außergewöhnliche Umstände an einen weit entfernten Ort gelangt, wo es dann eine Rechtsgutsverletzung verursacht.

D. Stellungnahme und Kritik

Die Forderung nach Vorhersehbarkeit des Deliktsstatuts ist im Ausgangspunkt begrüßenswert, die Vorhersehbarkeit als maßgebliches Zurechnungskriterium letztlich aber unbrauchbar. Nach Rheinstein ist auf die Erwartung des Täters Rücksicht zu nehmen, weil sein Verhalten durch die anwendbaren Bestimmungen motiviert wird. Die Bedeutung der Vorhersehbarkeit des anwendbaren Rechts ist aber nicht auf diesen Bereich beschränkt. Hier sind aber vor allem auch die Interessen des Geschädigten zu beachten[602]. Einerseits kann auch das Opfer berechtigte Erwartungen bezüglich des anwendbaren Rechts haben, ob-

---

598 Bröcker, Möglichkeiten der differenzierten Regelbildung im internationalen Deliktsrecht, Diss. 1967, S. 116f..

599 Dieses Beispiel angeführt von Bröcker, Möglichkeiten der differenzierten Regelbildung im internationalen Deliktsrecht, Diss. 1967, S. 116f..

600 Vgl. Bröcker, Möglichkeiten der differenzierten Regelbildung im internationalen Deliktsrecht, Diss. 1967, S. 116f..

601 Bröcker, Möglichkeiten der differenzierten Regelbildung im internationalen Deliktsrecht, Diss. 1967, S. 119f..

602 Auch Trutmann, Das internationale Privatrecht der Deliktsobligationen, S. 86.

schon die anwendbaren Deliktsnormen wohl kaum je sein Verhalten beeinflussen werden, und andererseits spielen die Erwartungen des Haftpflichtigen auch dort eine Rolle, wo sie sein Verhalten gar nicht motivieren können, weil die Haftung letztlich überhaupt nicht mehr an ein Verhalten anknüpft.

Es stellt sich nun die Frage, ob die Vorhersehbarkeit der Anknüpfung für den Geschädigten und den allgemeinen Rechtsverkehr oder der kollisionsrechtliche Vertrauensschutz des potentiellen Halters Vorrang genießen. Z. T. wird zugegeben, dass es lediglich die Sympathie mit dem Opfer ist, die zur stärkeren Berücksichtigung seiner Interessen führt. Für den allgemeinen Verkehr spielt aber grundsätzlich die Vorhersehbarkeit die gleiche Rolle wie für den potentiellen Halter oder das Opfer. Die rechtlichen Folgen deliktischen Handelns wie auch die daraus Verpflichteten müssen für den allgemeinen Rechtsverkehr abschätzbar sein.

Bröckers Auffassung zeichnet sich dadurch aus, dass die Kfz-Halterhaftung dem Recht des Verletzungsorts unterstellt wird, da dies der Ort ist, wo der Verletzte den Schutz seiner Rechtsposition nach der ihm umgebenden Umwelt erwarten darf. Kommt das Kraftfahrzeug ohne oder gar gegen den Willen des Halters in eine fremde Rechtsordnung, wo es in einen Unfall verwickelt ist, so ist eine Anwendung des Rechts am Verletzungsort für den Halter nicht zumutbar, und es greift eine Haftungsbegrenzung nach Art.38 EGBGB (alte Fassung) zu seinen Gunsten ein. Daher hält Bröcker Art.38 EGBGB (alte Fassung) für eine rationale Nachkontrolle[603]. Diese Ansichten erscheinen nicht unbedenklich. Zunächst spricht sich die herrschende Meinung doch bei der Kfz-Halterhaftung für eine Anwendung der Tatortregel aus, aber die Definition des Tatorts ist in der Literatur unterschiedlich[604]. Die Ansicht Bröckers, nach der die Kfz-Halterhaftung dem Recht des Verletzungsorts unterstellt wird, wird von den Kommentatoren[605] nicht vertreten. Danach ist hier materiell eine Privilegierung des Schädigers nicht gerechtfertigt. Wer als potentieller Halter die potentielle Nutzung aus dem Halten der Sache zieht, muss auch das Rechtsanwendungsrisiko tragen. Hier ist auch der Schutz des Verkehrsopfers im Kollisionsrecht zu berücksichtigen. Bei dem Verkehrsunfall bedeutet eine Privilegierung des Schädigers einen Nachteil für das Opfer. Schließlich ist Art.38 EGBGB (alte Fassung) kein geeigneter Ansatzpunkt für die Lösung des Problems über die Vorhersehbarkeit des Anwendungsrechts für den Kfz-Halter. Nur Deutsche, kein anderer, kann den Schutz des Art.38 EGBGB (alte Fassung) genießen, weil die system-

603 Bröcker, Möglichkeiten der differenzierten Regelbildung im internationalen Deliktsrecht, Diss. 1967, S. 119f..

604 Dazu siehe Staudinger/v. Hoffmann 1998, RzNr. 218 zu Art.38 EGBGB.

605 Staudinger/v. Hoffmann 1998, RzNr. 218 zu Art.38 EGBGB; München/Kreuzer, 3. Aufl. 1998, RdNr. 41 zu Art.38 EGBGB.

widrige Exklusivnorm überhaupt nicht analogiefähig ist. Mit Recht hat Czempiel[606] kritisiert, dass es bei Bröcker letztlich nicht um Vorhersehbarkeit, sondern um Bestimmbarkeit des Statuts geht. Um Art.38 EGBGB (alte Fassung) fruchtbar zu machen, stellt er mit „Setzen des kollisionsrechtlichen Zurechnungsgrundes“ auf die Bestimmbarkeit des Deliktsstatuts durch den Schädiger ab.

Ähnlich wie bei der Kfz-Halterhaftung will Bröcker[607] auch bei der Tierhalterhaftung grundsätzlich nur an den Erfolgsort anknüpfen. Sei dieser Ort jedoch für den Tierhalter unvorhersehbar und die Anwendung des dort geltenden Haftungsrechts für ihn somit unzumutbar, so solle zu seinen Gunsten die Wertung des Art.38 EGBGB (alte Fassung) eingreifen. Ein solches Vorhersehbarkeitskriterium für das Recht des Erfolgsorts ist jedoch allgemein abzulehnen, da dies dem Ausgleichsinteresse des Geschädigten zuwiderläuft[608]. Aus den Gründen, die oben bei der Kfz-Halterhaftung dargestellt werden, kann seiner Bewertung des Art.38 EGBGB (alte Fassung) auch bei der Tierhalterhaftung nicht gefolgt werden.

Aus der Tatsache, dass die Anerkennung ausländischer Urteile durch Art.5 Nr. 3 EuGVÜ erleichtert und die deutschen Gerichte gemäß Art.26-29 EuGVÜ die ausländischen Entscheidungen nicht nachprüfen dürfen, fordert Schack eine materiellrechtliche Kontrolle. Nach dieser kann ausländischen Entscheidungen wegen Art.38 EGBGB (alte Fassung) über die ordre-public-Vorschrift des § 328 Abs. 1 Nr. 4 ZPO die Anerkennung versagt werden, soweit dem Verletzten mehr als nach deutschem Recht zugesprochen wurde. Art.38 EGBGB (alte Fassung) gewährleistet daher bei nicht bestehender Nachprüfung der ausländischen Entscheidung für alle Beteiligten Vorhersehbarkeit des Ergebnisses und damit Rechtssicherheit. Diese Argumentation vermag nicht zu überzeugen. Es wird dabei nämlich mit der Voraussetzung gearbeitet, dass Art.38 EGBGB (alte Fassung) als ein Anerkennungshindernis ausländischen Urteils angesehen würde. Aber diese Ansicht findet in der Literatur kaum Resonanz[609]. Ferner verkennt Schack auch den Unterschied zwischen anerkennungsverfahrens- und kollisionsrechtlicher Gerechtigkeit. Einer Gewährleistung der Vorhersehbarkeit des Ergebnisses beim Urteilsanerkennungsverfahren dient Art.38 EGBGB (alte Fassung) grundsätzlich nicht, weil die prozessuale Vorhersehbarkeit des Ergebnisses nicht das Ziel eines kollisionsrechtlichen Vorschrift wie Art.38 EGBGB (alte Fassung) ist.

606 Czempiel, Das bestimmbare Deliktsstatut zur Zurechnung im internationalen Deliktsrecht, 1990, S. 168.

607 Bröcker, Möglichkeiten der differenzierten Regelbildung im internationalen Deliktsrecht, Diss. 1967, S. 119f..

608 Vgl. Staudinger/v. Hoffmann 1998, RzNr. 219 b zu Art.38 EGBGB.

609 Dazu siehe oben, Dritter Teil. § 3.

E. Zwischenergebnis

Von dem hier vertretenen Standpunkt aus sollte die Vorhersehbarkeit des Deliktsstatuts als anknüpfungsleitendes Interesse angesehen werden, besonders bei der Kfz- und Tierhalterhaftung. Dabei werden eine Sonderanknüpfung und Geltung des Deliktsstatuts für die Feststellung der Haltereigenschaft in der Literatur häufig abgelehnt; das hieraus resultierende ungerechtfertige Ergebnis wurde rechtstechnisch gerade durch Art.38 EGBGB (alte Fassung) korrigiert, soweit es sich um deutsche Schädiger handelt. Aber dies ist kein geeigneter Ansatzpunkt für die Begründung der Privilegierung der lex fori. Die Forderung nach Voraussehbarkeit des Deliktsstatuts kann nur dadurch erfüllt werden, indem die Deliktskollisionsrechte miteinander harmonisiert werden, oder eine auf Haltereigenschaft abgestellte Sonderanknüpfung, die die Vorhersehbarkeit des Anwendungsrechts gewährleisten kann[610], gebildet wird, aber nicht durch Art.38 EGBGB (alte Fassung) oder sonstige Vorbehaltsklauseln.

II. Akzeptanz im Seerecht

Die deutsche seerechtliche Praxis[611] und Lehre[612] tritt überwiegend dafür ein, dass die Begrenzung des Deliktsstatuts durch die lex fori im Seerecht akzeptiert wird, wenn sie auch nur zugunsten deutscher Schadensverursacher ist, wie Art. 38 EGBGB (alte Fassung). Im Hinblick auf die besonderen Verhältnisse des Seedelikts erscheint es vielleicht gerechtfertigt, eine besondere Lösung zu verlangen. Um eine besondere Rechtfertigung der Privilegierung der lex fori im in-

---

610 Eine analoge Sonderanknüpfungsform bei Persönlichkeitsrechtsverletzungen ist Art.139 Abs. 1 schweizerisches IPRG, der darauf abstellt, ob der Schädiger mit dem Eintritt des Erfolges in bestimmten Ländern rechnen musste. Die Vorhersehbarkeit des Anwendensrechts ist damit gewährleistet. Dazu ausführlich siehe Czempiel, Das bestimmbare Deliktsstatut zur Zurechnung im internationalen Deliktsrecht, 1991, S. 167.

611 Vgl. BGH 29. 1. 1959, BGHZ 29, 237, 243; 17. 1. 1983, BGHZ 86, 234, 236 ff..

612 Vgl. Feldhaus, Zur Entwicklung der Haftung beim Seetransport gefährlicher Güter, 1985, S. 74; F. Fischer, Der Schiffszusammenstoß im deutschen internationalen Privatrecht, Diss. 1937, S. 38 ff.; Frankenstein, IPR II, 1926, S. 501; Prüßmann/Rabe, Seehandelsrecht, 4. Aufl. 2000, § 485 HGB M. 3. c); Schaps/Abraham, Das deutsche Seerecht, 4. Aufl., § 485 HGB RzNr. 34; Roth/Plett, Schiffszusammenstösse im deutschen Internationalen Privatrecht, RabelsZ 42 (1978), S. 662, 670; Schulz, Das maßgebliche Statut der Schiffszusammenstöße nach deutschem IPR, Diss. 1965, S. 30.

ternationalen Deliktsrecht vorzubringen, wenn es diese überhaupt gibt, wird eine skizzenhafte Untersuchung über Schiffskollisionen bedeutsam.

A. Besonderheiten bei Seeschiffszusammenstößen

Im Hinblick auf die besonderen Verhältnisse des Seedelikts sind die Regeln, die Rechtsprechung und Lehre für Schiffszusammenstöße entwickelt haben, ganz anders als die in anderen Deliktsrechten. Zuerst spielen Zufälligkeit und Austauschbarkeit von Schädiger und Geschädigtem beim Schiffszusammenstoß eine Rolle. Da geht es meistens nicht um die Verletzung eines Verbrauchers durch einen multinationalen Konzern, auch nicht um den Einzelnen gegen einen anderen, betroffen ist vielmehr die internationale Interessensgemeinschaft der Reeder: Wer heute versehentlich ein anderes Schiff rammt, kann morgen selbst durch den losgerissenen Anhang eines Schleppers geschädigt werden. Zum anderen spielt der Gedanke „Sympathie mit dem Opfer" keine oder nur eine geringe Rolle, und der „typischerweise sozial Schwächere"[613] ist nicht ohne weiteres auszumachen, weil die Ansprüche von zwei internationalen Interessensgemeinschaften nach einem Schiffszusammenstoß gegeneinander erhoben werden können[614].

Danach drängt sich unabweisbar die Frage auf, ob die kollisionsrechtlichen Interessen der beiden Beteiligten eines Schiffszusammenstoßes, besonders auf hoher See, sich gleichwertig gegenüberstehen, oder ob eine davon überwiegt. Czempiel hat sich eingehend mit dieser Frage befasst. Er meint, dass die jahrhundertealte, weltweit verbreite Möglichkeit der Haftungsbeschränkung für Reeder zeigt, auch im Seerecht Interessen des Schädigers, z. B. Vorhersehbarkeit des anwendbaren Rechts oder der Haftungsgrenze, in erheblichem Maße mitzuberücksichtigen. Sogar bei der Entscheidung des anwendbaren Rechts bei einem Schiffszusammenstoß auf hoher See überwiegt das kollisionsrechtliche Interesse des Schädigers[615].

613 Binder, Zur Auflockerung des Deliktsstatuts, RabelsZ 20 (1955), S. 401, 417.

614 Vgl. Czempiel, Das bestimmbare Deliktsstatut zur Zurechnung im internationalen Deliktsrecht, 1991, S. 48.

615 Vgl. Czempiel, Das bestimmbare Deliktsstatut zur Zurechnung im internationalen Deliktsrecht, 1991, S. 53 ff..

B. Deliktsstatut bei Schiffskollisionen[616]

Das Gebiet der Schiffskollisionen wird weitgehend durch sachrechtsvereinheitlichende Abkommen geprägt. Vor allem beugen sie den größten Überraschungen vor. Gehören beide Schiffe den Vertragsstaaten des Internationalen Übereinkommens an, findet dieses Übereinkommen in erster Linie Anwendung. Aber keines der Abkommen enthält eine abgeschlossene – von Kausalität bis zum Haftungsumfang einschließlich der Haftungsbeschränkung reichende – Regelung der aus einem Schiffszusammenstoß entstehenden Schadensersatzansprüche. Nur wenn bei der schadensersatzrechtlichen Beurteilung eines Schiffszusammenstoßes alle Übereinkommen nebeneinander anzuwenden sind, ist das Einheitsrecht einigermaßen ausreichend. Die Frage nach dem anwendbaren Recht stellt sich dann, wenn die einschlägigen Abkommen nicht anwendbar sind. Aber auch bei Anwendbarkeit der Übereinkommen bleiben viele Fragen ungeregelt, die durch das nach internationalem Deliktsrecht anwendbare nationale Recht beantwortet werden müssen. Das bedeutet: Die Normen des IPR sind nicht nur dann unentbehrlich, wenn die Staatsverträge nicht anwendbar sind. Sie bleiben vielmehr auch in den Fällen bedeutsam, die nach dem sachrechtlichen Einheitsrecht zu beurteilen sind[617].

1. Internationale Übereinkommen

Eine ausführliche Darstellung der Übereinkommen ist für die vorliegende Arbeit nicht erforderlich. Es soll nur auf einige wesentliche Punkte eingegangen werden.

Das älteste der Abkommen ist das Brüsseler Übereinkommen vom 23. 9. 1910 zur einheitlichen Feststellung von Regeln über den Zusammenstoß von Schiffen (IÜZ)[618]. Das IÜZ regelt die außervertragliche Haftung aus unerlaubter Handlung. Die Vorschriften des IÜZ (Art.1, 12) sind anzuwenden bei Kollisionen zwischen Seeschiffen oder See- und Binnenschiffen, wenn sämtliche beteiligten Schiffe Staaten angehören, die Vertragsstaaten des Übereinkommens sind, wobei es unerheblich ist, ob sich die Kollision in Hoheitsgewässern oder auf hoher See ereignet hat. Sachlich sieht das IÜZ im wesentlich folgendes vor: Nach Art.2 hat jedes Schiff seinen Schaden selbst zu tragen, wenn der Zusammenstoß

616 Eine ausführliche Darstellung über das anwendbare Recht der Schiffskollision ist hier nicht beabsichtigt und notwendig.

617 Vgl. E. Lorenz, Das anwendbare Deliktsrecht bei Schiffszusammenstössen auf hoher See, in: FS für Duden 1977, S. 234.

618 Text des Übereinkommens siehe Staudinger/v. Hoffmann 1998, RzNr. 325 zu Art. 38 EGBGB.

auf Zufall oder höherer Gewalt beruht oder die Ursachen nicht zu klären sind. Art.3 fixiert den Grundsatz der Verschuldenshaftung. In Art.4 Abs. 1 ist festgelegt, dass bei Mitverschulden die Ersatzpflicht sich nach dem Verhältnis der Schuld bestimmt, oder, wenn das nicht ermittelt werden kann, hälftig zu bemessen ist.

In zivilprozessualer Hinsicht wird das IÜZ ergänzt durch das Brüsseler Übereinkommen vom 10. 5. 1952 zur Vereinheitlichung von Regeln über die zivilgerichtliche Zuständigkeit (IZZ)[619]. Nach seinem Art. 8 findet das Übereinkommen dann Anwendung, wenn alle beteiligten Schiffe Vertragsstaaten angehören und wenigstens eine der beteiligten Personen im Verhältnis zum Gerichtsstaat Ausländer ist. Wenn das IZZ keine Anwendung findet, dann bestimmen sich die internationale und örtliche Zuständigkeit nach einschlägigen Gesetzen des Forumstaates[620].

Fast immer gilt auch das Londoner Übereinkommen über die internationalen Regeln zur Verhütung von Zusammenstößen auf See vom 20. 10. 1972[621]. Dieses Übereinkommen enthält international einheitliche Regeln für den Verkehr auf See und in Küstengewässern. Es regelt insbesondere die Lichterführung und Signale, Geschwindigkeit sowie das Ausweichen. Haftungsrechtlich stellen die Regeln einen einheitsrechtlichen Maßstab für die objektive Pflichtwidrigkeit eines Schiffsführers dar. Regel 2 legt generalklauselartig die Verantwortlichkeit des Schiffsführers für die Befolgung der Regeln sowie sonstiger Vorsichtsmaßnahmen fest, die allgemeine seemännische Praxis und besondere Umstände des Falles erfordern. Außerdem werden auch die Voraussetzungen eines Abweichens von den Regeln festgelegt[622].

Bezüglich der durch Art. 10 IÜZ ausdrücklich offengelassenen Frage der seerechtlichen Haftungsbeschränkung des Schiffseigentümers greift das Londoner Übereinkommen (LÜ)[623] vom 19. 11. 1976 über die Beschränkung der Haftung für Seeforderungen ein. Dieses Übereinkommen ersetzt das Brüsseler Reederhaftungsübereinkommen von 1957. Das LÜ findet nach seinem Art.15 Anwendung, in dem eine der nach Art.1 beschränkungsberechtigten Personen (z. B. Charterer, Reeder, Eigentümer) vor dem Gericht eines Vertragsstaats eine Be-

619 Text des Übereinkommens in BGBl. II, 653.

620 Vgl. Staudinger/v. Hoffmann 1998, RzNr. 331 zu Art. 38 EGBGB.

621 Text des Übereinkommens in BGBl. II 1976, 1017.

622 Vgl. E. Lorenz, Das anwendbare Deliktsrecht bei Schiffszusammenstössen auf hoher See, in: FS für Duden 1977, S. 229, 233; Roth/Plett, Schiffszusammenstösse im deutschen Internationalen Privatrecht, Rabels Z 41 (1978), S. 661, 667; Staudinger/v. Hoffmann 1998, RzNr. 327 zu Art. 38 EGBGB.

623 Ausführlichkeit des Einkommens siehe Staudinger/v. Hoffmann 1998, RzNr. 328 zu Art. 38 EGBGB.

schränkung ihrer Haftung geltend macht oder in einem Vertragsstaat die Aufhebung eines Arrests oder die Freigabe einer geleisteten Sicherheit betreibt. Als loi uniforme gestattet das LÜ die Haftungsbeschränkung auch solchen Personen, die ihren gewöhnlichen Aufenthalt oder ihre Hauptniederlassung nicht in einem Vertragsstaat haben. Zu vermerken ist, dass das Übereinkommen nicht auf die rechtliche Qualifikation der Ansprüche, sondern auf die Schadensart abstellt. Die Haftungsbeschränkungsmöglichkeit besteht demnach nicht nur bei deliktischen Ansprüchen aufgrund der Schiffskollisionen. Ausgeschlossen ist die Haftungsbeschränkung dann, wenn dem zur Haftung Verpflichteten ein qualifiziertes Verschulden nachgewiesen wird (Art.4)[624].

Schließlich darf der Entwurf des Comité Maritime International (CMI)[625] nicht vergessen werden. Der noch nicht in Kraft getretene CMI-Entwurf soll die bestehenden Abkommen ergänzen. Der Entwurf sieht nicht wie die oben genannten Übereinkommen eine Sachrechtsvereinheitlichung, sondern eine Kollisionsrechtsvereinheitlichung vor. Der Entwurf soll anwendbar sein auf alle Klagen, die außervertragliche Schadensersatzansprüche aus Schiffszusammenstößen betreffen. Ausgenommen sind Ansprüche gegen Kriegsschiffe und Staatsschiffe, die im öffentlichen nichtkommerziellen Dienst stehen. Nach dem Entwurf soll grundsätzlich für Zusammenstöße in Hoheitsgewässern das Tatortrecht gelten, für Zusammenstöße auf hoher See die lex fori. Eine Ausnahme besteht dann, wenn die beteiligten Schiffe dieselbe Flagge führen oder ihre Flaggenrechte sachlich übereinstimmen[626].

2. Schiffskollisionsstatut

Das deutsche internationale Deliktsrecht enthält keine besonderen gesetzlichen Kollisionsnormen zur Bestimmung des anwendbaren Deliktsrechts bei Schiffszusammenstößen. Wenn sich die Parteien auf das anwendbare Recht einigen, so geht das gewählte Recht dem nach objektiven Anknüpfungsregeln maßgeblichen Recht vor[627]. Wenn das anwendbare Recht von den Parteien nicht gewählt wird,

---

624 Vgl. Staudinger/v. Hoffmann 1998, RzNr. 324 - 330 zu Art. 38 EGBGB.

625 Text in: CMI, Documentation 1977, 104 ff..

626 Vgl. Staudinger/v. Hoffmann 1998, RzNr. 324 zu Art. 38 EGBGB.

627 Vgl. OLG Köln 16. 12. 1953, IPRspr 1953-54 Nr. 35; OLG Hamburg 6. 4. 1961, IPRspr 1960-61 Nr. 37; OLG Hamburg 26. 5. 1977, IPRspr 1977 Nr. 39; LG Bremen 8. 2. 1962, IPRspr 1964-65 Nr. 59 B; München/Kreuzer, 3 Aufl. 1998, RzNr. 161 zu Art. 38; Staudinger/v. Hoffmann 1998, RzNr. 332 zu Art. 38 EGBGB; Schaps/Abraham, Das deutsche Seerecht, 4. Aufl., RzNr. 22 vor § 734 HGB; Zum gleichen Ergebnis gelangen auch Art.42 EGBGB (neue Fassung).

folgt die Entscheidung dann der im Schrifttum üblichen Unterteilung in Kollisionen in hoheitsfreiem Gebiet und in Staatsgebiet.

a) Kollisionen in Hoheitsgewässern

Schiffszusammenstöße werden als unerlaubte Handlungen qualifiziert. Daraus folgt, dass als Anknüpfungsmoment primär der Tatort in Betracht zu ziehen ist. Bei Zusammenstößen in Hoheitsgewässern gilt grundsätzlich das Recht des Tatortes[628].

Eine Ausnahme vom Tatortrecht besteht dann, wenn die beteiligten Schiffe demselben Staat angehören, das heißt, wenn sie dieselbe Flagge führen oder dasselbe Heimatortsrecht haben[629]. Die gemeinsame Flagge schafft eine Nähebeziehung gegenüber dem Tatort, die dem gemeinsamen gewöhnlichen Aufenthalt gleichwertig ist[630].

b) Kollisionen auf hoher See

Bei Kollisionen auf hoher See versagt mangels räumlicher Beziehungen zu einer staatlichen Rechtsordnung die herkömmliche Anknüpfung an den Tatort. Unproblematisch sind Kollisionen von Schiffen, die die gleiche Flagge führen oder

---

628 Vgl. BGH 6. 11. 1951, BGHZ 3, 321, 324; BGH 6. 7. 1961, IPRspr 1960-61 Nr. 53; BGH 14. 7. 1980, IPRspr 1980 Nr. 49 b; OLG Hamburg 20. 9. 1962, IPRspr 1962-63 Nr. 49; OLG Hamburg 16. 10. 1969, IPRspr 1970 Nr. 32; OLG Hamburg 9. 9. 1971, IPRspr 1971 Nr. 30; OLG Bremen 2. 11. 1972, IPRspr 1972 Nr. 33; OLG Hamburg 28. 2. 1974, IPRspr 1974 Nr. 30; OLG Hamburg 3. 3. 1977, IPRspr 1977 Nr. 38; OLG Hamburg 26. 5. 1977, IPRspr 1977 Nr. 39; OLG Bremen 10. 11. 1983, IPRspr 1983 Nr. 45; LG Bremen 13. 12. 1962, IPRspr 1964/65 Nr. 60; München/Kreuzer, 3. Aufl. 1998, RzNr. 164 zu Art. 38; Staudinger/v. Hoffmann 1998, RzNr. 334 zu Art. 38 EGBGB; Roth/Plett, Schiffszusammenstösse im deutschen Internationalen Privatrecht, RabelsZ 42 (1978), S. 662, 670.

629 Vgl. Soergel/Lüderitz, 12. Aufl., RzNr. 53 zu Art. 38 EGBGB; Staudinger/v. Hoffmann 1998, RzNr. 334 zu Art. 38 EGBGB; Schaps/Abraham, Das deutsche Seerecht, 4. Aufl., RzNr. 24 vor § 734 HGB; Prüßmann/Rabe, Seehandelsrecht, 4. Aufl. 2000, III. C. 1. vor § 734 HGB; Schulz, Das maßgebliche Statut der Schiffszusammenstöße nach deutschem IPR, Diss. 1965, S. 39 ff.; andere Meinung: OLG Hamburg 5. 5. 1959, IPRspr 1958/59 Nr. 64; Beitzke, NJW 1961, 1993 ff.; Binder, Zur Auflockerung des Deliktsstatuts, RabelsZ 20 (1955), 401, 491; dieses Ergebnis stimmt auch mit dem Geist des Art.40 Abs. 2 EGBGB (neue Fassung) überein.

630 Wenn es sich um einen Zusammenstoß von Schiffen der selben ausländischen Flagge in deutschen Territorialgewässern handelt, wird der Grundsatz der Tatortregel von der deutschen Rechtsprechung verneint.

deren Flaggenrechte materiell übereinstimmen. Es gilt dann das gemeinsame bzw. übereinstimmende Flaggenrecht[631].

Bei unterschiedlicher Flagge ist die Frage, welches Recht auf diese Fallkonstellation anzuwenden ist, in der deutschen Rechtslehre ein seit jeher umstrittenes Problem gewesen. Eine herrschende Meinung hat sich jedoch nicht herausgebildet. Für die Lösung finden sich in der Rechtsprechung und vor allem im Schrifttum eine Vielfalt von Vorschlägen; in Betracht kommen die lex fori und das Flaggenrecht (oder Heimatrecht) der beteiligten Schiffe, die entweder isoliert oder kombiniert oder kumuliert angewendet werden sollen. Dieser gelegentlich als hoffnungslos[632] bezeichnete Befund hält die Erwartungen an eine internationalstaatsvertragliche Lösung, wie den CMI-Entwurf, noch für gering. Ich möchte die materielle Lösung dieser Frage hier einstweilig offen lassen; sie wird unten erörtert werden.

C. Privilegierung der lex fori

Mag Art.38 EGBGB (alte Fassung) im deutschen IPR-Schrifttum umstritten sein, im Seerecht wird er gerne akzeptiert - wenn auch nur zugunsten deutscher Schadensverursacher[633]. Leider wird das vom Seerechts-Schrifttum nicht näher ausgeführt; und theoretische Begründungen werden hierfür auch nicht gegeben.

D. Stellungnahme und Kritik

Angesichts der Besonderheiten[634] von Seeschiffszusammenstößen lässt sich im Seedeliktsrecht eine eindeutig materiellrechtliche Wertung zugunsten des Geschädigten grundsätzlich nicht finden. Kollisionsrechtlich geht es auch nicht an, beim Schiffszusammenstoß im Interesse des Geschädigten das Flaggenrecht des geschädigten Schiffes vorrangig anzuwenden; vielmehr werden auch Interessen des Schädigers in erheblichem Maße mitberücksichtigt. Bei einem Zusammenstoß auf hoher See zwischen Schiffen unterschiedlicher Flagge haben die Praxis

631 Vgl. München/Kreuzer, 3. Aufl. 1998, RzNr. 162 zu Art. 38; Staudinger/v. Hoffmann 1998, RzNr. 335 zu Art. 38 EGBGB; Schaps/Abraham, Das deutsche Seerecht, 4. Aufl., RzNr. 25 vor § 734 HGB; Prüßmann/Rabe, Seehandelsrecht, 4. Aufl. 2000, III. D. 1. vor § 734 HGB; Soergel/Lüderitz, 12. Aufl., RzNr. 54 zu Art. 38 EGBGB; E Lorenz, Das anwendbare Deliktsrecht bei Schiffszusammenstössen auf hoher See, in: FS für Duden 1977, S. 229, 268.

632 Beitzke, Les obligations délictuelles en droit international privé, Rec. Des Cours 115 (1965 II) 136.

633 Dazu siehe Fußnoten 165, 166.

634 Dazu siehe oben, Dritter Teil. § 5. II. A.

und Literatur für die Frage, welches Recht auf diese Fallkonstellation anzuwenden ist, eine Vielfalt an Meinungen offenbart. Eine herrschende Meinung hat sich jedoch nicht herausgebildet. Für die Lösung findet sich eine Vielfalt von Vorschlägen, nämlich das Flaggenrecht (oder Heimatrecht) der beteiligten Schiffe und die lex fori. Dennoch ist allen Vorschlägen gemeinsam: Man bemüht sich auf den unterschiedlichsten Wegen, zur Anwendung eines Rechts zu gelangen, auf das sich der Schädiger bereits vor der eigentlichen schadenstiftenden Handlung einstellen konnte[635].

Praktisch wichtiger sind denn auch internationale Übereinkommen. Es bleiben jedoch einige Staaten, die solche Übereinkommen nicht ratifiziert haben. Aber mit gewisser Wahrscheinlichkeit und in gewissem Umfang können auch die Beteiligten einer Schiffskollision, deren Staaten die Übereinkommen nicht ratifizieren, das anwendbare Recht antizipieren. Sie können, wenn sie wollen, ihr Schiff in einem der Vertragsstaaten registrieren lassen und damit sie Anwendbarkeit solcher Übereinkommen wahrscheinlich machen, die auf die Zugehörigkeit zu einem Vertragsstaat abstellen. Darüber hinaus gestattet das Londoner Übereinkommen von 1976 die Haftungsbeschränkung als loi uniforme auch solchen Personen, die ihren gewöhnlichen Aufenthalt oder ihre Hauptniederlassung nicht in einem Vertragsstaat haben. Demnach ist das Londoner Übereinkommen stets anwendbar, wenn deutsche Gerichte über die Haftungsbeschränkung zu entscheiden haben[636]; und die lex fori wird als Statut der Haftungsbeschränkung angewandt. Indessen melden sich hier bereits gelegentlich Zweifel, ob es nötig ist, zum Schutz des Schädigers wieder eine Privilegierung der lex fori wie Art.38 EGBGB (alte Fassung) im Seedelikt einzusetzen.

Selbst wenn man der Auffassung des Seerechts-Schrifttums folgen wollte, dass bei der Entscheidung anwendbaren Rechts das kollisionsrechtliche Interesse des Schädigers überwiegt, bleibt noch zu prüfen, auf welche Weise, nach der die Erwartung des Geschädigten gleich auch nicht vernachlässigt wird, den kollisionsrechtlichen Interessen des Schädigers Rechnung getragen werden sollte. Vordergründig betrachtet haben sich solche Überlegungen auf dem Gebiet des Seerechts nicht durchgesetzt, vielmehr bemühte das Schrifttum des Seerechts sich bislang um eine „unnötige“ Hilfe, die Privilegierung der lex fori, die aber wie

635 Dazu ausführlich siehe Staudinger/v. Hoffmann 1998, RzNr. 335 ff. zu Art. 38 EGBGB; Czempiel, Das bestimmbare Deliktsstatut zur Zurechnung im internationalen Deliktsrecht, 1991, S. 50 ff..

636 Jedoch räumt Art.15 Abs. 2 des Londoner Übereinkommens den Vertragsstaaten das Recht ein, derartige Personen vom „Privileg der Haftungsbeschränkung“ auszuschließen; der deutsche Gesetzgeber hat dies aber nicht getan und die Privilegierung gilt auch für die Personen, die ihren gewöhnlichen Aufenthalt oder ihre Hauptniederlassung nicht in einem Vertragsstaat haben.

Art.38 EGBGB (alte Fassung) das Interesse des Schädigers an der Haftungsbeschränkung bei einem Schiffszusammenstoß nicht unbedingt gewährleisten kann. Es gelingt nur, wenn der Schädiger ein Angehöriger des Forumstaats ist. Stoßen beispielsweise ein deutsches Schiff und ein nicht in den Vertragstaaten registriertes Schiff auf hoher See zusammen und das deutsche Schiff ist allein schuld, dann ist nach deutscher Praxis und Seerechts-Schrifttum deutsches Recht auf diese Fallkonstellation anzuwenden[637]. Ein Eingriff des Art.38 EGBGB (alte Fassung) ist daher unnötig geworden.

Die Möglichkeit, für den Schädiger beim Schiffsdelikt, besonderes beim Schiffszusammenstoß auf hoher See, das Haftungsrisiko besser abschätzbar zu machen, bestünde darin, entweder den internationalen Übereinkommen beizutreten, oder seine Haftung gesondert anzuknüpfen. Hierfür müsste eine Anknüpfung gewählt werden, die es ihm ermöglichte, das anwendbare Recht vorherzusehen bzw. von vornherein selbst zu bestimmen. Dem würde eine Anknüpfung etwa an das Recht der eigenen Flagge gerecht, wozu die neue Praxis und das Schrifttum tendieren[638]. Damit könnte auch die praktisch sehr wichtige Frage der Haftungsbegrenzung beim Schiffsunfall für den Schädiger gelöst werden.

Der Eingriff der lex fori durch Art.38 EGBGB (alte Fassung) wird im Seerechts-Schrifttum gerne akzeptiert, aber nicht mit theoretischen Begründungen versehen. Eine Begründung für eine solche Auffassung wird hier in unserer Untersuchung auch nicht gefunden. Die einzige vernünftige Erklärung über die Frage, wie diese Auffassung aus dem Seerechts-Schrifttum hervorgeht, gestaltet sich folgendermaßen, dass angesichts der Unvollkommenheit des Seerechts, hier auch der internationalen Übereinkommen, einerseits die Normen des IPR beim Seedelikt nicht unentbehrlich sind und andererseits Art.38 EGBGB (alte Fassung) damals – vor dem Inkrafttreten des neuen internationalen Deliktsrechts – die einzige Vorschrift über internationales Deliktsrecht im IPR war. Die Autoren des Seerechts beabsichtigen deshalb nicht, eine besondere Rechtfertigung der Privilegierung der lex fori im Seerecht zu errichten, sondern Art.38 EGBGB (alte Fassung) beim Seedelikt einfach mitzuberücksichtigen. Dies wäre für die Autoren des Seerechts ein folgerichtiger Gedanke.

---

637 Dazu vgl. E. Lorenz, Das anwendbare Deliktsrecht bei Schiffszusammenstössen auf hoher See, in: FS für Duden 1977, S. 240 f.; Czempiel, Das bestimmbare Deliktsstatut zur Zurechnung im internationalen Deliktsrecht, 1991, S. 58.

638 Vgl. Staudinger/v. Hoffmann 1998, RzNr. 335 ff. zu Art. 38 EGBGB.

E. Zwischenergebnis

Im internationalen Deliktsrecht der Schiffszusammenstöße werden vielfältige Anknüpfungsmöglichkeiten erwogen. Die Vorschläge reichen vom Recht des Schädigers über Anwendung der lex fori bis hin zur Sonderanknüpfung der Haftungsbeschränkung. Große Übereinstimmung lässt sich nur in der Anwendung des Tatortrechts bei Zusammenstößen in Hoheitsgebieten feststellen. Dennoch bemüht man sich, den kollisionsrechtlichen Interessen des Schädigers dabei Rechnung zu tragen. Daher ist man bestrebt, zur Anwendung eines Rechts zu gelangen, auf das sich der Schädiger bereits vor der eigentlichen schadenstiftenden Handlung einstellen konnte. Solche Überlegungen führen aber nicht unbedingt zu dem Ergebnis, den Haftungsbeschränkungseingriff durch lex fori beim Seedelikt besonders zu rechtfertigen. Der Versuch der Rechtfertigung des Haftungsbeschränkungseingriffs durch lex fori im internationalen Deliktsrecht führt wieder auf das normale Delikt (im Gegensatz zum Seedelikt) zurück.

Vierter Teil: Kodifikationstendenz

Am 1. 6. 1999 ist das Gesetz zum Internationalen Privatrecht für außervertragliche Schuldverhältnisse und Sachen in Deutschland in Kraft getreten. Damit wird Art.38 EGBGB (alte Fassung), der in dieser Arbeit als einzigartige Inländerschutzklausel klassifiziert wird, durch ein Prinzip der Konkretisierung des ordre public (Art.40 Abs. 3) ersetzt. Zugleich hat sich das Vereinigte Königreich von der sog. „double actionability rule", ihrem Regelungsmodell, das hier als kumulierte Anwendung von lex fori und lex loci delicti klassifiziert wird, nach Inkrafttreten des Private International Law (Miscellaneous Provisions) Act von 1995 gelöst[639]. Überdies zeigt die in dieser Arbeit durchgeführte Untersuchung anderer Regelungsmodelle, dass das Regelungsmodell der kollisionsdeliktsrechtlichen Vorbehaltklausel grundsätzlich mit der Form des jeweiligen kollisionsrechtlichen Verweisungsregelungsmodells zusammenhängt. Durch einen Überblick über die neuen internationalen deliktsrechtlichen Kodifikationen, die eine Begrenzung des Deliktsstatuts durch die lex fori enthalten, können wir auch die Kodifikationstendenz der Privilegierung der lex fori gewinnen. Solche Internationalen Deliktsnormen teilen sich in zwei Modelle, nämlich in das allgemeine und in das typisierte Deliktsstatuts-Modell ein. Diese beiden Unterteilungen mögen die folgende Untersuchung leiten. Aber zu beachten ist hier noch das zukünftige europäische gemeinsame internationale Deliktsrecht.

§ 1. Tendenz unter dem allgemeinen Deliktsstatut

Beispielhaft für die Kodifikationstendenz in dem allgemeinen Deliktsstatut ist das neue deutsche Deliktskollisionsrecht, das am 1. Juni 1999 in Kraft getreten ist. Das internationale Deliktsrecht ist in den Art.40-42 geregelt. Der deutschen IPR-Kodifikation folgen, immer nur einen Kernbestand kollisionsrechtlicher Grundsätze festzulegen, sieht das neue deutsche internationale Deliktsrecht keine besonderen Anknüpfungsbestimmungen für spezielle Deliktstypen wie beispielsweise Produkthaftung, Persönlichkeitsverletzungen oder Kraftfahrzeug-, Schiffs-, und Flugzeugzusammenstöße vor. Vielmehr enthält es eine deliktsrechtliche Generalklausel (Art.40 Abs. 1 EGBGB), eine vorrangige Sonderan-

639 Sie findet nur ausnahmsweise Anwendung bei den Ehrverletzungsdelikten.

knüpfung an den gemeinsamen gewöhnlichen Aufenthalt der Beteiligten in demselben Staat (Art.40 Abs. 2 EGBGB), eine Ausweichklausel für besondere Sachverhalte (Art.41 EGBGB) und die Möglichkeit einer Rechtswahlvereinbarung (Art.42 EGBGB). Für die Begrenzung des ausländischen Deliktsstatuts wird Art.38 EGBGB (alte Fassung) durch den Art. 40 Abs. 3 EGBGB, der für die Konkretisierung des ordre public gehalten wird, ersetzt. Seiner deliktsrechtlichen Verweisungsregel entsprechend beschränkt sich Art.40 Abs. 3 EGBGB auch nicht auf einzelne Deliktstypen, sondern gilt allgemein für alle Deliktsarten. Im Vergleich zu Art.38 EGBGB (alte Fassung) sollte äußert zurückhaltend von ihm Gebrauch gemacht werden. Aufgrund seiner einschränkenden Formulierung „wesentlich“ bzw. „offensichtlich“ sollen wie bei Art.6 EGBGB nur gravierende Widersprüche zu den Grundvorstellungen des deutschen Rechts zur Heranziehung dieses Absatzes führen[640].

Die anderen Regelungsmodelle der selben Deliktsstatutsart sind Modelle aller asiatischen Ländern, ihr Regelungsmodell kollisionsdeliktsrechtlicher Vorbehaltklausel wird in dieser Arbeit vom Autor als „Doppelte Kontrolle durch lex fori“ klassifiziert[641]. Sie haben gleichartig eine allgemeine, nicht auf einzelne typisierte deliktsrechtliche Generalklausel; nach dieser ist das Deliktsstatut unter dem Einfluss deutscher Deliktskollisionsnormen grundsätzlich auch das Recht des Begehungsortes. Für die Haftungsbeschränkung wird eine sehr ähnliche spezielle Vorbehaltsklausel in die jeweiligen Kodifikationen eingeführt. Außer dem Unterschied des Schutzkreises stimmt sie mit Art.38 EGBGB (alte Fassung) darin überein, dass die lex fori der Anwendung des ausländischen Deliktsstatuts eine Schranke zieht, nämlich was Bestehen und Höhe des Anspruchs angeht.

Mit dem Gesetz zum Internationalen Privatrecht für außervertragliche Schuldverhältnisse und Sachen vom 21. 5. 1999 ist das Deliktskollisionsrecht zum ersten Mal in der deutschen Geschichte nahezu umfassend kodifiziert. Die Regelungen erscheinen im großen und ganzen ausgewogen. Nicht weniges an früher Streitigen und jedenfalls mehr, als an neuen Zweifelsfragen hinzukommen wird, ist nun durch den Gesetzgeber geklärt worden. Besonders verdient die Ersetzung von Art.38 EGBGB durch eine mehr präzise und zurückhaltende spezielle Vorbehaltsklausel Beifall. Mit Freude registriert man die Diktion der neuen Kollisionsnormen, an der sich manche andere neue Regelung auch komplizierter Zusammenhänge ein Vorbild nehmen könnte.

Die Reformzüge des internationalen Deliktsrechts wurden in anderen Ländern dieses Deliktsstatutsmodells auch nicht versäumt. Dazu ist besonders auffällig, dass die Reform des japanischen Deliktskollisionsrechts durchaus im

640 Dazu siehe oben Erster Teil. § 2.
641 Dazu ausführlich siehe oben Erster Teil. § 4.

Trend der internationalen Entwicklung dieses Rechtsgebietes liegt[642]. Die deutschen internationalen deliktsrechtlichen Kodifikationsbemühungen des 18. und 19. Jahrhunderts finden schon in der frühen japanischen, chinesischen bzw. taiwanesischen und süd-koreanischen Rechtsgeschichte ihre Entsprechung. Vermutlich werden die neuen deutschen Deliktskollisionsnormen auch zukünftig bei der neuen Kodifikation des IPR von solchen Ländern zum Vorbild genommen. Allerdings zeigt sich eine Tendenz der Haftungsbeschränkung durch die lex fori im internationalen Deliktsrecht unter dem allgemeinen Deliktsstatutsmodell dahin gehen, dass der Eingriff der lex fori trotz seiner für alle Deliktsarten umfassenden Geltung mehr zurückhaltend und zurückziehend sein wird.

§ 2. Tendenz unter dem typisierten Deliktsstatut

Anderes als das neue deutsche internationale Deliktsrecht, das nur Grundregeln aufstellt, die für alle unerlaubten Handlungen gelten, erhalten manche jung kodifizierten internationalen Deliktsrechte zahlreiche differenzierte Sonderregeln für einzelne Deliktstypen. Der Hauptvertreter dieses Deliktsstatutsmodells ist das schweizerische IPRG von 1987, das der abstrakten Anknüpfungsregel der lex loci delicti lediglich subsidiäre Geltung verleiht und aufgrund einer sorgfältigen Fallanalyse einen Katalog der kollisionsrechtlich wichtigsten Deliktstypen erstellt, beispielweise Straßenverkehrsunfälle, Produkthaftpflicht, unlauterer Wettbewerb, Kartellrecht, Persönlichkeitsverletzungen in der Öffentlichkeit und Immissionen[643].

Dem schweizerischen IPRG auf dem Fuße folgt dann das rumänische IPR-Gesetz von 1992, dessen internationales Deliktsrecht sich auch das schweizerische zum Vorbild nimmt. Das rumänische IPR-Gesetz enthält auch zahlreiche spezifische Deliktsrechtsregeln mit offenkundig engen Anwendungsbereichen; diese Vorschriften passen ihre deliktsrechtlichen Lösungen der Besonderheit des jeweils geregelten Rechtsverhältnisses an, wie z. B. dem unlauteren Wettbewerb, der Haftung für Persönlichkeitsverletzungen und der Produkthaftung[644].

Für die Haftungsbeschränkung werden zwei spezielle Vorbehaltsklauseln, welche sich bezüglich ihrer Verweisungsregelung entsprechend auch auf einzelne Deliktstypen beschränken, im schweizerischen internationalen Deliktsrecht eingeführt. Gemäß der Wertung des schweizerischen Gesetzgebers benötigen

642 Dazu siehe oben Erster Teil. § 4. I. B.
643 Dazu siehe oben Erster Teil. § 5. I.
644 Dazu ausführlich siehe Octavian Capatina, Das rumänische Internationale Privatrecht, RabelsZ 58 (1994), S. 504 ff..

einheimische Unternehmen den Schutz durch eine Vorbehaltsklausel nur im Gebiet der Produkthaftpflicht (Art.135 Abs. 2 IPRG) und der Wettbewerbsbehinderung (Art.137 Abs. 2 IPRG). Wie das schweizerische IPRG reduziert sich die Vorbehaltsklausel im rumänischen internationalen Deliktsrecht auch nur auf bestimmte Deliktsarten, nämlich die Produkthaftung (Art.116 rumänisches IPRG) und die Haftung für unlauteren Wettbewerb (Art.119 rumänisches IPRG). Zu beachten ist aber, dass der Haftungsbeschränkungsvorbehalt nicht in allen einzelnen Deliktstypen eingeführt wird.

Besonders auffällig ist hier der Code civil von Quebec von 1991. Nach jenem ist die lex loci delicti für das internationale Deliktsrecht grundsätzlich anwendbar, aber sie unterliegt einer Reihe von Ausnahmen (Art.3126-3127). Diese sind das Recht des Erfolgsorts und das Recht des gemeinsamen Wohnsitzes der Deliktsparteien. Daneben enthält der neue Code civil von Quebec eine von der generellen deliktischen Kollisionsnorm abweichende Sonderregel für die Produkthaftung (Art.3128). Nach Art.3128 des neuen Code civil von Quebec unterliegt die internationale Produkthaftung entweder dem Recht des Staates, in dem der Schädiger seine Niederlassung oder seinen gewöhnlichen Aufenthalt hat, oder dem Recht des Staates, wo das Produkt erworben wurde. Entgegen der Vorbehaltsklausel des Art.135 Abs. 2 des schweizerischen IPRG oder Art.116 des rumänischen IPRG, die für die Produkthaftung generell gelten, beschränkt sich der von Art.3129 des neuen Code civil eingeräumte Schutz nur auf die Rohstofflieferung und –verarbeitung.

Im Ergebnis kann also festgehalten werden, dass infolge der Typisierung des internationalen Deliktsrechts die Geltung der Vorbehaltsklauseln auch auf bestimmte Deliktstypen oder sogar auf bestimmte Handlungen im einzelnen Deliktstyp reduziert ist, in denen die Vorbehaltsklausel wirklich eingreifen soll und muss.

§ 3. Tendenz unter der Vereinheitlichung des Internationalen Deliktsrechts

Bisher stehen im Europäischen Kollisionsdeliktsrecht die Staatsverträge im Vordergrund. Wenn diese nicht eingreifen, dann erlangen die autonomen Kollisionsnormen Bedeutung. Dies wird sich in naher Zukunft grundlegend ändern.

Zu Beginn der 70er Jahre schien die Entwicklung des internationalen Deliktsrechts in Europa zunächst einen anderen Gang zu gehen. Aufgrund der im Jahre 1969 von der EWG-Kommission ergriffenen Initiative, auch das auf außervertragliche Schuldverhältnisse anzuwendende Recht zu vereinheitlichen, wurde der Vorentwurf eines EWG-Übereinkommens über das auf vertragliche und außervertragliche Schuldverhältnisse anwendbare Recht im Jahre 1972 fertiggestellt. Aber der Anwendungsbereich des Abkommens wurde auf Wunsch Großbritanniens und Irlands auf das Vertragsrecht beschränkt[645]. Nach seinem Scheitern gab es auf EG-Ebene lange Zeit keine Verhandlungen mehr über ein besonderes Übereinkommen zur Anknüpfung außervertraglicher Schuldverhältnisse. Unter österreichischer Präsidentschaft hat sich die Europäische Union in der zweiten Hälfte des Jahres 1998 dieses Fragenkreises wieder angenommen. Hierbei wird die Neufassung des EG-Vertrages durch den Vertrag von Amsterdam zu berücksichtigen sein, der in Art.67 eine „Vergemeinschaftung"[646] dieser Bereiche vorsieht. Die „Vergemeinschaftung" des Kollisionsdeliktsrechts weist gegenüber dem bisherigen Rechtszuständen viele Unzulänglichkeiten auf. Daher ist auf der Ebene der EU nun ein besonderes Übereinkommen zur Anknüpfung außervertraglicher Schuldverhältnisse geplant.

Im September 1997 hatte die „Europäische Gruppe für Internationales Privatrecht" in Den Haag einen ersten Entwurf eines EU-Übereinkommens über das auf außervertragliche Schuldverhältnisse anzuwendende Recht vorgelegt, dessen endgültige Fassung von der „Gruppe européen de droit international privé" im September 1998 in Luxemburg beschlossen wurde. Der Entwurf wurde dem Generalsekretariat des Ministerrats zugeleitet, das die Arbeiten für das neue Übereinkommen betreut. Die Struktur der Kollisionsnormen dieses Entwurfs folgt denen des Römischen Schuldvertragsübereinkommens (EVÜ), nämlich Generalklausel, Vermutung und Ausweichklausel. Am Beginn stehen die objektiven Anknüpfungen (Art.3); die Zulässigkeit einer nachträglichen Rechtswahl findet sich in Art.8. Danach ist die Generalklausel der engsten Verbindung durch Vermutungen konkretisiert, welche durch eine Ausweichklausel ergänzt wird. Anknüpfungsmerkmal für die Vermutung der engsten Verbindung ist zunächst der gewöhnliche Aufenthalt der Parteien in demselben Staat; im Fall des gewöhnlichen Aufenthalts der Parteien in verschiedenen Staaten ist der Handlungsort maßgebend. In Art.3 Abs. 5 findet sich die akzessorische Anknüpfung an vor dem schädigenden Ereignis bestehende Rechtsbeziehungen zwischen den Parteien als ein Gesichtpunkt für die Bestimmung der engsten Beziehung, der geson-

645 Vgl. v. Hoffmann, Internationales Haftungsrecht im Referentenentwurf des Bundesjustizministeriums von 1. 12. 1993, IPRax 1996, S. 2.; Spickhoff, Die Tatortregel im neuen Deliktskollisionsrecht, IPRax 2000, S. 1.

646 Der Begriff geht zurück auf Wagner, Der Regierungsentwurf eines Gesetzes zum Internationalen Privatrecht für außervertragliche Schuldverhältnisse und für Sachen, IPRax 1998, S. 438.

dert aufgeführt ist[647]. Die differenzierten Sonderregeln für einzelne Deliktstypen werden damit nicht von der Gruppe angenommen.

Für die Haftungsbeschränkung wird weder eine allgemeine Vorbehaltsklausel, die wie Art. 40 Abs. 3 EGBGB für alle Deliktsarten gilt, noch eine typisierte, die wie Art. 135 Abs. 2 schweizerisches IPRG nur für bestimmte Deliktstypen in Geltung ist, in den Entwurf eines EU-Übereinkommens über das auf außervertragliche Schuldverhältnisse anzuwendende Recht eingeführt. Ob die Regelungen dieses Entwurfs endgültig und unverändert abgeschlossen werden können, bleibt abzuwarten. Aber zu konstatieren ist, dass der Schutz der Haftungsbeschränkung durch lex fori hier doch entbehrlich sei, weil deliktsrechtliche Sachverhalte vor jedem beliebigen Gericht in EU-Ländern gemäß der einheitlichen Verweisungsregel nach demselben Recht beurteilt werden und die Unterschiede des materiellen Deliktsrechts zwischen den EU-Ländern auch gering sind.

647 Vgl. Jayme, Entwurf eines EU-Übereinkommens über das außervertragliche Schuldverhältnisse anwendbare Recht, IPRax 1998, S. 140-141; ders. IPRax 1999, S. 298.

Schlussbemerkung

Die Erfüllung des Wunsches aller Internationalprivatrechtrechtler, dass Sachverhalte vor jedem beliebigen Gericht nach dem selben Recht beurteilt werden, könnte auf zwei Wegen erreicht werden: entweder über weltweit geltendes materielles Einheitsrecht oder über weltweit einheitliches IPR. Beide dürfte auf lange Sicht noch eine Utopie sein. Aber man darf auch nicht die Hoffnung aufgeben, in einem bestimmten Sachgebiet oder auf einem bestimmten Raumgebiet die anwendbare Kollisionsnormen zu vereinheitlichen. Beispielhaft dafür ist der Entwurf eines EU-Übereinkommens über das auf außervertragliche Schuldverhältnisse anzuwendende Recht, der wahrscheinlich in kurzer Zukunft in Kraft treten wird.

Doch solange weder das Kollisionsdeliktsrecht noch das materielle Deliktsrecht international vereinheitlicht sind, müssen wir uns bemühen, unter den im Spiel befindlichen Interessen nach einem möglichst gerechten Ausgleich zu suchen. In Betracht zu ziehen ist insbesondere, dass die Interessen des Geschädigten keinesfalls das einzige Kriterium abgeben, an dem sich eine deliktsrechtliche Kollisionsnorm zu orientieren hätte. Das Deliktsrecht hat nicht nur die Aufgabe, Rechtsgüter des Geschädigten zu schützen, sondern dient ebenso der Abgrenzung der Entfaltungs- und Gestaltungsfreiheit des potentiellen Schädigers, mithin auch dessen Interessen. Dahin geht auch das darüber hinaus zu berücksichtigende Interesse der beteiligten Staaten. Ein je nach Lage des Falles wechselnder Ordnungsmaßstab – und in jeder Anwendung fremden Deliktsrechts liegt ein solcher Wechsel – kann für die Beurteilung von Handlungen auf eigenem Staatsgebiet grundsätzlich nicht akzeptiert werden. Es muss im internationalen Deliktsrecht darum gehen, Lösungen zu entwickeln, die sowohl die Regelungs- und Gestaltungszwecke der Sachnormen mit Bezug auf eine konkrete Gesellschafts- und Wirtschaftsordnung hinreichend berücksichtigen, als auch die im Sachrecht nicht formulierten Grundsätze und Politiken für eine angemessene Ordnung und Gestaltung des internationalen Rechtsverkehrs zu verwirklichen[648].

Einer gerechten (oder idealen) Deliktskollisionsnorm liegen also drei Postulate zugrunde: Die Anknüpfung soll einerseits für den Haftpflichtigen voraussehbar und damit kalkulierbar sein; sie soll andererseits für den Beschädigten hinreichend gewährleisten; überdies soll sie auch die Abwehr unerträglichen

648 Vgl. Hohloch, Das Deliktsstatut, 1984, S. 257.

ausländischen Rechts bewirken. Unter der Dominanz der Tatortregel ist es kaum möglich, ein befriedigendes Deliktsstatut zu bilden, das einen Ausgleich des dreiseitigen Interesses (Haftpflichtiger, Geschädigter und Forumstaat) schaffen kann. Um das durch die Unlänglichkeit des Deliktstatuts entstehende unerträgliche Ergebnis zu korrigieren, ist es unvermeidbar, einen Eingriff des ordre public des Forumstaats in gewissem Maße zu zulassen. Aber ein allgemeiner Vorbehalt des ordre public kann unser Problem wegen seiner positiven Funktion oder strengen Bedingungen nicht einfach lösen. Daher ist es wohl der einfachste und akzeptabelste Weg, beim internationalen Deliktsrecht neben dem unbefriedigenden Deliktsstatut eine spezielle Vorbehaltsklausel einzusetzen. Sie kann einerseits das durch das allgemeine ordre public führende „Heimwärtsstreben" vom Richter des Forumstaats vermeiden, und der Eingriff der lex fori wird durch sie mehr präzis und zurückhaltend sein.

Der Schutz der Haftungsbeschränkung durch lex fori ließe sich dagegen entbehren, wenn das Kollisionsdeliktsrecht oder das materielle Deliktsrecht international vereinheitlicht wird, oder zu mindesten wenn das europäische gemeinsame Internationale Privatrecht in Kraft tritt. Solange jedoch die kollisions- und materiell-deliktsrechtlichen Differenzierungen zwischen verschiedenen Kontinenten oder sogar Ländern bestehen, bleibt die Begrenzung der Anwendung des Deliktsstatuts durch lex fori das letzte taugliche, wenngleich wenig schöne Mittel.

Abkürzungsverzeichnis

a.A.	anderer Ansicht
aaO	am angegebenen Ort
AcP	Archiv für die zivilistische Praxis
a. F.	alte Fassung
AG	Amtsgericht
A.J.C.L.	Amercan Journal of Comparative Law
Anm.	Anmerkung
Art	Artikel
AWD	Außenwirtschaftsdienst des Betriebs-Beraters (1958-74)
Bd.	Band
Bespr.	Besprechung
BGB	Bürgerliches Gesetzbuch
BGBl.	Bundesgesetzblatt
BGH	Bundesgerichtshof
BGHZ	Entscheidungen des Bundesgerichtshofes in Zivilsachen
BT-Drucks.	Verhandlungen des Deutschen Bundestages- Drucksachen
Br-Drucks	Verhandlungen des Deutschen Bundesrates- Drucksachen
BVerG	Bundesverfassungsgericht
bzw.	beziehungsweise
Cal. L. Rev.	Calumba Law Review
ders.	Derselbe
d. h.	das heißt
Diss.	Dissertation
EG	Europäische Gemeinschaften
EGBGB	Einführungsgesetz zum Bürgerlichen Gesetzbuch
EJPD	Eidg. Justiz- und Polizeidepartement
EuGH	Gerichtshof der Europäischen Gemeinschaften
EuGVÜ	Brüsseler EWG-Übereinkommen für die gerichtliche Zuständigkeit und die Vollstreckung gerichtlicher Entscheidungen in Zivil- und Handelssachen vom 27. September 1968
EWG	Europäische Wirtschaftsgemeinschaft
EWGV	EWG-Vertrag
ff.	fortfolgende

Fn.	Fußnote
FS	Festschrift
GBl.	Gesetzblatt
GG	Grundgesetz
GmbH	Gesellschaft mit beschränkter Haftung
GRUR	Gewerblicher Rechtsschutz und Urheberrecht
(GRUR Int.)	(Internationaler Teil)
HGB	Handelsgesetzbuch
h. M.	herrschende Meinung
Hrsg.	Herausgeber
I.C.L.Q.	The International and Comparative Law Quarterly
IPG	Gutachten zum internationalen und ausländischen Privat-
recht	
IPR	Internationales Privatrecht
IPRax	Praxis des Internationalen Privat- und Verfahrensrecht
IPRspr.	Die deutsche Rechtsprechung auf dem Gebiete des internationalen Privatrechts
JhJB (JherJb)	Jahrbücher für die Dogmatik der heutigen römischen und deutschen Privatrechts
JR	Juristische Rundschau
JuS	Juristische Schulung
JW	Juristische Wochenschrift
JZ	Juristen-Zeitung
Kfz	Kraftfahrzeug
LG	Landgericht
MDR	Monatsschrift für deutsches Recht
m. E.	meines Erachtens
n. F.	neue Fassung
NILR	Netherlands International Law Review
NJW	Neue Juristische Wochenschrift
NJW-RR	Neue Juristische Wochenschrift-Rechtsprechungs-Report
NLJ	New Law Journal
Nr.	Nummer
NZV	Neue Zeitschrift für Verkehrsrecht
RzNr.	Randziffer Nummer
OAG	Oberappellationsgericht
OG	Obergericht
OLG	Oberlandesgericht
OLGE	Die Rechtsprechung der Oberlandesgerichte auf dem Gebiete des Zivilrechts

ProdHaftG	Produkthaftungsgesetz
RabelsZ	Rabels Zeitschrift für ausländisches und internationales Privatrecht
RanwVO	Rechtsanwendungsverordnung
Rec. des Cours	Recueil des Cours de l'Académie de droit international
RefE	Referentenentwurf
RegE	Regierungsentwurf
Rev. Soc. L.	Review of Socialist Law
RG	Reichsgericht
RGBl.	Reichsgesetzblatt
RGZ	Entscheidungen des Reichsgerichts in Zivilsachen
RIW	Recht der internationalen Wirtschaft
ROW	Recht in Ost und West
RStGB	Reiches Strafgesetzbuch
S.	Seite
SJIR	Schweizerisches Jahrbuch für internationales Recht
SJZ	Schweizerische Juristen-Zeitung
SVIR	die Schweizerische Vereinigung für internationales Recht
SZ	Zeitschrift der Savigny-Stiftung für Rechtsgeschichte
usw.	und so weiter
v.	von, vom
VersR	Versicherungsrecht
vgl.	vergleiche
VO	Verordnung
z. B.	zum Beispiel
ZfRV	Zeitschrift für Rechtsvergleichung, IPR und Europarecht
ZGB	Zivilgesetzesbuch
ZPO	Zivilprozessordnung
ZSR	Zeitschrift für Schweizerisches Recht
z. T.	zum Teil
ZVglRWiss	Zeitschrift für vergleichende Rechtswissenschaft

Literaturverzeichnis

Abrell: Der Quebecer Entwurf einer Kodifikation des Internationalen Privatrechts, Frankfurt/Main1978

Achilles/Gebhard/Spahn: Protokolle der Kommission für die zweite Lesung des Entwurfs des BGB, Band VI (1899)

Bär: Internationales Kartellrecht und unlauterer Wettbewerb, in: FS. für Moser, Zürich 1987, S. 143-178

v. Bar, Christian: Internationales Privatrecht Bd. 1 Allgemeine Lehren, München 1987, Bd. 2 Besonderer Teil, München 1991

v. Bar, Ludwig: Theorie und Praxis, Bd. II, 2. Aufl. Hannover 1889

Basedow: Die Neuregelung des Internationalen Privat- und Prozessrechts, NJW 1986, 2971-2979

Bacanu/Capatina/Zilberstein: Rumänien: Das IPR von 1992, Jahrbuch für Ostrecht 34 (1993), 185-191

Baum: Kurzinformation über Internationales Privatrecht, RabelsZ 53 (1989), S. 186

Becker: International Private Law of Japan, Yokohama 1919

Beitzke: Grundgesetz und internationales Privatrecht, Berlin 1961

–: Betrachtung zur Methodik im Internationalprivatrecht, in: Festschrift für Smend, Göttingen 1952, S. 1-22

–: Deliktsort und anwendbares Recht beim Schiffszusammenstoß, NJW 1961, 1993-1998

–: Les obligations délictuelles en droit international privé, Rec. des Cours 115 (1965 II), 67-143

Bernstein: Ein Kollisionsrecht für die Verfassung, in NJW 1965, 2273-2276

Birk: Schadensersatz und sonstige Restitutionsformen im internationalen Privatrecht, Karlsruhe 1969

Binder: Zur Auflockerung des Deliktsstatuts, Rabels Z 20 (1955) 401-499

Bode: Die Diskriminierungsverbote im EWG-Vertrag, Diss. Göttingen 1968

Bröcker: Möglichkeiten der differenzierten Regelbildung in internationalen Deliktsrecht, Diss. München 1967

Brödermann: Europäisches Gemeinschaftsrecht versus IPR: Einflüsse und Konformitätsgebot, MDR 92, 89-95

Bünger: Zivil- und Handelsgesetzbuch sowie Wechsel- und Scheckgesetz von China, Hessen 1934

Capatina, Octavian: Das rumänische Internationale Privatrecht, RabelsZ 58 (1994), 465-522
Carter: Torts in English Privat International Law, British Year Book of International Law 1981
–: Choice of Law in Tort and Delict, The Law Quarterly Review 1991, 405-418
–: Choice of Law in Tort: The Rolle of The Lex Fori, The Cambridge Law Journal 1995, 38-42
–: The Private International Law (Miscellaneous Provisions) Act 1995, The Law Quarterly Review 1996, 190-195
Castel: Some recent important trends in canadian private international law, NILR 1993, 15-30
Chen, Tung-Pi: Private International Law of the Peoples Republic of China: An Overview, The American Journal of Comparative Law 1987, S. 445-486
Chen, Wen-Hao: in: Zhonghuarenmingongheguo Minfatongze jianghua (Vorlesungen zu den AllgR) hrsg. von De-Hua Tang u. a., Beijing 1986, S. 148 ff.
Cheshire/North: Peivate International Law, 12 Aufl. London 1992
Czempiel: Das bestimmbare Deliktsstatut zur Zurechnung im internationalen Deliktsrecht, Berlin 1991
Delachaux: Die Anknüpfung der Obligationen aus Delikt und Quasidelikt im internationalen Privatrecht, Zürich 1979
Deutsch: Internationales Unfallrecht vor allem der Verkehrsunfälle und einschließlich der Prüfung, ob auch Arbeitsunfälle hier mitzubehandeln sind, in: (v. Caemmerer) Vorschläge und Gutachten zur Reform des deutschen internationalen Privatrechts der außervertraglichen Schuldverhältnisse, Tübingen 1983, S. 202-231
Dicey/Morris: The Conflict of Law II, 7th ed., London 1958
Dölle: Der ordre public im internationalen Privatrecht, in: Wolff, Deutsche Landesreferate zum III. Internationalen Kongress für Rechtsvergleichung (1950), 397-415
Drobnig: Verstößt das Staatsangehörigkeitsprinzip gegen das Diskriminierungsverbot des EWG-Vertrages?, RabelsZ 34 (1970), 636-662
Ehrenzweig: Amercan-japanese Private International Law, New York 1964
Erman: Handkommentar zum Bürgerlichen Gesetzbuch mit Einführungsgesetz, 2. Band, 7. Aufl. Münster 1981; 9. Aufl. Münster 1993; 10. Aufl. Münster 2000 (zitiert: Erman/Bearbeiter)
Feldhaus: Zur Entwicklung der Haftung beim Seetransport gefährlicher Güter, Karlsruhe 1985
Ferid: Internationales Privatrecht, Berlin 1975; 2. Aufl. 1982; 3. Aufl. Frankfurt am Mein 1986

Fick: Verjährung von Ansprüchen aus unerlaubten Handlungen (insbesondere unlauterem Wettbewerb) im internationalen Recht , SJZ 20(1923), 21-27
Firsching: Das Prinzip der Akzessorität im deutschen internationalen Recht der unerlaubten Handlungen – deutsche IPR-Reform, in: F.S. für Zajtay, Tübingen 1982, S. 143-148
–: Einführung in das internationale Privatrecht, Regensburg 1981
Fischer, F.: Der Schiffszusammenstoss im deutschen internationalen Privatrecht, Diss. Hamburg 1937
Fischer, G.: Gemeinschaftsrecht und kollisionsrechtliches Staatsangehörigkeitsprinzip, in: v. Bar (Hrsg.), Europäisches Gemeinschaftsrecht in IPR, 1991, S. 157-182
Fischer, P.: Die akzessorische Anknüpfung des Deliktsstatuts, Diss. Berlin, 1989
Frankenstein: Internationales Privatrecht (Grenzrecht), Erster Band, Berlin-Grunewald 1926; Zweiter Band, Berlin-Grunewald 1929
Friedman: Double actionability: a flexible approach, NLJ 1995, 55-58
Geimer: Internationale Urteilsanerkennung, München 1983
Geimer/Schütze: Internationale Urteilsanerkennung, Bd. I., München 1984
Glenn: Codification of Private International Law in Quebec, IPRax 1994, 308-311
Gonzenbach: Die akzessorische Anknüpfung. Ein Beitrag zur Verwirklichung des Vertrauensprinzips im internationalen Deliktsrecht, Zürich 1986
Grabitz: Kommentar zum EWG-Vertrag, 4.Aufl. 1985
Greger: Praxis und Dogmatik des Anscheinsbeweis, in VersR 1980, 1091-1104
Gutzwiller: Der Entwurf zu einer Kodifikation des schweizerischen Internationalen Privatrechts, ZSR 1979, 1-31
–: Der Einfluss Savignys auf die Entwicklung des modernen Internationalprivatrechts, Freiburg 1923
–: Von Ziel und Methode des IPR, SJIR 25/1968 (1970), 161-196
Habicht: Internationales Privatrecht nach dem EGBGB. Aus dem Nachlasse herausgegeben von Max Greiff, Berlin 1907
Harwieg: Der Gesetzgeber des EGBGB zwischen den fronten heutiger Kollisionsrechts-Theorien, RabelsZ 42 (1978), 431-455
Hartwieg/Korkisch: Die geheimen Materialien zur Kodifikation des deutschen Internationalen Privatrechts 1881-1896, Tübingen 1973
Heini: Der Entwurf eines Bundesgesetzes über das Internationale Privat- und Zivilprozessrecht (IPRG), SJZ 1978, 249-258
–: Die Anknüpfungsgrundsätze in den Deliktsnormen eines zukünftigen schweizerischen IPR-Gesetzes, FS für Mann, München 1977, S. 193-205
Hidebumi, Egawa: „Internationales Privatrecht“, Tokyo
Hoechst: Zur Versicherbarkeit von punitive damages, VersR 1983, 13-18

v. Hoffmann: Internationales Haftungsrecht im Referentenentwurf des Bundesjustizministeriums vom 1. 12. 1993, IPRax 1996, 1-8
–: Über den Schutz des Schwächeren bei internationalen Schuldverträgen, RabelsZ 38 (1974),396-420
–: Behutsame Auflockerung der Tatortregel, IPRax 1986, 90-91
–: Richtlinien der Europäischen Gemeinschaft und internationales Privatrecht, ZfRV 1995, 45-54
Hohloch: Das Deliktsstatut, Grundlagen und Grundlinien des internationalen Deliktsrechts, Frankfurt am Mein 1984
–: Rechtswahl im internationalen Deliktsrecht, NZV 1988, 161-168
–: Auflockerung als „Lippenbekenntnis"? Zur Konsolidierung der Tatortregel im deutschen internationalen Deliktsrecht – BGH, NJW 1977, 496, in: JuS 1980, 18-24
Huch: Japanisches internationales und interlokales Privatrecht, Würzburg 1941
Ipsen: Über das Grundgesetz, Hamburg 1950
Iwatorou, Kubo: „Internationales Privatrecht", Toyko 1954
Jayme: Entwurf eines EU-Übereinkommens über das auf außervertragliche Schuldverhältnisse anzuwendende Recht. Tagung der Europäischen Gruppe für Internationales Privatrecht in den Haag, IPRax 1998, 140-141
–: Entwurf eines EU-Übereinkommens über das auf außervertragliche Schuldverhältnisse anzuwendende Recht. Tagung der Europäischen Gruppe für Internationales Privatrecht in Luxemburg, IPRax 1999, S. 298
Joerges: Zum Funktionswandel des Kollisionsrechts, Berlin 1971
Kahn: Abhandlungen aus dem internationalen Privatrecht, JherJb 39 (1898)
Kaye, Recent Developments in the English Private International Law of Tort, IPRax 1995, 406-409
Kegel: Internationales Privatrecht. Ein Studienbuch, 1. Aufl. München/Berlin 1960; 6. Aufl. München 1987; 7. Aufl. München 1995
–: Begriffs- und Interessenjurisprudenz im internationalen Privatrecht, in: Festschrift für Lewald, Basel 1953, S. 259-288
Keller/Siehr: Allgemeine Lehren des internationalen Privatrechts, Zürich 1986
Köbler: Juristisches Wörterbuch, 6 .Aufl. München 1994
Kono: Toshiyuki, Staatsangehörigkeitsprinzip und Reform des japanischen Internationalen Privatrechts, in: Jayme/Mansel, Nation und Staat im internationalen Privatrecht, Heidelberg 1990, 259 ff.
Kouichi, Yamaguchi: „Japanisches internationales Privatrechts, Tokyo 1927
Koziol: Verhaltentunrechtslehre und Deliktsstatut, in: FS für Beitzke, Berlin/New York 1979, S. 575-587
Kronstein: Recht und wirtschaftliche Macht, 1962

Kropholler: Ein Anknüpfungssystem für das Deliktsstatut, RabelsZ 33 (1969) 601-653
–: Anmerkung zu BGH, Beschluss v. 22. 6. 1983 – VIII ZB 14/82 (OLG Frankfurt), JZ 83, S. 906
Kühne: Choice of Law in Products Liability, 60 Cal. L. Rev. 1 (1972), 1-38
Lee, Sup Wei Sa Bob: (Außenbezügliches Privatrecht), Soul 1995
Leonhard: Die Beweislast, 2.Aufl. 1926
Leonhardt: Das neue Internationale Privatrecht Rumäniens, IPRax 1994, 156-159
Lewald: Das deutsche internationale Privatrecht, 2. Teil Leipzig 1930/31
Liu, Hui-han: Guojisifa jianggao (Manuskripte zum IPR), Band 1., Shanghai 1987
Lorenz, E.: Das anwendbare Deliktsrecht bei Schiffszusammenstössen auf hoher See, in: FS für Duden, München 1977, S. 229-268
Lorenz, W.: Die allgemeine Grundregel betraffend das auf die außenvertragliche Schadenshaftung anwendbare Recht, in: (v. Caemmerer) Vorschläge und Gutachten zur Reform des deutschen internationalen Privatrechts der außervertraglichen Schuldverhältnisse, Tübingen 1983, S. 97-159
–: Fortschritte bei der Auflockerung des Deliktsstatuts im internationalen Verkehrsunfallrecht, IPRax 1985, S. 85-88
Lörtscher: Internationales Produkthaftungsrecht der Schweiz, Sonderstatut im Regulativ des Ordre public, ZVglRWiss 88 (1989), 71-97
Lüderitz: Kumulation und Grundsatz des schwächeren Rechts im IPR, Diss. 1957
–: Anknüpfung im Parteiinteresse, in: Festschrift für Kegel, Frankfurt am Mein 1977, S. 31-54
Lukoschek: Das anwendbare Deliktsrecht bei Flugzeugunglücken, Karlsruhe 1984
Ma, Han-Pao: Guojisifa (Internationales Privatrecht) 8. Aufl. Taipei 1983
Makarov: Der Gleichbehandlungssatz und das Internationale Privatrecht, in: Eranion Maridakis III 1964, S. 231-245
–: Grundriss des internationalen Privatrechts, Frankfurt am Mein 1970
Mansel: Kollisions- und zuständigkeitsrechtlicher Gleichlauf der vertraglichen und deliktischen Haftung, ZVglRWiss 86 (1987), S. 1-24
Marti: Der Vorbehalt des eigenen Rechts im IPR der Schweiz, Bern 1940
Martiny: Anerkennung ausländischer Entscheidungen nach autonomem Recht, Tübingen 1984
McCaffery: The Swiss Draft Conflicts Law, Amercan Journal of Comparative Law 1980, 235-285
Medicus: Die Akzessorität im Zivilrecht, JuS 1971, 497-504

Meise: Zur Relativität der Vorbehaltsklausel im internationalen und interlokalen Privatrecht, 1966
Mindach: Rumänisches Internationales Privat- und Zivilverfahrensrecht, ROW 1993, 349-351
Mommsen: Wie ist in dem bürgerlichen Gesetzbuch für Deutschland das Verhältnis des inländischen Rechts zum ausländischen zu normieren?, Archiv für die zivilistische Praxis 61 (1878), S.176f., Entwurf § 7
Morse: Torts in Private International Law: a new statutory framework, International and Comparative Law Quarterly 1996, 888-903
Mosgo: Das neue internationale Privatrecht Weißrusslands, IPRax 2000, Heft 2, 148-154
Mühl: Die Lehre von " besseren " und " günstigeren " Recht im IPR, München 1982
Müller, K.: Delikte mit Auslandsberührung, JZ 1986, 212-219
Mummenhoff: Ausnahmen von der lex loci delicti im internationalen Privatrecht, NJW 1975, 476-481
Münchener Kommentar: Kommentar zum Bürgerlichen Gesetzbuch, Band 7: Einführungsgesetz Internationales Privatrechts, Art.38 nF (Bearbeiter Kreuzer), 2. Aufl. München 1990; Art.38 nF (Bearbeiter Kreuzer), 3. Aufl. München 1998; Art.6 (Bearbeiteter Sonnenberger), 3. Aufl. München 1998
Nanz: Zur Bestimmung des Deliktsstatuts im englischen, französischen und italienischen internationalen Privatrecht, VersR 1981, 212-217
Neuhaus: Kritik des Artikels von Morris, RabelsZ 16 (1951), 651 ff.
–: Die Grundbegriffe des internationalen Privatrechts, 2. Aufl. München 1976
–: Savigny und die Rechtsfindung aus der Natur der Sache, RabelsZ 15 (1949/50), 365-381
–: Neue Wege im europäischen internationalen Privatrecht, RabelsZ 1971, 401-428
Nevermann: Klage aus "Tort" oder "Delikt" in Großbritannien, RIW 1991, 901-907
Ni, Zhengao: Guojifa zhong di sifa guanxia wenti (Fragen der gerichtlichen Zuständigkeit im internationalen Recht), Peking 1964
Niederer: Einführung in die allgemeinen Lehren des internationalen Privatrechts, 2. Aufl. Zürich 1956
Niemeyer: Zur Vorgeschichte des Internationalen Privatrechts im Deutschen Bürgerlichen Gesetzbuch, 1915
–: Das internationale Privatrecht im Japanischen Zivilgesetzbuch, in: Niemeyers Zeitschrift für Internationales Recht, Bd.11 1901-02, 197-204
Nissen: IPR für unerlaubte Handlungen im Wiederspruch zum Diskriminierungsverbot des EWG-Vertrages, NJW 1968, S. 2170-2172

North/Webb: The Effect of Chaplin v. Boys, (1970) 19 International and Comparative Law Quarterly, 24-46
v. Overbeck: Der schweizerische Regierungsentwurf eines Bundesgesetzes über das internationale Privatrecht, IPRax 1983, 49-52
Palandt: Bürgerliches Gesetzbuch, 53. Aufl. München 1994; 58. Aufl. München 1999; 60. Aufl. München 2001 (zitiert: Palandt/Bearbeiter)
Peuster: Kritische Bemerkungen zum Deliktsrecht und zur „action directe“ nach jugoslawischem Recht, VersR 1977, 795-798
Pfaff: Die Außenhandelsschiedsgerichtsbarkeit der sozialistischen Länder, Heidelberg 1973
Prüßmann/Rabe: Seehandelsrecht, 2. Aufl. München 1983; 4. Aufl. München 2000
Quian, Hua: Guojisifa (Internationales Privatrecht), Beijing 1988
Raape: Internationales Privatrecht, 5. Aufl. Berlin und Frankfurt am Mein 1961
Raape/Sturm: Internationales Privatrecht, Band I, 6. Aufl. München 1977
L. Raiser: Die Zukunft des Privatrechts, Berlin 1971
Rehbinder: Zur Politisierung des internationalen Privatrecht, JZ 1973, S. 151-158
Rheinstein: The Place of Wrong: A Study in the Method of Case Law, Tulane Law Review 1944, 165-199
Rogerson: Choice of Law in Tord: a Missed Opportunity? International Comparative Law Quarterly 1995, 650-658
Rohe: Zu den Geltungsgründen des Deliktsstatuts, Tübingen 1994
Rosenberg: Beweislast, 5. Aufl. 1965
Roth: Der Einfluss des Europäischen Gemeinschaftsrechts auf das internationale Privatrecht, RabelsZ 55 (1991), 623-673
–: Der Vorbehalt des ordre public gegenüber fremden gerichtlichen Entscheidungen, Bielefeld 1967
–: Der Vorbehalt des ordre public im Internationalen Privatrecht, NJW 1967, 134-139
Roth/Plett: Schiffszusammenstösse im deutschen Internationalen Privatrecht, RabelsZ 42 (1978), S. 662-695
Ruhr: Der Einfluss der Vorbehaltsklausel auf die Deliktsobligationen, Bonn 1930
Sabuyoshi, Yamada: „Internationales Privatrecht“, Tokyo 1982
Sack: Die kollisions- und wettbewerbsrechtliche Beurteilung grenzüberschreitender Werbe- und Absatztätigkeit nach deutschem Recht, GRUR Int. 1988, S. 320-343
Sakurada: Zum Staatsangehörigkeitsprinzip im japanischen Internationalen Privatrecht, in: Recht im Japan 3, Frankfurt am Mein 1980, S. 67-82

Samtleben: Das Internationale Privatrecht der Börsentermingeschäfte und der EWG-Vertrag, RabelsZ 45 (1981), S. 218-252
Samuel: The new Swiss private international law act, The International and Comparative Law Quarterly 1988, 681-695
v. Savigny: System des heutigen römischen Rechts, Band 8, Berlin 1849
Schack: Art.12 EGBGB in deutschen Urteilsanerkennungs- und Regressverfahren, VersR 1984, 422-425
Schaps/Abraham: Das deutsche Seerecht, 4. Aufl. Berlin/New York 1978
v. Schelling: Unerlaubte Handlungen, Rabels Z. 3 (1929) 854 ff.
Schemmer: Der ordre public-Vorbehalt unter der Geltung des Grundgesetzes, Diss. Köln 1994
Schlegelberger: Rechtsvergleichendes Handwörterbuch, Bd.1, 1929
Schmidt, M.: Die Reform des japanischen Internationalen Privatrechts, Köln/ Berlin/Bonn/München
Schmidt, R.: Der Ort der unerlaubten Handlung im IPR, in: FS für Lehhmann, Berlin 1937, S. 175-194
Schnitzer: Handbuch des internationalen Privatrechts, 2. Band 4. Aufl., Basel 1957/58
Schulz: Englisches internationales Deliktsrecht im Umbruch, RIW 1996, 468-474
–: Das maßgebliche Statut der Schiffszusammenstöße nach deutschem internationalen Privatrecht, Diss. Frankfurt 1965
Schurig: Kollisionsnormen und Sachrecht. Zu Struktur, Standort und Methode des internationalen Privatrechts, Berlin 1981 (Schriften zum Internationalen Recht; Bd. 23)
Schwander: Einführung in das internationale Privatrecht, Erster Band, Bern 1990
Seetzen: Zur Entwicklung des internationalen Deliktsrechts, VersR 1970, 1-15
Siehr: Zum Entwurf eines schweizerischen Bundesgesetzes über das internationale Privatrecht, RIW 1979, 739-737
–: Vom alten zum neuen IPR Literaturspiegel des Jahre 1978-1988, ZSR 1988, 635-655; ZSR 1989, 107-139
–: Entwurf des schweizerischen Bundesrats zu einem IPR-Gesetz, RabelsZ 1983, 342-348
Soergel: Bürgerliches Gesetzbuch mit Einführungsgesetz und Nebengesetzen. Kohlhammer Kommentar, Bd. 8: Einführungsgesetz; Art.38 nF (Bearbeiter Lüderitz), 12. Aufl. 1996 Stuttgart / Berlin / Köln / München; Art.12 aF (Bearbeiter Kegel) 9. Aufl. 1961 Stuttgart / Berlin / Köln / München
Spickhoff: Die Rechtkodifikation des Internationalen Privatrechts: Außervertragliches Schuld- und Sachenrecht, NJW 1999, 2209-2215
–: Die Tatortregel im neuen Deliktskollisionsrecht, IPRax 2000, 1-8

–: Zur Reform des deutschen internationalen Deliktsrechts, VersR 1985, 124-125
v. Staudinger: Kommentar zum Bürgerlichen Gesetzbuch, Einführungsgesetz zum Bürgerlichen Gesetzbuch Art.38 nF (unerlaubte Handlungen) (Bearbeiter v. Hoffmann), 12. Aufl. Berlin 1995
–: Kommentar zum Bürgerlichen Gesetzbuch, Einführungsgesetz zum Bürgerlichen Gesetzbuch Art.38 nF (unerlaubte Handlungen) (Bearbeiter v. Hoffmann), 13. Aufl. Berlin 1998
–: Kommentar zum Bürgerlichen Gesetzbuch, Einführungsgesetz zum Bürgerlichen Gesetzbuch Art.6 (Bearbeiter Blumenwitz), 12. Aufl. Berlin 1996
–: Kommentar zum Bürgerlichen Gesetzbuch, Einführungsgesetz zum Bürgerlichen Gesetzbuch Art.12 aF (unerlaubte Handlungen) (Bearbeiter Raape), 9. Aufl. Berlin 1931
Steindorff: Der Gleichheitssatz im Wirtschaftsrecht des gemeinsamen Marktes, Berlin 1965
–: Sachnormen im internationalen Privatrecht, Frankfurt am Mein 1958
–: Entwicklungen des deutschen internationalen Privatrechts, in: Deutsche Beiträge zum IX internationalen Kongress für Rechtsvergleichung, 1974, 155-172
Stiefel/Hofmann: Kraftfahrtversicherung, 16. Aufl. München 1995
Stoll: Anknüpfungsgrundsätze bei der Haftung für Straßenverkehrsunfälle und der Produktenhaftung nach der neueren Entwicklung des internationalen Deliktsrechts, in: Festschrift für Kegel, Frankfurt am Mein 1977, S. 113-139
–: Sturz vom Balkon auf Gran Canaria – Akzessorische Anknüpfung, deutsches Deliktsrecht und örtlicher Sicherheitsstandard, IPRax 1989, 89-94
Sturm: Legislative Strömung im internationalen Deliktsrecht, in: FS für Gauthier, Bern 1996, 359-370
Suhr: Das Recht des Personalstatuts im Zeichen der europäischen Integration, Diss. Hamburg 1967
Süß: Grundzüge des chinesischen Internationalen Privatrechts, 1991 Köln/Berlin/Bonn/München
–: Neues chinesisches IPR, RIW 1989, 788-792
Symeonides: The new Swiss conflicts codification: an introduction, A. J. C. L.1989, 187-193
Tarou, Kanagami: "Entwicklung des japanischen IPR", Tokyo 1970
Trutmann: Das neue Bundesgesetz über das internationale Privatrecht in der praktischen Anwendung: Deliktsrecht, Basler Juristische Mitteilungen 1989, 293-305

–: Das internationale Privatrecht der Deliktsobligationen. Ein Beitrag zur Auseinandersetzung mit den neueren amerikanischen kollisionsrechtlichen Theorien, Basel und Stuttgart 1973
Umbricht: Abriss des Schweizerischen Internationalen Privatrechtes der Produkthaftpflicht, Schweizerische Versicherungszeitschrift 1989, 321-328
Vischer: Internationales Privatrecht, 2. Aufl. Basel/Frankfurt am Mein 1982
–: Das Problem der Kodifikation des schweizerischen internationalen Privatrechtes, ZSR 1971, 1-57
–: Das Deliktsrecht des IPR-Gesetzes unter besonderer Berücksichtigung der Regelung der Produkthaftung, F.S. für Moser, S. 119-142
Wagner: Der Regierungsentwurf eines Gesetzes zum Internationalen Privatrecht für außervertragliche Schuldverhältnisse und für Sachen, IPRax 1998, 429-438
–: Zum Inkrafttreten des Gesetzes zum Internationalen Privatrecht für außervertragliche Schuldverhältnisse und für Sachen, IPRax 1999, S. 210-212
Walker: Internationales Privatrecht, 5. Aufl. Wien 1934
Wengler: Rechtgleichheit und Vielheit der Rechte, in:100 Jahre Deutsches Rechtsleben, FS für den Deutschen Juristentag, 1960, S. 239-304
–: Internationales Privatrecht, Bd. I., Darmstadt 1974
–: Anmerkung zum Urteil des Bundesgerichtshofes vom 2. Februar 1961, JZ 1961, S. 242-425
v. Westphalen: „Punitive Damages" in US-amerikanischen Produkthaftungsklagen und der Vorbehalt des Art.12 EGBGB, RIW 1981, S. 141-149
Wiethölter: Vorschläge und Gutachten zur Reform des deutschen und internationalen Erbrechts, 1969
–: Buchbesprechungen für Klaus Vogel: Der räumliche Anwendungsbereich der Verwaltungsrechtsnorm, Deutsches Verwaltungsblatt, 1967, S. 465
v. Winterfeld: Das englische Deliktsstatut in seiner geschichtlichen Entwicklung, Göttingen 1971
Wohlfahrt/Everling/Glaesner/Sprung: Die Europäische Wirtschaftsgemeinschaft, 1960
Wolff: Das internationale Privatrecht Deutschlands, 3. Aufl. Berlin / Göttingen / Heidelberg 1954
Yoshio, Tameike: „Lehrstoff des internationalen Privatrechts", Tokyo 1993
Young, Guo-Hua: A General Survey of Private International Law in China, IPRax 1993, 343-347
Yutaka, Orishige: „Internationales Privatrecht – Einzelteil", Tokyo 1972
Zekoll: US-amerikanisches Produkthaftpflichtrecht vor deutschen Gerichten, Baden-Baden 1987

Zitelmann: Internationales Privatrecht, 1 Bd. Leipzig 1897; 2.Bd. München und Leipzig 1912
Zöller/Geimer: Zivilprozessordnung, 13. Aufl. Köln 1981; 21. Aufl. Köln 1999
Zweigert: Einige Auswirkungen des Gemeinsamen Marktes auf das IPR des Mitgliedstaaten, in: FS für Hallstein, Frankfurt am Mein 1966, S. 555-569

Kolibri 360 GmbH
Ferdinand-Jühlke-Straße 7
99095 Erfurt, Deutschland
produktsicherheit@kolibri360.de

Druck:
CPI Druckdienstleistungen GmbH
im Auftrag der
Kolibri 360 GmbH
Ferdinand-Jühlke-Str. 7
99095 Erfurt